日建学院

2024

どこでも！学ぶ
宅建士
チャレンジ！ 重要
一問一答

JN050964

はじめに

　近年の宅建本試験において、正しい肢の「組合せ」や正解肢の「個数」を選ばせる出題形式は、もはや定番です。そして、そのタイプの問題をどれだけ確実に正答できるかが、合格の決め手となります。

　つまり、「ダメ押しの１点」をもぎ取るには、モレのない正確な知識とスパッと速答する力を確実に身につけることが、最大のポイントといえるのです。

　本書は、そのための"基礎力養成"に特化した、最強のツールです。過去の本試験問題を選択肢ごとに整理し、頻出の最重要テーマに沿って絞り込まれた860肢を、スピーディーな反復学習に最適な「Ｑ＆Ａ形式問題」で収録しました。記憶の定着のための赤シートを用いて、暗記もスムーズに行うことができます。

　どこでも気軽に本書を持ち歩いて、スキマ時間のフル活用に、ぜひお役立てください。

　受験生の皆さんが、本書のご利用により、2024年度の宅建本試験に見事合格されますことを、講師一同、心から祈念しています。

2024年2月
日建学院／宅建講座講師室

● 法改正・統計情報等のご案内 ●

　本書は、令和６年２月１日施行中の法令および令和６年４月１日までに施行されることが判明している法令に基づいて編集されています。

　本書編集時点以後に発生した「法改正」および「最新の統計情報」等につきましては、弊社ＨＰ内でご案内いたします。ご確認ください（2024年８月末日頃～公開予定）。

HPにアクセス！ ➡ **https://www.kskpub.com** ➡ お知らせ（訂正・追録）

本書の利用法

過去20数年の本試験問題から選び抜かれた「基本的」かつ「重要」な860肢あまりを、気軽にトライできる「Q&A形式」で分野・テーマ別に収録しました。
スピーディーな反復学習で、頻出の基礎知識を確実に定着させましょう！

出題実績に即した「重要度」を「S（特に重要）・A（重要）・B（できればきちんと押さえたい）・C（余裕があったらチャレンジ）」の4段階で表示しました。

宅建士シリーズの「基本テキスト」の参照ページです。疑問が生じた箇所は、必ずテキストに戻って内容をしっかり確認しましょう。

10 重要事項の説明①

基本テキスト P.304〜「第7章 重要事項の説明」

【以下、特に記述がない場合は、説明の相手方は宅建業者ではないものとする】

Q 01 〔説明方法〕

重要事項の説明及び書面の交付は、取引の相手方の自宅又は勤務する場所等、宅建業者の事務所以外の場所において行うことができる。

Q 02 〔説明方法〕

売主及び買主が宅地建物取引業者ではない場合、当該取引の媒介業者は、売主及び買主に重要事項説明書を交付し、説明を行わなければならない。

Q 03 〔説明方法〕

宅建業者が建物の貸借の媒介を行う場合において、当該建物を借りようとする者が宅建業者であるときは、貸借の契約が成立するまでの間に重要事項を記載した書面を交付しなければならないが、その内容を宅地建物取引士に説明させる必要はない。

Q 04 〔説明方法〕

重要事項説明書に記名する宅地建物取引士は専任の宅地建物取引士でなければならないが、実際に重要事項の説明を行う者は専任の宅地建物取引士でなくてもよい。

例えば、間違えた問題には「✔」、迷った問題には「△」と目印をつけたり、学習進捗の確認にご利用ください。

素早く○×を判断できる瞬発力を養うため、問題中でチェックするべきキーワードにアンダーラインを引きました。

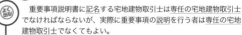

学習の進捗と達成度を測る「自己採点欄」です。**学習した日付や正解問題数を記録して**おきましょう。「継続こそ力なり」です！

アイコンが教える！「この問題での着目点」

 よく狙われる論点。合格にはココが必須。知識が定着しているか確認するために本試験直前に再トライして、**確実な1点**をつかもう！

 ひとクセある危険な出題。
引っかからないように要注意！

 少々ハイレベル。
ちょっと努力が必要だけど、必ず覚えよう！

「重要事項の説明①～③」から、**合わせて毎年3問程度出題**される**最重要テーマ**です。宅建業法の中で最も細かい暗記が求められますが、ここをクリアしないと合格には近づけません。まず、本章での**説明方法**に関する出題は、**必ず全問マスター**しましょう！

> ここでの「学習アドバイス」です。**出題頻度や勉強する際の留意点**など、役立つ情報が詰まっています。

A 01

○

[H27-29-2]

宅建業法は、重要事項の説明及び重要事項説明書の交付を行う場所については、特に規定を設けていないため、**事務所以外の場所**でも行うことができる。

10
重要事項の説明①

> 赤シートをかぶせれば解答の「正・誤」だけでなく、覚えたいキーワードや数字も見えなくなるので、「穴埋め問題」としてチャレンジしましょう！

A 02

×

[R5-42-イ]

売買の場合、重要事項の説明は、**買主**（その物件を取得しようとしている者）に対して行えば足り、売主に対して行う必要はない。

A 03

○

[H30-39-1]

説明の相手方が宅建業者の場合、宅建業者は、**重要事項説明書の交付**をする義務はあるが、宅建士をして（口頭で）説明をさせる義務はない。貸借の媒介の場合も、同様である。

+α 貸借については、ITの方法によって重要事項の説明をすることができます。ただし、所定の要件を満たす必要があります。

> 設問に関連する"プラスα＝補足的な知識"です。理解が深まりますので、必ず確認しておきましょう。

A 04

×

[R2(10)-41-2改]

重要事項説明書への記名及び重要事項の説明については、宅建士が行う**必要がある**。しかし、どちらも、**専任**の宅建士が行う必要はない。

> 出題時の「年度・問題番号・肢」表示です。例えば「R2(10)」は「**令和2年度10月本試験**での出題」を指し、「改」は「**法改正対応による改題済み**」を意味します。

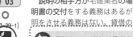

1回目	2回目	3回目
月 日： /7	月 日： /7	月 日： /7

205

令和6年度 宅建本試験ガイダンス

「宅地建物取引士資格試験」とは

　宅地建物取引業（宅建業）の免許を受けるためには、事務所ごとに、従業員の1／5以上の割合で、専任の**宅地建物取引士**（宅建士）を設置しなければなりません。宅建業者は、余裕をもって宅建士を確保する必要があり、そのため、宅建士の資格は不動産業界での業務に必須となります。また、宅建試験の出題科目である**民法**や**建築基準法・税法**といった各種の法律は、ビジネス実務やスキルアップに幅広く役立つ知識ですので、資質向上の面からも、多くの企業で「**社員に保有してもらいたい資格**」の上位にランクされています。

　このような背景から、近年の宅建試験の申込者数は28万人を超え、**人気資格**となっています。そして、合格者の多くは、手にした資格を日々の業務や就職活動時のアピールポイントに、さらには上位資格取得の足がかりとするなど、ご自分のキャリアプランに上手に活かしています。

試験の出題内容

　宅建本試験は、「**宅建業に関する実用的な知識**」を有しているかどうかを判定することを目的として行われます。試験の具体的な内容は、次のとおりです。

出題内容（主なもの）	出題数	本書の該当箇所
民法・借地借家法・区分所有法・不動産登記法	14問	第1編 権利関係
宅建業法・住宅瑕疵担保履行法	20問	第2編 宅建業法
都市計画法・建築基準法・宅地造成及び特定盛土等規制法・土地区画整理法・農地法・国土利用計画法・その他の諸法令	8問	第3編 法令上の制限
地方税・譲渡所得・その他の国税（2問） 地価公示法・不動産鑑定評価基準（1問）	3問	第4編 税・価格の評定
住宅金融支援機構・景品表示法・統計等・土地・建物 （注：「**登録講習修了者**」は免除となる）	5問	第5編 5問免除科目

10年間の本試験結果・合格基準点

　直近10年間（平成26年度〜令和5年度）・12回の本試験実施の結果は、次のとおりです。合格率はおおむね15〜17％前後、合格基準点は31点〜38点と、年度ごとに難易度にバラつきがあることがわかります。

年　度	申込者数	受験者数	合格者数	合格率	合格基準点
H26年度	238,343人	192,029人	33,670人	17.5%	32点
H27年度	243,199人	194,926人	30,028人	15.4%	**31点**
H28年度	245,742人	198,463人	30,589人	15.4%	35点
H29年度	258,511人	209,354人	32,644人	15.6%	35点
H30年度	265,444人	213,993人	33,360人	15.6%	37点
R元年度	276,019人	220,797人	37,481人	17.0%	35点
R２年度(10月)	204,163人	168,989人	29,728人	17.6%	**38点**
R２年度(12月)	55,121人	35,261人	4,610人	13.1%	36点
R３年度(10月)	256,704人	209,749人	37,579人	17.9%	34点
R３年度(12月)	39,814人	24,965人	3,892人	15.6%	34点
R４年度	283,856人	226,048人	38,525人	17.0%	36点
R５年度	**289,096人**	**233,276人**	**40,025人**	17.2%	36点

試験の概要（例年）　＊ 正式な日程等は、実施公告や受験申込書などで必ずご確認ください。

- ● 受験申込受付　郵送申込み：7月1日（月）〜7月16日（火）
  インターネット申込み：7月1日（月）〜7月31日（水）
- ● 本 試 験 日　10月第3日曜日
- ● 合格発表日　11月下旬
- ● 受 験 資 格　年齢・国籍等にかかわらず、誰でも受験できます。
- ● 出 題 形 式　4肢択一式（マークシート）、50問。
  試験時間は13：00〜15：00の2時間です。
  登録講習修了者（＊）は「5問免除」のため「45問」の試験となり、試験時間は13：10〜15：00の1時間50分です。　　　　＊：宅建業の従事者で、登録講習の課程を修了した者
- ● 受験手数料　8,200円（例年）
- ● 試験実施機関　（一財）不動産適正取引推進機構
  （TEL）03-3435-8181　（URL）https://www.retio.or.jp/

目　　次

第1編　権利関係（計266問）

第4編　税・価格の評定（計79問）

第5編　5問免除科目（計55問）

第1編

権利関係

① 制限行為能力者

□□□ **Q 01** 〔意思能力〕

　意思能力を有しないときに行った不動産の売買契約は、後見開始の審判を受けているか否かにかかわらず効力を有しない。

□□□ **Q 02** 〔未成年者〕

　営業を許された未成年者が、その営業に関するか否かにかかわらず、第三者から法定代理人の同意なく負担付贈与を受けた場合には、法定代理人は当該行為を取り消すことができない。

□□□ **Q 03** 〔成年被後見人〕

　成年被後見人が所有する成年被後見人の居住の用に供する建物への第三者の抵当権の設定について、成年後見人は、家庭裁判所の許可を得なければ、代理して行うことができない。

□□□ **Q 04** 〔成年被後見人〕

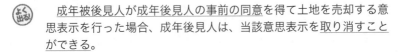

　成年被後見人が成年後見人の事前の同意を得て土地を売却する意思表示を行った場合、成年後見人は、当該意思表示を取り消すことができる。

10年でみれば**5～6回出題**されているテーマです。各制限行為能力者が**単独でできる行為**は何か、また、**保護者の同意等を必要とする行為**は何か、という点を考えつつ、問題を解いていきましょう。

A 01
○
[R3(10)-05-4]

　法律行為の当事者が意思表示をした時に意思能力を有しなかった場合は、後見開始の審判を受けているか否かにかかわらず、その法律行為は無効となる。

A 02
×
[R3(10)-05-3]

　許された営業に関する行為であれば、取り消すことはできないが、**許された営業に関しない行為**であれば、法定代理人の同意を得ないでしたものは、取り消すことができる。

A 03
○
[R3(12)-03-2]

　成年後見人は、成年被後見人に代わって、成年被後見人が**居住している建物**またはその敷地について、**売却・賃貸・賃貸借の解除・抵当権の設定等の処分**をするには、家庭裁判所の許可を得なければならない。

> **+α** 被保佐人や被補助人の居住用建物等の処分についても、同様に、家庭裁判所の許可が必要とされます。

A 04
○
[H15-01-3]

　成年被後見人の行った意思表示は、日用品の購入など日常生活に関する法律行為を除いて、たとえ成年後見人の同意を得ていても、取り消すことができる。

> **+α** 成年被後見人は、そもそも**同意したとおりの行為をすることが期待できない**ため、その法律行為は、成年後見人が代理してする必要があるのです。

Q 05 〔被保佐人〕

　被保佐人が、不動産を売却する場合には、保佐人の同意が必要であるが、贈与の申し出を拒絶する場合には、保佐人の同意は不要である。

Q 06 〔被保佐人〕

　被保佐人については、不動産を売却する場合だけではなく、日用品を購入する場合も、保佐人の同意が必要である。

Q 07 〔被補助人〕

　被補助人が法律行為を行うためには、常に補助人の同意が必要である。

Q 08 〔被補助人〕

　精神上の障害により事理を弁識する能力が不十分である者につき、４親等内の親族から補助開始の審判の請求があった場合、家庭裁判所はその事実が認められるときは、本人の同意がないときであっても同審判をすることができる。

Q 09 〔制限行為能力者の詐術〕

　被補助人が、補助人の同意を得なければならない行為について、同意を得ていないにもかかわらず、詐術を用いて相手方に補助人の同意を得たと信じさせていたときは、被補助人は当該行為を取り消すことができない。

A 05

×

[H28-02-2]

　　被保佐人は、不動産の売買などの重要な財産に関する権利の得喪を目的とする行為を行う場合だけでなく、**贈与の申込みを拒絶**する場合にも、その保佐人の同意を得なければならない。

A 06

×

[H22-01-3]

　　被保佐人が不動産の売買など**一定の重要な財産上の行為**をするには、保佐人の同意を得なければならないが、日用品の購入その他日常生活に関する行為については、**単独**ですることができる。

> **+α** 被保佐人は、「原則として単独で法律行為ができるが、**一定の重要な財産上の行為をするには保佐人の同意が必要**」と考えればOKです。

A 07

×

[H22-01-4]

　　補助人の同意が必要であると**家庭裁判所が審判**した特定の重要な法律行為を除けば、被補助人は、単独で法律行為をすることができる。

A 08

×

[H20-01-3]

🏔難

　　補助開始の審判を本人以外の者が請求した場合、家庭裁判所は、**本人の同意**がなければ、その審判を**することができない**。

A 09

○

[H28-02-4]

　　制限行為能力者が行為能力者であることを信じさせるため詐術を用いたときは、その行為を取り消すことができない。そして、保護者の同意を得たと信じさせようとした場合にも、この規定が適用される。

1回目	2回目	3回目
月　日：　/ 9	月　日：　/ 9	月　日：　/ 9

2 意思表示

重要ランク S

基本テキスト P.18〜「第2章 意思表示」

Q 01 〔詐欺〕

AがA所有の甲土地をBに売却したが、AがBの<u>詐欺</u>を理由に甲土地の売却の意思表示を取り消しても、<u>取消しより前に</u>Bが甲土地をCに売却し、<u>Cが所有権移転登記を備えた</u>場合には、CがBの詐欺の事実を知っていたか否か、あるいは知らないことに<u>過失があったか否か</u>にかかわらず、AはCに対して甲土地の所有権を主張することができない。

Q 02 〔詐欺〕

Aが、<u>Cの詐欺</u>によってBとの間で売買契約を締結した場合、Cの詐欺を<u>Bが知っているか否か、あるいは知らないことに過失があったか否か</u>にかかわらず、Aは売買契約を取り消すことはできない。

Q 03 〔詐欺〕

Aが、Bの欺罔行為によって、A所有の建物をCに売却する契約をした。Aは、詐欺に気が付いていたが、契約に基づき、<u>異議を留めることなく所有権移転登記手続</u>をし、<u>代金を請求</u>していた場合、詐欺による取消しをすることはできない。

Q 04 〔強迫〕

A所有の甲土地につき、AとBとの間で売買契約が締結されたが、BがCに甲土地を転売した後に、AがBの<u>強迫</u>を理由にAB間の売買契約を取り消した場合には、CがBによる強迫につき<u>知らなかったとき</u>であっても、AはCから甲土地を取り戻すことができる。

ほぼ**毎年出題**される重要テーマです。詐欺・強迫・錯誤または虚偽表示、心裡留保といった意思表示が行われた場合、その取引の**当事者間の効力**はどのようになるのか、さらに**善意の第三者**との関係はどうなのか、という点が重要です。

A 01
×
[H28-03-2改]

詐欺による意思表示の取消しは、善意・無過失の第三者に対抗することができない。この場合、善意・無過失の**第三者**は**登記を備えていなくても保護される**。したがって、Aは、第三者CがBの詐欺を知らず（善意）、かつ、過失がない場合に限り、登記の有無を問わず、甲土地の所有権を主張することができない。

A 02
×
[H16-01-3]

第三者Cの詐欺を相手方Bが知り（悪意）または知ることができた（有過失）ときであれば、Aは、詐欺を理由に売買契約を**取り消すことができる**が、**相手方Bが善意・無過失であれば取消しできない**。

A 03
〇
[H14-01-3]

だまされて契約をした者が、なんら異議を主張することなく所有権移転登記手続を行い、代金を請求した場合は、契約を追認したものとみなされるから（法定追認）、取消しはできなくなる。

A 04
〇
[H23-01-4]

「A➡B➡C」と甲土地が転売された後に、Aが、AB間の契約をBの強迫を理由に取り消した場合、Aは、第三者CがBの強迫について知らなかったときであっても、Cから甲土地を取り戻すことができる。

Q 05　〔強迫〕

　A所有の土地につき、Aが、Cの強迫によってBとの間で売買契約を締結した場合、Cの強迫をBが知らなければ、Aは売買契約を取り消すことができない。

Q 06　〔虚偽表示〕

　Aは、その所有する甲土地を譲渡する意思がないのに、Bと通謀して、Aを売主、Bを買主とする甲土地の仮装の売買契約を締結した。善意のCがBから甲土地を買い受けた場合、Cがいまだ登記を備えていなくても、AはAB間の売買契約の無効をCに主張することができない。

Q 07　〔虚偽表示〕

　AB間の売買契約が、AとBとで意を通じた仮装のものであったとしても、Aの売買契約の動機が債権者からの差押えを逃れるというものであることをBが知っていた場合には、AB間の売買契約は有効に成立する。

Q 08　〔錯誤〕

　AがBに甲土地を売却し、Bが所有権移転登記を備えたが、Aの売却の意思表示に錯誤があり、その錯誤が法律行為の目的及び取引上の社会通念に照らして重要なものである場合、その錯誤がAの重大な過失によるものでなければ、Aは、BからAの錯誤について悪意で甲土地を買い受けたCに対して、錯誤による当該意思表示の取消しを主張して、甲土地の返還を請求することができる。

A 05
×
[H16-01-4]

　第三者Cが**強迫**を行った場合、表意者Aは、強迫があった事実を契約の相手方Bが知っていたか否かにかかわらず（つまり、**相手方B**が善意・無過失でも）、その意思表示を取り消すことができる。

A 06
○
[H27-02-1]

　AB間の虚偽表示による契約は無効だが、**善意の第三者C**に**対抗**することができない。この場合、その第三者は、**登記**を備えていなくても、善意であれば**保護される**。

A 07
×
[H19-01-2]

　相手方と通じてした虚偽の意思表示（**虚偽表示**）は、無効であり、Aの売買契約の動機をBが知っていても、その結論に変わりはない。

A 08
○
[R元-02-3改]

　意思表示は、**意思表示に対応する意思を欠く錯誤**等に基づくもので、**法律行為の目的及び取引上の社会通念に照らして重要なとき**は、**取り消すことができる**。ただし、錯誤が表意者の重大な過失による場合は、原則として、錯誤による取消しができない。そして、この錯誤による取消しは、善意でかつ過失がない第三者に対抗できない。

　したがって、悪意の第三者であるCに対しては、錯誤による意思表示の取消しを**対抗**できる。

Q 09 〔錯誤〕

Aは、自己所有の時価100万円の壺を10万円程度であると思い込み、Bに対し「手元にお金がないので、10万円で売却したい」と言ったところ、BはAの言葉を信じ「それなら10万円で購入する」と言って、AB間に売買契約が成立した場合、当該売買契約締結後、AはBに対し、錯誤による取消しをすることができる。

Q 10 〔錯誤〕

AがBに甲土地を売却したが、Aが甲土地を売却した意思表示に錯誤があったとしても、Aに重大な過失があって取り消すことができない場合は、BもAの錯誤を理由として取り消すことはできない。

Q 11 〔心裡留保〕

AはBに、甲土地を「1,000万円で売却する」という意思表示を行ったが、当該意思表示はAの真意ではなく、Bもその旨を知っていた。この場合、Bが「1,000万円で購入する」という意思表示をすれば、AB間の売買契約は有効に成立する。

A 09

✕

[R2(10)-06-2]

表意者が法律行為の基礎とした事情についてのその認識が**真実に反する錯誤**（いわゆる動機の錯誤等）**による意思表示の取消し**は、その事情が法律行為の基礎とされていることが表示されていたときに限り、することができる。Aは、時価100万円の壺を10万円程度の価値しかないと勘違いした事情（＝法律行為の基礎とした事情）について、相手方Bに表示しておらず、錯誤による取消しはできない。

A 10

◯

[H30-01-2改]

意思表示は、意思表示に対応する意思を欠く錯誤等に基づくもので、その錯誤が法律行為の目的及び取引上の社会通念に照らして重要なものであるときは、取り消すことができる。ただし、錯誤が表意者の重大な過失によるものであった場合には、原則として、**取消しをすることができない**。そして、**錯誤による取消しができる**のは、瑕疵ある意思表示をした者**（表意者）本人**と、その**代理人・承継人**に限られる。

A 11

✕

[H19-01-1]

表意者が、真意ではないことを知りながらした意思表示（**心裡留保**）は、原則として有効だが、相手方が悪意**または**有過失の場合は、無効である。本問のBは、表意者Aの意思表示が真意ではないことを知っていたので、ＡＢ間の売買契約は無効となる。

1回目	2回目	3回目
月 日： /11	月 日： /11	月 日： /11

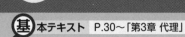

3 代 理

重要ランク **S**

🔍 **基**本テキスト P.30〜「第3章 代理」

☐☐☐ **Q 01** 〔顕名〕

（よく出る）
　代理人Bが自らを「売主Aの代理人B」ではなく、「<u>売主B</u>」と表示して、買主Cとの間で売買契約を締結した場合には、Bは売主Aの代理人として契約していると<u>Cが知っていても</u>、売買契約はBC間に成立する。

☐☐☐ **Q 02** 〔代理人の資格〕

（よく出る）
　<u>未成年者が代理人</u>となって締結した契約の効果は、当該行為を行うにつき<u>当該未成年者の法定代理人による同意</u>がなければ、有効に本人に帰属しない。

☐☐☐ **Q 03** 〔代理権の濫用〕

　AがBの代理人として<u>第三者の利益を図る目的</u>で代理権の範囲内の行為をした場合、相手方Cが<u>その目的を知っていた</u>としても、AC間の法律行為の効果はBに帰属する。

毎年のように出題される重要テーマの1つです。「代理人が行った法律行為の効力は本人に帰属する」という基本の理解が、何よりも大切です。この理解を前提に、本試験では**無権代理**や**表見代理**といった**応用形が頻出**しており、腰を据えた学習が必要です。

A 01
✕
[H21-02-1]

代理人Bが自らを売主と表示して契約を締結した場合であっても、相手方Cが、Bは本人Aの代理人として契約をしていることを**知っていたときまたは知ることができたとき**（つまり、悪意または有過失）は、売買契約の効力はAC間に帰属する。

3
代理

A 02
✕
[H24-02-1]

制限行為能力者が代理人としてした行為は、**原則**として、**行為能力の制限によっては取り消すことができない**ので、未成年者が代理人となって締結した契約の効果は、法定代理人による同意がなくても、有効に**本人に帰属する**。

> **+α** 代理人がした行為による法律上の効力は、すべて本人に帰属するため、代理人が不利益を被ることはありません。ですから、制限行為能力者でも代理人になれるのです。

A 03
✕
[R3(12)-05-1]

代理人が、**自己・第三者の利益を図る目的**で代理権の範囲内の行為をした場合で、**相手方がその目的を知り**（悪意）、または知ることができた（善意・有過失）ときは、その行為は、代理権を有しない者がした行為（無権代理行為）とみなされる（**代理権の濫用**）。したがって、Aの目的を相手方Cが知っていた（悪意）場合は、Aの行為は無権代理行為とみなされ、AC間の法律行為の効果は、本人Bに帰属しない。

Q 04 〔双方代理〕

Aが、所有する甲土地の売却に関する代理権をBに授与し、Bが Cとの間で、Aを売主、Cを買主とする甲土地の売買契約を締結した場合において、BがCの代理人にもなって本件契約を成立させたときは、Aの許諾の有無にかかわらず、本件契約は代理権を有しない者がした行為となる。

Q 05 〔代理権消滅〕

AからA所有の甲土地の売却に関する代理権を受けたBが死亡しても、Bの相続人は、Aの代理人として有効に甲土地を売却することができる。

Q 06 〔復代理〕

委任による代理人は、本人の許諾を得たときのほか、やむを得ない事由があるときにも、復代理人を選任することができる。

Q 07 〔復代理〕

法定代理人は、やむを得ない事由がなくとも、復代理人を選任することができる。

Q 08 〔無権代理〕

A所有の甲土地につき、Aから売却に関する代理権を与えられていないBが、Aの代理人として、Cとの間で売買契約を締結した場合、Bの無権代理行為をAが追認したときには、AC間の売買契約は有効となる。

A 04

×

[H30-02-3]

同一の法律行為について、当事者双方の代理人としてした行為は、代理権を有しない者（無権代理人）がした行為とみなされる（**双方代理の禁止**）。ただし、債務の履行のように**新たに権利義務が生じない行為**や、**当事者双方の許諾**を得ている場合は、双方代理も許される。

A 05

×

[H22-02-2]

代理人Ｂが**死亡**すると、その代理権は消滅し、その相続人は、**代理人としての地位を承継**しない。

+α 代理権は、「**本人の死亡、代理人の死亡・破産・後見開始の審判**」のいずれかで消滅します（任意代理人の代理権は、これに加えて本人の破産でも消滅する）。

A 06

○

[H29-01-2]

委任による代理人（**任意代理人**）は、①本人の許諾を得たとき、または②やむを得ない事由があるときに、**復代理人を選任**することができる。

A 07

○

[H24-02-4]

法定代理人は、自己の責任で**復代理人を選任**することができる。したがって、やむを得ない事由がなくても、復代理人を選任することができる。

A 08

○

[H24-04-1]

代理権がない者が、本人の代理人として契約しても、原則として本人には効果が及ばない。しかし、本人Ａが追認をすれば、**最初にさかのぼって**ＡＣ間の売買契約は**有効**となる。

B所有の土地をAがBの代理人として、Cとの間で売買契約を締結したが、Aが<u>無権代理人</u>である場合、CはBに対して相当の期間を定めて、その期間内に追認するか否かを<u>催告</u>することができ、Bが<u>期間内に確答をしない</u>場合には、<u>追認とみなされ</u>本件売買契約は有効となる。

Aは、<u>代理権を有しない</u>のに、Bの代理人として、B所有の甲土地をCに売り渡す売買契約をCと締結した。Bが本件売買契約を追認しない間は、Cはこの契約を<u>取り消す</u>ことができるが、Cが契約の時において、Aに甲土地を売り渡す具体的な代理権がないことを<u>知っていた</u>場合は取り消せない。

Aが<u>無権代理人</u>であって、Cとの間で、本人B所有の甲土地についてBの代理人として売買契約を締結した。Bが本件売買契約を追認しない場合、Aは、<u>Cの選択に従い</u>、Cに対して<u>契約履行又は損害賠償の責任</u>を負うが、Cが契約の時において、Aに甲土地を売り渡す具体的な代理権はないことを<u>知っていた</u>場合は責任を負わない。

□□□□ **Q 12** 〔無権代理と相続〕

無権代理人が本人に無断で本人の不動産を売却した後に、<u>単独で本人を相続した</u>場合、本人が自ら当該不動産を売却したのと同様な法律上の効果が生じる。

A 09

✕

[H16-02-2]

　　無権代理人Ａと契約をした相手方Ｃは、本人Ｂに対して相当の期間を定めて**催告**できる。この催告期間内に本人の確答**がなければ**、**追認を拒絶**したものとみなされるから、売買契約は有効とはならない。

> **+α**　催告は、無権代理であることを知っていた（悪意の）相手方でも、**することができる**点に注意しましょう。

A 10

◯

[H18-02-3]

　　無権代理人と契約をした相手方は、**善意の場合に限り**、本人の追認があるまで、その契約を取り消すことができる。したがって、相手方Ｃが、契約時に無権代理人Ａに代理権がないことを**知っていた**（悪意の）ときは、契約を取り消すことができない。

A 11

◯

[H18-02-4]

　　無権代理人と契約をした善意・無過失**の相手方**は、自らの**選択**によって、無権代理人に**履行**または**損害賠償の請求**をすることができる。したがって、相手方Ｃは、契約時にＡに代理権がないことを**知っていた**ときは、無権代理人Ａの責任を追及することはできない。

> **+α**　なお、無権代理人が「悪意」の場合、相手方は、自己に過失があったとしても、善意であれば、無権代理人の**責任を追及**することができます。

A 12

◯

[H30-10-1]

　　本人が死亡し、**無権代理人が本人を単独で相続**した場合、無権代理人が本人の資格で追認を拒絶することは信義則に反するため許されず、その無権代理行為は当然に有効となる。

Q 13 〔無権代理と相続〕

　Ａ所有の甲土地につき、Ａから売却に関する代理権を与えられていないＢが、Ａの代理人として、Ｃとの間で売買契約を締結した場合、Ｂの死亡により、ＡがＢの唯一の相続人として相続したとき、ＡがＢの無権代理行為の追認を拒絶しても信義則には反せず、ＡＣ間の売買契約が当然に有効になるわけではない。

Q 14 〔無権代理と相続〕

　Ａが無権代理人であって、Ｃとの間で、本人Ｂ所有の甲土地についてＢの代理人として売買契約を締結した。Ａの死亡によりＢが単独でＡを相続した場合には、Ｂは追認を拒絶できるが、ＣがＡの無権代理につき善意無過失であれば、ＣはＢに対して損害賠償を請求することができる。

Q 15 〔無権代理と相続〕

　Ａ所有の甲土地につき、Ａから売却に関する代理権を与えられていないＢが、Ａの代理人として、Ｃとの間で売買契約を締結した場合、Ａの死亡により、ＢがＤとともにＡ所有の甲土地を相続したとき、ＤがＢの無権代理行為を追認しない限り、Ｂの相続分に相当する部分においても、ＡＣ間の売買契約が当然に有効になるわけではない。

Q 16 〔表見代理〕

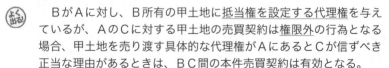

　ＢがＡに対し、Ｂ所有の甲土地に抵当権を設定する代理権を与えているが、ＡのＣに対する甲土地の売買契約は権限外の行為となる場合、甲土地を売り渡す具体的な代理権がＡにあるとＣが信ずべき正当な理由があるときは、ＢＣ間の本件売買契約は有効となる。

A 13

○

[H24-04-3]

無権代理人Bが死亡し、**本人Aが無権代理人Bを相続**した場合、Aが追認を拒絶しても信義則に反するとはいえず、無権代理行為は**当然には有効とは**ならない。

A 14

○

[H16-02-4]

難

履行または損害賠償責任を負う**無権代理人を本人が相続**した場合、本人の立場で無権代理についての追認を**拒絶**できる。しかし、無権代理人が負う履行または損害賠償の責任は**承継**する。

+α 本人が履行または損害賠償責任を免れるためには、**相続の放棄**をする必要があります。

A 15

○

[H24-04-4]

難

本人Aが死亡し、無権代理人Bが本人を他の相続人と**共同相続**した場合、追認権は相続人全員で**行使**しなければならない。したがって、DがBの無権代理行為の追認を拒絶した場合、Bのみでは追認できないため、Bの相続分に相当する部分においても、売買契約は有効にはならない。

A 16

○

[H18-02-2]

抵当権設定の代理権を有するAが、土地の売却という**権限外の行為**をした場合、相手方Cに**信ずべき正当な理由がある**（＝**善意・無過失**である）ときは、表見代理が成立し、本人Bに契約の効果が帰属する（**権限外の行為の表見代理**）。

Q 17 〔表見代理〕

　BがAに代理権を与えていないにもかかわらず代理権を与えた旨をCに表示し、Aが当該代理権の範囲内の行為をした場合、CがAに代理権がないことを知っていたとしても、Bはその責任を負わなければならない。

Q 18 〔表見代理〕

　BがAに与えた代理権が消滅した後にAが行った代理権の範囲内の行為について、相手方Cが過失によって代理権消滅の事実を知らなかった場合でも、Bはその責任を負わなければならない。

A 17

✕

[R3(12)-05-2]

　第三者（相手方）に対して他人に**代理権を与えた旨を表示**した者（本人）は、その代理権の範囲内でその他人（無権代理人）が第三者（相手方）との間でした行為について、責任を負う（**代理権授与の表示による表見代理**）。ただし、第三者（相手方C）が、そのことについて悪意または有過失のときは、本人Bは、責任を負わない。

A 18

✕

[R3(12)-05-4]

　他人に代理権を与えた者（本人）は、**代理権の消滅後**に、与えられた代理権の範囲内でその他人（無権代理人）が第三者（相手方）との間でした行為について、**代理権の消滅の事実**を知らなかった第三者に対して責任を負う（**代理権消滅後の表見代理**）。ただし、第三者（相手方C）が、そのことについて悪意または有過失のときは、本人Bは、責任を負わない。

基本テキスト　P.44～「第4章 時効」

□□□ **Q 01**　〔取得時効〕

　A所有の甲土地をBが占有している場合、Bが父から甲土地についての<u>賃借権を相続により承継して賃料を払い続けている</u>場合であっても、相続から20年間甲土地を占有したときは、Bは、時効によって甲土地の<u>所有権を取得する</u>ことができる。

□□□ **Q 02**　〔取得時効〕

　AはBに対し、自己所有の甲土地を売却し、代金と引換えにBに甲土地を引き渡したが、その後にCに対しても甲土地を売却し、代金と引換えにCに甲土地の所有権登記を移転した。この場合で、Bが甲土地をDに<u>賃貸し</u>、<u>引き渡した</u>ときは、Bは甲土地の<u>占有を失う</u>ので、甲土地の所有権を時効取得することはできない。

□□□ **Q 03**　〔取得時効〕

　BがA所有の甲土地を、所有の意思をもって平穏かつ公然に<u>17年</u>間占有した後、<u>CがBを相続し</u>甲土地を所有の意思をもって平穏かつ公然に<u>3年間占有</u>した場合、Cは甲土地の所有権を<u>時効取得する</u>ことができる。

□□□ **Q 04**　〔取得時効〕

　<u>土地の賃借権</u>は、物権ではなく、契約に基づく債権であるので、土地の継続的な用益という<u>外形的かつ客観的事実が存在</u>したとしても、時効によって取得することはできない。

A 01
✕
[H27-04-1]

所有権の取得時効は、所有の意思**による占有でなければ成立しない**。Bは、賃料を払い続けており、所有の意思は認められないため、甲土地の所有権を時効取得することはできない。

A 02
✕
[R4-10-1]

時効取得の要件である**占有**は、必ずしも占有者が自ら物理的に占有する必要はなく、賃借人**による占有でもよい**と解されている（間接占有）。

A 03
⭕
[R2(10)-10-1]

占有者の承継人（相続人も該当する）は、自己の占有だけを主張することも、**前の占有者の占有を併せて主張**することもできる。したがって、Cは、自分の3年間の占有にBの17年間の占有（計20年間）を併せて主張することで、甲土地の所有権を時効取得することができる。

+α 取得時効の期間は、**悪意または有過失の場合は20年**、**善意かつ無過失の場合は10年**です。

A 04
✕
[H22-03-1]

土地の占有者が、一定期間その土地の使用・収益を継続する、といった**外形的事実が存在**し、賃借料を支払うなど賃借の意思**が客観的に表現**されていれば、その土地の賃借権を時効で取得することができる。

Q 05　〔消滅時効〕

Aが自己が所有する甲土地を使用しないで20年以上放置していたとしても、当該甲土地の所有権が消滅時効にかかることはない。

Q 06　〔消滅時効〕

AのBに対する債権を被担保債権として、AがB所有の土地に抵当権を有している場合、被担保債権が時効により消滅するか否かにかかわらず、設定時から10年が経過すれば、抵当権はBに対しては時効により消滅する。

Q 07　〔時効総則〕

（よく出る！）

債務者が時効の完成の事実を知らずに債務の承認をした場合、その後、債務者はその完成した消滅時効を援用することはできない。

Q 08　〔時効総則〕

（よく出る！）

Aが月額10万円でBに建物を賃貸する契約を締結する際に、Bは、当該賃料債権につき、消滅時効の利益はあらかじめ放棄する旨約定したとしても、その約定に法的効力は認められない。

Q 09　〔時効総則〕

Aが、Bに対する建物の賃料債権につき内容証明郵便により支払を催告したときは、その催告により消滅時効は更新する。

A 05

◯

[R2(10)-10-4]

債権または所有権**以外の財産権**は、権利を行使することができる時から20年間行使しないときは、時効によって消滅するが、**所有権**は、そもそも**消滅時効にはかからない**。

+α 他人の取得時効が成立すると自己の所有権を失いますが、これは取得時効の「効果」であって、**所有権が消滅時効にかかったものではない**点に、注意が必要です。

A 06

✕

[H17-04-2]

抵当権も財産権であり、20年で消滅時効にかかるが、債務者及び抵当権設定者といった当事者は、被担保債権が存在する限り、抵当権についてのみの消滅時効を主張することはできない。つまり、**被担保債権が消滅**しなければ、**抵当権は**消滅しない。

A 07

◯

[H30-04-4]

債務者が、消滅時効の完成後に債権者に対し債務の承認をした場合には、**時効完成の事実を知らなかったときでも**、信義則上、その後その時効の援用をすることは許されない。

+α 時効完成後に、その完成を知らずに債務の**一部弁済**をした場合も「**承認した**」と**みなされる**ため、以降、債務者はその時効を援用することはできません。

A 08

◯

[H21-03-2]

時効によって権利を取得したり、債務が消滅するといった効果を**時効の利益**といい、この時効の利益は、時効完成前に**あらかじめ放棄することができない**。

A 09

✕

[H21-03-3改]

催告があったときは、その時から6か月を経過するまでの間は、**時効は完成しない（時効の完成猶予）**。しかし、**催告をしただけ**では、時効の完成を一時的に猶予するだけで、それだけでは、**時効は更新しない**。この点は、催告が内容証明郵便によって行われても変わりがない。

停止条件付法律行為は、停止条件が成就した時から効力が生ずるだけで、停止条件の成否が未定である間は、相続することはできない。

AとBとの間で、5か月後に実施される試験にBが合格したときにはA所有の甲建物をBに贈与する旨を書面で約した後、Aの放火により甲建物が滅失し、その後にBが本件試験に合格した場合、AはBに対して損害賠償責任を負う。

A 10

✕

[H23-02-2]

　条件の成否が未定である間でも、条件の成就によって得られる権利を処分したり、相続したりすることができる。

A 11

◯

[H30-03-2]

　条件付法律行為の各当事者は、条件の成否が未定である間は、条件が成就した場合にその法律行為から生ずべき**相手方の利益を害することができない**。

　本問では、Aの放火により、Bが条件が成就することによって得られたはずの甲建物の取得という利益を受けることが不可能になっているので、Bは、その後にBが本件試験に合格した場合、Aに対して損害賠償の請求をすることができる。

5 不動産物権変動

（基）本テキスト　P.54〜「第5章 不動産物権変動」

☐☐☐ **Q 01** 〔二重譲渡〕

　Aが、A所有の甲土地をBとCとに対して<u>二重に譲渡</u>してBが所有権移転<u>登記</u>を備えた場合に、AC間の売買契約の方がAB間の売買契約よりも先になされたことをCが立証できれば、Cは、<u>登記がなくても</u>、Bに対して自らが所有者であることを主張することができる。

☐☐☐ **Q 02** 〔相続人〕

（よく出る！）

　Aは、自己所有の甲地をBに売却し、代金を受領して引渡しを終えたが、AからBに対する所有権移転登記はまだ行われていない。Aの死亡により<u>Cが単独相続</u>し、甲地について相続を原因とするAからCへの所有権移転登記がなされた場合、Bは、<u>自らへの登記をしていないので</u>、甲地の所有権をCに対抗できない。

☐☐☐ **Q 03** 〔前主〕

　Aが、Aの所有している甲土地を<u>Bに売却</u>した場合で、Bが甲土地の所有権移転登記を備えないまま甲土地を<u>Cに売却</u>したとき、Cは、甲土地の所有権移転登記なくして、Aに対して甲土地の所有権を主張することができる。

☐☐☐ **Q 04** 〔単純悪意者〕

　所有者AからBが不動産を買い受け、<u>その登記が未了</u>の間に、Cが当該不動産をAから二重に買い受け<u>登記を完了</u>した場合、Cが背信的悪意者に該当しなくてもBが登記未了であることにつき<u>悪意</u>であるときには、Cは当該不動産の所有権取得をもってBに対抗することができない。

A 01

✕

[H24-06-3]

　甲土地が「A➡B・C」に二重譲渡された場合、BとCは、先に登記を備えた方**が所有権の取得を対抗**することができる。この場合、契約締結の先後は関係ない。

A 02

✕

[H17-08-1]

　売主Aの相続人Cは、Aの地位を承継するから、買主Bとは物権変動における**当事者の関係に立つ**。したがって、Bは、登記を備えていなくても、Cに所有権の取得を対抗することができる。

A 03

◯

[R元-01-3]

　不動産が「A➡B➡C」と転売された場合、AとCは、互いに所有権を争う第三者の関係にはなく、Aは単なる前主（前の所有者）にすぎない。したがって、Cは**登記がなくても**、前主Aに所有権を対抗できる。

A 04

✕

[R4-01-4]

　不動産に関する**物権の得喪・変更**は、登記をしなければ、第三者に対抗できない。この場合、第三者は善意である必要はなく、本問のように単純悪意者であっても、登記を先に備えれば対抗できる。

Q 05 〔背信的悪意者〕

　甲土地をAから購入したBは、所有権移転登記を備えていなかった。Cがこれに乗じてBに高値で売りつけて利益を得る目的でAから甲土地を購入し所有権移転登記を備えた場合、CはBに対して甲土地の所有権を主張することができない。

Q 06 〔不法占有者〕

　Aは、Aが所有している甲土地をBに売却したが、甲土地を何らの権原なく不法占有しているCがいる場合、BがCに対して甲土地の所有権を主張して明渡請求をするには、甲土地の所有権移転登記を備えなければならない。

Q 07 〔無権利者〕

　Aは、自己所有の甲地をBに売却し引き渡したが、Bはまだ所有権移転登記を行っていない。AとCが、通謀して甲地をAからCに仮装譲渡し、所有権移転登記を得た場合、Bは登記がなくとも、Cに対して甲地の所有権を主張することができる。

Q 08 〔無権利者〕

　所有権がAからBに移転している旨が登記されている甲土地につき、CはBとの間で売買契約を締結して所有権移転登記をしたが、甲土地の真の所有者はAであって、Bが各種の書類を偽造して自らに登記を移していた場合、Aは所有者であることをCに対して主張できる。

A 05

○

[H28-03-3]

　Cは、Bに高値で売りつけて利益を得る目的で購入したので、「背信的悪意者」に該当し、Bに対して甲土地の所有権を主張することができない。

+α 詐欺・強迫によって**他人の登記の申請を妨げた者**や、登記の申請を依頼されたのをいいことに、**依頼者より先に登記を備えた者**なども、背信的悪意者の具体例です。

A 06

×

[R元-01-1]

　不動産に関する物権の得喪及び変更は、不動産登記法その他の登記に関する法律の定めるところに従い、その登記をしなければ、第三者に対抗することができない。しかし、不法占拠者に対して所有権を主張して明渡請求をするには、**登記は不要**である。

A 07

○

[H15-03-4]

　虚偽表示は無効であるから、Aと虚偽表示をしたCは甲地について**無権利者**であって、その登記も無効である。したがって、Bは**登記がなくとも**、Cに対して甲地の所有権を主張することができる。

A 08

○

[H20-02-1]

　売主Bは甲土地についてそもそも「無権利者」なので、買主CはBから甲土地の所有権を取得することができない。したがって、Aは所有権をCに主張できる。

Q 09 〔取消し〕

　A所有の甲土地につき、AとBとの間で売買契約が締結されたが、AがBにだまされたとして詐欺を理由にAB間の売買契約を取り消した後、Bが甲土地をAに返還せずにCに転売してCが所有権移転登記を備えても、AはCから甲土地を取り戻すことができる。

Q 10 〔時効〕

　A所有の甲土地について、Bが所有の意思をもって平穏にかつ公然と時効取得に必要な期間占有を継続した場合で、AがCに対して甲土地を売却し、Cが所有権移転登記を備えた後にBの取得時効が完成したときには、Bは登記を備えていなくても、甲土地の所有権の時効取得をCに対抗することができる。

Q 11 〔時効〕

　AからB、BからCに、甲地が順次売却され、AからBに対する所有権移転登記がなされた。BからCへの売却前に、取得時効の完成により甲地の所有権を取得したDがいる場合、Dがそれを理由にして所有権登記をBから取得する前に、Dの取得時効につき善意のCがBから甲地を購入し、かつ、所有権移転登記を受けたときは、Cは甲地の所有権をDに対抗できる。

Q 12 〔共同相続〕

　共同相続財産につき、相続人の1人から相続財産に属する不動産につき所有権の全部の譲渡を受けて移転登記を備えた第三者に対して、他の共同相続人は、自己の持分を登記なくして対抗することができる。

A 09

✕

[H23-01-3]

　ＡがＡＢ間の契約を**取り消した後**、甲土地がＢからＣに譲渡された場合は、先に登記を備えた**方が所有権を主張**することができる。したがって、取消し後の第三者ＣがＢから所有権移転登記を受けたときは、ＡはＣから甲土地を取り戻すことはできない。

> **+α** 取消しの後に土地が第三者に譲渡された場合、取消しによる所有権の復帰と第三者への譲渡を、二重譲渡と同視することができるからです。

A 10

◯

[R5-06-ア]

　時効完成前の第三者に対しては、登記がなくても、時効による所有権の取得を**対抗できる**。したがって、Ｂは、**登記がなくても**、時効取得による所有権を、時効完成前に甲土地を購入したＣに対抗することができる。

A 11

◯

[H13-05-4]

　取得時効により所有権を取得した者と、**時効完成後**に旧所有者から所有権を取得した第三者とは対抗関係となり、先に登記を備えた**者が他方に優先**する。したがって、登記を備えているＣは、甲地の所有権をＤに対抗できる。

A 12

◯

[R3(12)-06-4]

　共同相続した不動産につき、共同相続人の１人が単独で所有権を取得した旨の登記をし、さらに第三者がその共同相続人から移転登記を受けた場合、**他の共同相続人**は、その第三者に対して、**自己の持分**を登記がなくても対抗できる。

Q 13 〔遺産分割〕

　Aの相続財産である土地につき、相続人B、C及びDが法定相続分に従い持分各3分の1の共有相続登記をした後、遺産分割協議によりBが<u>単独所有権を取得</u>した場合、その後にCが<u>登記上の持分3分の1</u>を第三者に譲渡し、所有権移転登記をしても、Bは、単独所有権を<u>登記なくして</u>、その第三者に対抗できる。

Q 14 〔賃貸人〕

　Aは、自己所有の建物をBに売却したが、Bは<u>まだ所有権移転登記を行っていない</u>。CがAからこの建物を賃借し、引渡しを受けて適法に占有している場合、Bは、Cに対し、この建物の所有権を対抗でき、賃貸人たる地位を主張できる。

Q 15 〔権利の外観〕

　Aが<u>所有者として登記</u>されている甲土地につき、Aと売買契約を締結したCが、<u>登記を信頼して売買契約</u>を行った場合、甲土地がAの土地ではなく第三者Bの土地であったとしても、Bの<u>過失の有無</u>にかかわらず、Cは所有権を取得することができる。

A 13

✕

[H15-12-2]

遺産分割により法定相続分と異なる権利を取得した相続人Bと、遺産分割後に権利を取得した第三者は、対抗関係に立つ。つまり、CからBへの遺産分割による権利の移転と、Cから第三者への譲渡を、Cからの**二重譲渡と同視**でき、Bは、**登記**をしなければ、単独所有権を**第三者に対抗できない**。

A 14

✕

[H16-03-2]

第三者Cに賃貸している不動産を、所有者Aから譲り受けたBは、賃貸人たる地位をも譲り受ける。しかし、Bが、**賃貸人たる地位**を賃借人Cに**主張**するには、その所有権移転登記を受けなければならない。

A 15

✕

[H19-03-2]

登記には公信力がないので、不実の登記を信頼して無権利者Aと売買契約を締結したCは、**原則として所有権を取得できない**。しかし、不実の登記がされたことを知りながら、これを真実の所有者Bが黙認していた、というように所有者に**一定の落ち度**がある場合、買主Cは、善意であれば、所有権を取得することができる。

6 共 有

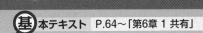

基本テキスト　P.64〜「第6章 1 共有」

□□□ **Q 01** 〔使用〕

　他の共有者との協議に基づかないで、自己の持分に基づいて1人で現に共有物全部を占有する共有者に対し、他の共有者は単独で自己に対する共有物の明渡しを請求することができる。

□□□ **Q 02** 〔保存行為〕

　各共有者は、共有物の不法占拠者に対し、妨害排除の請求を単独で行うことができる。

□□□ **Q 03** 〔損害賠償請求〕

　A、B及びCが、持分を各3分の1として甲土地を共有している場合、甲土地全体がDによって不法に占有されているときは、Aは単独でDに対して、Dの不法占有によってA、B及びCに生じた損害全額の賠償を請求できる。

□□□ **Q 04** 〔管理〕

（よく出る！）　A、B及びCが持分を各3分の1で共有する甲土地について、Dと賃貸借契約を締結している場合、AとBが合意すれば、Cの合意はなくとも、賃貸借契約を解除することができる。

10年でみれば、**2～3回の出題**です。しかし、共有の考え方自体は、様々な項目で応用的に使われており、**概念的には非常に重要**なところです。出題自体の難易度は高くないので、手堅く問題を解き、マスターしましょう。

共有

A 01
×
[H23-03-4]

　各共有者は、**共有物の全部**について、その持分に応じた**使用**をすることができる。したがって、自己の持分に基づいて単独で共有物全部を占有する共有者に対して、他の共有者は、当然に共有物の明渡しを請求することができるわけではない。

A 02
○
[H23-03-3]

　共有物の保存行為は、各共有者がその持分に関係なく、**単独ですることができる**。そして、共有物の不法占拠者に対する妨害排除請求は保存行為に該当する。したがって、各共有者は、不法占拠者に対して、**妨害排除の請求を単独で**行うことができる。

A 03
×
[H18-04-2]

難

　不法占有者に対する損害賠償請求権は可分債権であり、各共有者は、持分の割合に応じて**個別に請求**しなければならないため、共有者の1人が、他の共有者の分まで含めて、全員の分の損害賠償請求をすることはできない。

A 04
○
[H19-04-2]

　共有物の賃貸借契約の解除は、共有物の管理**行為に該当**し、持分価格の過半数で決定される。したがって、持分がそれぞれ3分の1のA・B2人が合意すれば、Cの合意がなくても、賃貸借契約を解除することができる。

+α　この場合、解除の不可分性（当事者が数人いる場合、解除の意思表示は**全員から**、または**全員に対して**しなければならないとされる）は、適用がありません。

Q 05 〔変更〕

よく出る

　各共有者は、他の共有者の同意を得なければ、共有物に重大変更を加えることができない。

Q 06 〔持分の処分〕

よく出る

　A、B及びCが、持分を各3分の1で建物を共有している場合、Aは、BとCの同意を得なければ、この建物に関するAの共有持分権を売却することはできない。

Q 07 〔持分の帰属〕

　共有者の1人であるAが死亡し、相続人の不存在が確定したときは、Aの持分は、民法第958条の3の特別縁故者に対する財産分与の対象となるが、当該財産分与がなされない場合は、他の共有者であるB及びCに帰属する。

Q 08 〔分割〕

　各共有者は、いつでも共有物の分割を請求することができるが、5年を超えない期間内であれば、分割をしない旨の契約をすることができる。

Q 09 〔分割〕

　A、B及びCが、持分を各3分の1として甲土地を共有しているが、共有物たる甲土地の分割について共有者間に協議が調わず、裁判所に分割請求がなされた場合、裁判所は、甲土地全体をAの所有とし、AからB及びCに対し持分の価格を賠償させる方法により分割することができる。

A 05

○

[R2(12)-10-2改]

各共有者は、他の共有者全員の**同意**を得なければ、共有物に**重大変更**を加えることができない。

A 06

×

[H15-04-1]

持分は、各共有者が単独で有する権利であるから、**他の共有者の同意**は<u>不要</u>で、**自由に譲渡**することができる。

A 07

○

[H18-04-4]

共有者の1人が死亡して相続人がいない場合、その持分は、特別縁故者がいれば特別縁故者への財産分与の対象になり、特別縁故者がいなければ、**他の共有者**にその持分の割合に応じて帰属する。

> **+α** 共有者が持分を**放棄**した場合も、その持分は、他の共有者に**持分の割合に従って帰属**します。

A 08

○

[H23-03-1]

各共有者はいつでも共有物の分割を請求できるが、**5年を超えない期間内**で不分割の特約をすることができる。

A 09

○

[H18-04-3改]

裁判所は、共有者のうちの1人の単独所有として、他の共有者にその持分の価格を賠償させる方法（賠償**分割**）により、分割させることができる。

> **+α** 裁判所が分割を命じる場合、①現物**分割**、②賠償**分割**が原則であり、①②が**不可能**などの一定の場合に、**例外的**に③競売**分割**が可能となります。

1回目	2回目	3回目
月　日：　／9	月　日：　／9	月　日：　／9

基本テキスト　P.69～「第6章 2 相隣関係」

□□□ **Q 01**　〔相隣関係（隣地使用権）〕

　土地の所有者は、境界標の調査又は境界に関する測量等の一定の目的のために<u>必要な範囲内で隣地を使用する</u>ことができる場合であっても、<u>住家</u>については、その家の<u>居住者の承諾</u>がなければ、当該住家に立ち入ることはできない。

□□□ **Q 02**　〔相隣関係（通行権）〕

　<u>他の土地に囲まれて公道に通じない土地</u>の所有者は、公道に出るためにその土地を囲んでいる他の土地を<u>自由に選んで通行する</u>ことができる。

□□□ **Q 03**　〔相隣関係（通行権）〕

よく出る!

　<u>甲土地が共有物の分割によって公道に通じない土地</u>となっていた場合には、甲土地の購入者Ａは公道に至るために他の分割者の所有地を、<u>償金を支払うことなく通行する</u>ことができる。

□□□ **Q 04**　〔相隣関係（境界標）〕

　土地の所有者は、隣地の所有者と<u>共同の費用</u>で、境界標を設けることができる。

10年でみれば、**2〜3回の出題**です。相隣関係は、いずれも**具体的かつ単純な規定**ですので、問題を解いておくだけで得点につながります。他方、用益物権は、聞き慣れない地役権の性質など、難易度の高い項目ですので、**深入りは厳禁**といえます。

A 01
◯
[R5-02-1]

土地の所有者は、①境界またはその付近における障壁・建物その他の**工作物の築造・収去・修繕**、②境界標の**調査**・境界に関する**測量**、③（催告したにもかかわらず、竹木の所有者が相当の期間内に切除しない場合等の）**枝の切取り**をするために、必要な範囲**内**で**隣地を使用**できる。しかし、住家については、居住者の承諾がなければ、立ち入ることができない。

A 02
✕
[R5-02-4]

他の土地に囲まれて公道に通じない土地の所有者は、公道に至るため、その土地を**囲んでいる他の土地を通行すること**ができるが、通行者にとって必要な範囲で、かつ、**他の土地のために損害が最も少ない**通行方法を選ばなければならない。

A 03
◯
[R2(10)-01-1]

分割によって公道に通じない土地が生じたときは、その土地の所有者は、公道に至るため、他の分割者の所有地のみを通行することができる。この場合において、Aは、**償金**を支払う必要がない。

A 04
◯
[R3(12)-02-1]

土地の所有者は、隣地の所有者と**共同の費用**で、境界標を設けることができる。

+α 境界標の設置・保存費用は相隣者が等しい割合で負担しますが、そのための測量の費用は、土地の広狭に応じて分担する必要があります。

Q 05 〔相隣関係（目隠し）〕

　異なる慣習がある場合を除き、境界線から1m未満の距離において他人の宅地を見通すことができる窓を設ける者は、目隠しを付けなければならない。

Q 06 〔相隣関係（竹木）〕

　土地の所有者は、隣地の竹木の枝が境界線を越える場合、その竹木の所有者にその枝を切除させることができるが、その枝を切除するよう催告したにもかかわらず相当の期間内に切除しなかったときであっても、自らその枝を切り取ることはできない。

Q 07 〔地役権〕

　Aは、自己所有の甲土地の一部につき、通行目的で、隣地乙土地の便益に供する通行地役権設定契約（地役権の付従性について別段の定めはない。）を、乙土地所有者Bと締結した。Bは、この通行地役権を、乙土地と分離して、単独で第三者に売却することができる。

Q 08 〔地役権〕

　甲土地の隣接地の所有者が自らが使用するために当該隣接地内に通路を開設し、甲土地の所有者Aもその通路を利用し続けると、甲土地が公道に通じていない場合には、Aは隣接地に関して時効によって通行地役権を取得することがある。

A 05

○

[H21-04-4]

境界線から1m未満の距離において他人の宅地を見通すことができる窓または縁側を設ける者は、目隠しを付けなければならない。

A 06

×

[R5-02-2]

隣地の**竹木の枝**が境界線を越える場合には、自分で切り取ることはできず、原則として、竹木の所有者に**切除させなければならない**。しかし、次の場合は、土地の所有者は、例外として、自ら枝を**切り取ることができる**。①竹木の所有者に枝を切除するよう催告したにもかかわらず、竹木の所有者が相当の期間内に切除しないとき、②竹木の所有者を**知ることができず**、またはその所在を知ることができないとき、③**急迫の事情**があるとき。

> **+α** 隣地の**竹木の根**が境界線を越える場合は、自ら**切り取ることができます**。

A 07

×

[H14-04-3]

地役権は、要役地の便益を増加させるための権利であり、要役地から分離して**地役権のみ**を譲渡することはできない。

A 08

×

[H25-03-4]

地役権は、継続的に行使され、かつ、外形上認識することができるものに限り、**時効取得**することができるが、この場合、要役地（甲土地）の所有者が、承役地（隣接地）に通路を開設する必要がある。本問では、Aは、自ら通路を開設していないので、通行地役権の時効取得ができない。

基本テキスト　P.74〜「第7章 抵当権」

□□□ **Q 01** 〔効力の及ぶ範囲〕

　賃借地上の建物が抵当権の目的となっているときは、一定の場合を除き、敷地の賃借権にも抵当権の効力が及ぶ。

□□□ **Q 02** 〔順位〕

　AはBから2,000万円を借り入れて土地とその上の建物を購入し、Bを抵当権者として当該土地及び建物に2,000万円を被担保債権とする抵当権を設定し、登記した。AがBとは別にCから500万円を借り入れていた場合、Bとの抵当権設定契約がCとの抵当権設定契約より先であっても、Cを抵当権者とする抵当権設定登記の方がBを抵当権者とする抵当権設定登記より先であるときには、Cを抵当権者とする抵当権が第1順位となる。

□□□ **Q 03** 〔順位の変更〕

　抵当権について登記がされた後は、抵当権の順位を変更することはできない。

□□□ **Q 04** 〔利息の制限〕

　Aは、Bから3,000万円の借金をし、その借入金債務を担保するために、A所有の甲地にBの抵当権を設定・登記した。Bは、Aの本件借入金債務の不履行による遅延損害金については、一定の場合を除き、利息その他の定期金と通算し、最大限、最後の2年分しか、本件登記にかかる抵当権の優先弁済権を主張することができない。

抵当権は、ほぼ**毎年のように出題**されています。実務でも極めて多用されており、技術的な規定も多く、法律的にも難易度が高い項目ですので、受験対策上は、**理解しづらいと感じた部分には踏み込まない**、というスタンスをお勧めします。

A 01

○

[H27-06-1]

　抵当権は、抵当地の上に存する建物を除き、原則としてその目的である不動産に**付加して**一体となっている物に及ぶ。したがって、借地上の建物に抵当権を設定した場合は、その敷地の賃借権にも抵当権の効力が及ぶ。

A 02

○

[H22-05-1]

　同一の不動産について数個の抵当権が設定されたときは、その**抵当権の順位**は、登記の前後**による**。したがって、Cの抵当権の登記がBの抵当権より先にされていれば、その設定契約の時期にかかわらず、Cが1番抵当権者となる。

A 03

✕

[H25-05-4]

　抵当権の順位は、各抵当権者の合意によって変更することができ（なお、**利害関係を有する者**が他にいるときは、その承諾**も必要**）、登記をすることによって**効力が生じる**。そして、抵当権の登記をした後でも、同様に変更できる。

+α 抵当権の順位の変更は、その登記をしなければ、**効力を生じない**ことに注意しましょう。

A 04

○

[H13-07-3]

　後順位抵当権者がいる場合、抵当権者は**遅延損害金**については、**利息**その他の定期金と通算して、原則として、最後の**2年分**までしか優先弁済権を主張できない。

A の抵当権設定登記があるB所有の建物が<u>火災によって焼失して</u>しまった場合、Aは、当該建物に掛けられた<u>火災保険契約に基づく損害保険金請求権</u>に物上代位することができる。

A が所有する甲土地上にBが乙建物を建築して所有権を登記していたところ、AがBから乙建物を買い取り、その後、Aが甲土地にCのために抵当権を設定し登記した。その際、Aが乙建物を取り壊して<u>更地</u>にしてから甲土地に<u>抵当権を設定登記し、その後にAが甲土地上に丙建物を建築</u>していた場合、甲土地の抵当権が実行されたとしても、丙建物のために法定地上権は成立しない。

A は、Bから借り入れた2,400万円の担保として<u>第1順位の抵当権</u>が設定されている甲土地を所有している。Aは、さらにCから1,600万円の金銭を借り入れ、その借入金全額の担保として甲土地に第2順位の抵当権を設定した。<u>Bの抵当権設定後、Cの抵当権設定前に甲土地上に乙建物が建築</u>され、Cが抵当権を実行した場合には、乙建物について法定地上権が成立する。

<u>土地に抵当権が設定された後に抵当地に建物が築造</u>されたときは、一定の場合を除き、抵当権者は<u>土地とともに建物を競売</u>することができるが、その優先権は<u>土地の代価についてのみ行使</u>することができる。

A 05

○

[H24-07-3]

抵当権は、その目的物の売却、賃貸、滅失または損傷によって債務者が受けるべき**金銭**その他の物に対しても、行使することができる（**物上代位**）。

> **+α** 抵当権者は、損害保険金請求権等に対して物上代位を主張するためには、その払渡しまたは引渡しの前に、自ら差押えをしなければなりません。

A 06

○

[H30-06-2]

法定地上権の成立要件は、次のとおりである。
① **抵当権設定時**に、土地の上に建物が存すること
② **抵当権設定時**に、土地とその上の建物が同一の所有者に属すること
③ **土地または建物**につき抵当権が設定されていること
④ **抵当権の実行**により所有者を異にするに至ったこと

本問では、**更地にしてから土地に抵当権を設定している**ことから、抵当権設定時には土地の上に建物が存在しないため、要件①を満たさない。よって、法定地上権は成立しない。このことは、抵当権設定後に土地上に建物を建築していた場合でも同様である。

A 07

×

[H18-05-3]

法定地上権は、原則「**第1順位の抵当権**」を基準に判断される。したがって、更地に第1順位の抵当権が設定された後、建物が建築され、その後第2順位の抵当権が設定された場合、第2順位の抵当権が実行されても法定地上権は成立しない。更地の担保価値を把握した第1順位の抵当権者を害するからである。

A 08

○

[H27-06-4]

更地に抵当権を設定した後、抵当地上に建物が築造されたときには、抵当権者は、土地と共に建物を競売することができる（一括競売）。しかし、**優先弁済**は、土地の代価についてのみ行うことができる。

> **+α** 一括競売を行うかどうかは、**抵当権者の任意**となります。

抵当不動産の被担保債権の主債務者は、抵当権消滅請求をすることはできないが、その債務について<u>連帯保証</u>をした者は、抵当権消滅請求をすることができる。

Aを売主、Bを買主として甲土地の売買契約を締結したが、甲土地に抵当権の登記があり、Bが当該土地の抵当権消滅請求をした場合には、Bは<u>当該請求の手続</u>が終わるまで、Aに対して<u>売買代金の支払を拒む</u>ことができる。

BはAに対して自己所有の甲建物に令和6年4月1日に<u>抵当権を設定</u>し、Aは同日付でその旨の<u>登記</u>をした。Bは、同年12月1日に甲建物をCに期間4年の約定で<u>賃貸</u>し、同日付で引き渡した。Cは、賃借権の登記と共に、先順位の<u>抵当権者全員の同意及びその旨の登記</u>をしなければ、この賃貸借をAに対抗できない。

Aは、Bからの借入金の担保として、A所有の甲建物に第一順位の<u>抵当権</u>を設定し、その<u>登記</u>を行った。本件<u>抵当権設定登記</u>後に、AC間でCを賃借人とする甲建物の一時使用目的ではない<u>賃貸借契約を締結</u>し、その後抵当権に基づく競売手続による買受けがなされた場合で、買受けから賃貸借契約の<u>契約満了までの期間が1年</u>であったときは、Cは甲建物の競売における買受人に対し、契約満了までは甲建物を<u>引き渡す必要</u>はない。

A 09

✕

[H27-06-2]

　抵当不動産の**第三取得者**（所有権を取得した者に限る）は、**抵当権消滅請求**をすることができる。しかし、主たる債務者、保証人及びこれらの者の承継人は、抵当権消滅請求をすることが**できない**。

A 10

◯

[H21-10-4]

🏔難

　買主Bは、買い受けた不動産について抵当権の登記があるときは、抵当権消滅請求の手続が終わるまで、売主Aに対して代金の支払を拒むことができる。

A 11

◯

[H17-06-3]

　建物の賃貸借契約を締結し賃借権の登記をしている場合、その登記より**前**に設定・登記されている抵当権者全員の同意を得てその旨の同意の登記をしていなければ、当該賃借権は、それらの抵当権者に対抗することができない。

A 12

✕

[R3(12)-10-3]

　抵当権の目的である建物を、抵当権者に対抗できない**賃貸借**によって**競売手続の開始**前から**使用・収益**する者等（**抵当建物使用者**）は、その建物について、競売によって買い受けされた時から「**6か月**」を経過するまでは、買受人に引き渡す必要がない。したがって、甲建物の引渡しが猶予されるのは、契約期間いっぱいである「**1年**」でなく、6か月を経過するまでとなる。

+α　本問の「6か月の明渡猶予」は、「建物」の場合のみ認められ、土地の場合は適用されません。

9 根抵当権

基本テキスト P.85〜「第7章 12 根抵当権」

□□□ **Q 01** 〔債権の特定〕

抵当権を設定する場合には、被担保債権を特定しなければならないが、根抵当権を設定する場合には、債権者と債務者の間のあらゆる範囲の不特定の債権を極度額の限度で被担保債権とすることができる。

‥‥‥‥‥‥‥‥‥‥‥‥‥‥‥‥‥‥‥‥‥‥‥‥‥‥‥‥‥‥‥‥‥‥‥‥‥‥

□□□ **Q 02** 〔債権の特定〕

普通抵当権でも、根抵当権でも、現在は発生しておらず、将来発生する可能性がある債権を被担保債権とすることができる。

‥‥‥‥‥‥‥‥‥‥‥‥‥‥‥‥‥‥‥‥‥‥‥‥‥‥‥‥‥‥‥‥‥‥‥‥‥‥

□□□ **Q 03** 〔債権の範囲〕

根抵当権の元本の確定前に、被担保債権の範囲を変更するには、後順位の抵当権者がいる場合は、その者の承諾を得なければならない。

‥‥‥‥‥‥‥‥‥‥‥‥‥‥‥‥‥‥‥‥‥‥‥‥‥‥‥‥‥‥‥‥‥‥‥‥‥‥

□□□ **Q 04** 〔債権の譲渡〕

元本の確定前に根抵当権者から被担保債権の範囲に属する債権を取得した者は、その債権について根抵当権を行使することはできない。

‥‥‥‥‥‥‥‥‥‥‥‥‥‥‥‥‥‥‥‥‥‥‥‥‥‥‥‥‥‥‥‥‥‥‥‥‥‥

□□□ **Q 05** 〔極度額〕

根抵当権者は、総額が極度額の範囲内であっても、被担保債権の範囲に属する利息の請求権については、その満期となった最後の2年分についてのみ、その根抵当権を行使することができる。

‥‥‥‥‥‥‥‥‥‥‥‥‥‥‥‥‥‥‥‥‥‥‥‥‥‥‥‥‥‥‥‥‥‥‥‥‥‥

A 01
✕
[H26-04-1]

抵当権を設定する場合は、被担保債権を特定しなければならない。これに対して、**根抵当権**は、「一定の範囲」に属する**不特定の債権を担保**するために設定するが、「あらゆる範囲の不特定の債権を担保する」という包括根抵当権の設定はできない。

A 02
◯
[H15-06-2]

普通抵当権は、**将来発生することが**確定的であれば、その債権を被担保債権とすることもできる。また、根抵当権は、一定の範囲に属する不特定の債権を担保するので、将来発生する債権でも、その範囲内にあれば担保される。

A 03
✕
[H19-08-1]

元本の確定前には、根抵当権の担保すべき**債権の範囲の変更**をすることができ、これについて、後順位の抵当権者その他の第三者の**承諾を得る必要**はない。

A 04
◯
[H23-04-2]

元本の確定前に根抵当権者から債権を取得した者は、その債権について根抵当権を行使することができない。

A 05
✕
[H23-04-1]

根抵当権者は、確定した元本、利息その他の定期金、債務の不履行によって生じた損害の賠償の全部について、極度額を限度として、その根抵当権を行使することができる。普通抵当権のように、「利息等は、原則として満期となった最後の2年分に限る」という制限はない。

1回目	2回目	3回目
月 日: / 5	月 日: / 5	月 日: / 5

10 担保物権

基本テキスト P.88〜「第7章 13 その他の担保物権」

□□□ **Q 01** 〔留置権〕

建物の賃借人が賃貸人の承諾を得て建物に付加した造作の買取請求をした場合、賃借人は、造作買取代金の支払を受けるまで、当該建物を留置することができる。

- -

□□□ **Q 02** 〔留置権〕

不動産に留置権を有する者は、目的物が金銭債権に転じた場合には、当該金銭に物上代位することができる。

- -

□□□ **Q 03** 〔先取特権〕

不動産の売買により生じた債権を有する者は先取特権を有し、当該不動産が賃借されている場合には、賃料に物上代位することができる。

- -

□□□ **Q 04** 〔先取特権〕

建物の建築工事の費用について、当該工事の施工を行った者が先取特権を行使するためには、あらかじめ、債務者である建築主との間で、先取特権の行使について合意しておく必要がある。

- -

□□□ **Q 05** 〔質権〕

質権は、占有の継続が第三者に対する対抗要件と定められているため、動産を目的として質権を設定することはできるが、登記を対抗要件とする不動産を目的として質権を設定することはできない。

10年でみれば、**1～2回程度の出題**です。**先取特権、留置権、質権**が具体的な内容であり、いずれも実社会ではなじみが薄いためイメージしにくいといえますが、それほど難易度の高い出題ばかりではないため、気楽に問題を解いてみましょう。

A 01
✕
[H25-04-1]

　造作買取代金債権に基づいて、賃貸借契約の目的物である**建物に留置権を行使することは**できない。造作買取代金債権は、造作に関して生じた債権であって、建物に関して生じた債権ではないからである。

A 02
✕
[H17-05-4]

　留置権には、**物上代位性が**ない。したがって、目的物が金銭債権に転じた場合、その金銭に留置権を行使することはできない。

A 03
◯
[H17-05-1]

　不動産の売買代金債権を有する者は、その不動産に先取特権を有する。そして、不動産の買主がその不動産を他人に賃貸した場合、物上代位により、不動産の買主が受け取るべき**賃料に対しても、先取特権を行使**することができる。

A 04
✕
[H19-07-1]

　不動産の工事によって生じた債権を有する者は、その不動産について先取特権を取得する。先取特権は、当事者の合意にかかわらず、**法律上当然に発生**する担保物権であるから、行使するにあたり、**当事者間の合意**は不要である。

A 05
✕
[H19-07-3]

　質権は、債権のほか、動産・不動産のどちらにも設定することができる。

+α 不動産質権は、債権者にその不動産を引き渡すことによって、その効力を生じ、登記が対抗要件となります。

　Aは、Bから建物を賃借し、Bに3,000万円の敷金を預託した。その後、Aは、Bの承諾を得て、この敷金返還請求権につき、Cからの借入金債務を担保するために、Cのために適法に質権を設定した。Cは、<u>Bの承諾</u>が書面によるものであれば、<u>確定日付を得ていなくても</u>、この質権設定を、B以外の第三者に対しても対抗することができる。

A 06

✕

[H14-05-1]

　　敷金返還請求権のような債権に質権を設定した場合、質権者Cが質権を第三者に主張するためには、債権譲渡と同様に、**確定日付のある証書**による、AからBへの通知**または**Bの承諾が必要である。したがって、Bの承諾に確定日付がなければ、Cは、質権を第三者に対抗することができない。

11 保証・連帯債務

重要ランク **A**

基本テキスト　P.90〜「第8章 保証・連帯保証」、P.98〜「第9章 連帯債務」

□□□ **Q 01**　〔保証（成立）〕

　保証人となるべき者が、<u>口頭で明確に</u>特定の債務につき保証する旨の<u>意思表示</u>を債権者に対してすれば、その保証契約は有効に成立する。

□□□ **Q 02**　〔保証（補充性）〕

　Aは、Aの所有する土地をBに売却し、Bの売買代金の支払債務についてCがAとの間で保証契約を締結した。Cの<u>保証債務にBと連帯して債務を負担する特約がない</u>場合、AがCに対して保証債務の履行を請求してきても、Cは、Bに<u>弁済の資力があり、かつ、執行が容易であることを証明</u>することによって、Aの請求を拒むことができる。

□□□ **Q 03**　〔連帯保証（補充性）〕

　Aは、Aの所有する土地をBに売却し、Bの売買代金の支払債務についてCがAとの間で保証契約を締結した。Cの保証債務がBとの<u>連帯保証債務</u>である場合、AがCに対して保証債務の履行を請求してきても、CはAに対して、<u>まずBに請求するよう主張</u>できる。

□□□ **Q 04**　〔連帯保証（請求）〕

　Aは、Aの所有する土地をBに売却し、Bの売買代金の支払債務についてCがAとの間で保証契約を締結した。Cの保証債務がBとの<u>連帯保証債務</u>である場合、Cに対する<u>履行の請求による時効の完成猶予</u>は、Bに対してもその効力を生ずる。

10年でみれば、**5〜6回の出題**です。まずは、**保証と連帯保証**、そして、それらと**連帯債務**の区別を意識したうえで、それぞれの基本知識を確認した後、知識を固めていくことが大切です。

A 01

×

[H22-08-2]

保証契約は、口頭での意思表示では足りず、書面で締結しなければ効力を生じない。

+α 軽率に保証人となってしまうことを防ぐためです。

A 02

○

[H15-07-2]

普通保証人には**検索の抗弁権**があるから、保証人Cは、主たる債務者Bに弁済の資力があり、かつ、執行が容易であることを証明することによって、債権者Aの請求を拒むことができる。

A 03

×

[H15-07-1]

連帯保証人には催告の抗弁権がないから、債権者Aから履行の請求を受けた連帯保証人Cは、**保証債務を履行**しなければならない。

A 04

×

[H15-07-3改]

連帯保証についても、付従性により、連帯保証人に生じた事由は、原則として、主たる債務者には効力が及ばない。したがって、連帯保証人Cに**履行の請求**をしても、その効果は主たる債務者Bには**及ばない**ので、主たる債務の時効の完成は猶予されない。

11

保証・連帯債務

Q 05 〔連帯保証（求償権）〕

　A銀行のB社に対する貸付債権につき、Cは、B社の委託を受けその全額につき連帯保証するとともに、物上保証人として自己の所有する土地に担保設定している。DもB社の委託を受け全額につき連帯保証している。<u>保証人各自の負担部分は平等である</u>。Cが、A銀行に対して債権全額につき保証債務を履行した場合、その<u>半額</u>につきDに対する求償権を取得する。

Q 06 〔連帯保証と連帯債務（無効の場合）〕

　Aから<u>BとCとが負担部分2分の1として連帯</u>して1,000万円を借り入れる場合で、AB間の契約が無効であったときにはCが、AC間の契約が無効であったときにはBが、それぞれ1,000万円の債務を負う。他方、DからEが1,000万円を借り入れ、<u>Fがその借入金返済債務についてEと連帯して保証</u>する場合で、DE間の契約が無効であったときはFが、DF間の契約が無効であったときはEが、それぞれ1,000万円の債務を負う。

Q 07 〔連帯債務（請求）〕

　債務者A、B、Cの3名が、内部的な負担部分の割合は等しいものとして合意した上で、債権者Dに対して300万円の連帯債務を負った場合、DがAに対して<u>裁判上の請求</u>を行ったとしても、特段の合意がなければ、BとCがDに対して負う債務の消滅時効の完成には影響しない。

Q 08 〔連帯債務（免除）〕

　債務者A、B、Cの3名が、内部的な負担部分の割合は等しいものとして合意した上で、債権者Dに対して300万円の連帯債務を負った場合は、DがCに対して<u>債務を免除</u>したときでも、特段の合意がなければ、DはAに対してもBに対しても、<u>弁済期が到来した300万円全額の支払を請求</u>することができる。

A 05
○
[H18-07-2]

　連帯保証人の1人が保証債務を履行したときは、**負担部分を超える範囲について**、他の連帯保証人に**求償することができる**。Cの負担部分は債務全額の2分の1であるため、残りの半額について、Dに対する求償権を取得する。

A 06
×
[H20-06-4]

　連帯債務者のBまたはCの一方について、債権者Aとの契約が無効となり、その債務が成立しなくても、他の連帯債務者の債務は影響を受けず、それぞれ1,000万円の債務を負うままである。よって、前半は正しい。
　他方、主たる債務者Eの契約が無効となれば、Fの連帯保証債務は成立しない。しかし、**連帯保証人Fの保証契約が無効**となっても、主たる債務者Eの**主たる債務には影響**せず、Eのみが1,000万円の債務を負う。よって、後半は誤りである。

A 07
○
[R3(10)-02-1]

　裁判上の請求に関しては、民法に特別な規定（絶対的効力がある旨の規定）はない。したがって、債権者Dが行った連帯債務者Aに対する裁判上の請求は、**他の連帯債務者B・C**の債務の消滅時効の完成に対して**影響**しない（相対的効力の原則）。

A 08
○
[R3(10)-02-3]

　債権者Dが連帯債務者Cに対して**「債務の免除」**をした場合でも、**他の連帯債務者A・B**には**影響**しない。したがって、Dは、Aに対しても、Bに対しても、300万円全額の支払を請求することができる（相対的効力の原則）。

債務者Ａ、Ｂ、Ｃの３名が、<u>内部的な負担部分の割合は等しいも</u>のとして合意した上で、債権者Ｄに対して300万円の連帯債務を負った場合で、ＢがＤに対して300万円の債権を有しているとき、Ｂが相殺を援用しない間に300万円の支払の請求を受けたＣは、<u>ＢのＤに対する債権で相殺する</u>旨の意思表示をすることができる。

債務者Ａ、Ｂ、Ｃの３名が、内部的な負担部分の割合は等しいものとして合意した上で、債権者Ｄに対して300万円の連帯債務を負った場合で、ＡとＤとの間に<u>更改</u>があったときは、300万円の債権は、<u>全ての連帯債務者の利益のために消滅する</u>。

ＡからＢとＣが負担部分２分の１として連帯して1,000万円を借り入れる場合で、Ｂについて時効が完成したときにはＣが、Ｃについて時効が完成したときにはＢが、それぞれ500万円分の債務を免れる。他方、ＤからＥが1,000万円を借り入れ、Ｆがその借入金返済債務についてＥと連帯して保証する場合で、主たる債務者Ｅについて時効が完成したときには連帯保証人Ｆが、Ｆについて<u>時効が完成した</u>ときにはＥが、<u>それぞれ全額の債務を免れる</u>。

A 09

✕

[R3(10)-02-2]

支払の請求を受けた連帯債務者Cが、債権者Dに対してできるのは、反対債権を持っている連帯債務者Bの「負担部分（100万円）の限度」で、債務の履行を拒むことだけである。したがって、Cは、BのDに対する債権で**相殺**の意思表示をすることはできない。

+α 反対債権を持つ連帯債務者**自らが相殺**を行った場合は、その効果が、他の連帯債務者に**そのまま及びます**（絶対的効力の原則）。これに対し、反対債権を持つ連帯債務者が相殺を援用しない間は、他の連帯債務者は、その連帯債務者の負担部分の限度において、債権者に対して**債務の履行を拒む**ことができます。

A 10

◯

[R3(10)-02-4]

難

連帯債務者の1人であるAと債権者Dの間に「**更改**」があったときは、それが他の連帯債務者B・Cにも**影響**するため、300万円の債権は、全ての連帯債務者の利益のために消滅する（絶対的効力の原則）。

A 11

✕

[H20-06-3]

難

連帯債務者であるBまたはCのどちらかについて**消滅時効が完成**した場合、相対的効力の原則により、他の連帯債務者に対しては**効力は生じない**。つまり片方が1,000万円全額の債務を負う。他方、**主たる債務者E**について**消滅時効が完成**すれば、付従性により**連帯保証人F**の債務も**消滅**する。しかし、Fについて消滅時効が完成しても、主たる債務者Eの債務には影響しない。つまり、Eはなおも全額の債務を負う。よって、前半・後半共に誤りである。

	1回目	2回目	3回目
	月 日： /11	月 日： /11	月 日： /11

基本テキスト P.102～「第10章 債権譲渡」

□□□ **Q 01** 〔譲渡制限の意思表示〕

譲渡制限の意思表示がされた売買代金債権の譲受人が、その意思表示がされていたことを<u>知っていたとき</u>は、債務者は、その債務の履行を拒むことができ、かつ、譲渡人に対する<u>弁済その他の債務を消滅させる事由</u>をもって<u>譲受人に対抗する</u>ことができる。

□□□ **Q 02** 〔債権譲渡の通知〕

Aは、Bに対して貸付金債権を有しており、Aはこの貸付金債権をCに対して譲渡した。Bが債権譲渡を承諾しない場合、<u>CがBに対して債権譲渡を通知する</u>だけでは、CはBに対して自分が債権者であることを主張することができない。

□□□ **Q 03** 〔債権譲渡の対抗要件〕

Aは、Bに対して貸付金債権を有しており、Aはこの貸付金債権をCに対して譲渡した。Aが貸付金債権をDに対しても譲渡し、Cへは確定日付のない証書、Dへは確定日付のある証書によってBに通知した場合で、いずれの通知もBによる弁済前に到達したとき、Bへの通知の到達の先後にかかわらず、DがCに優先して権利を行使することができる。

10年でみれば、**5〜6回の出題**です。「債務者への対抗要件と第三者への対抗要件」「確定日付のある証書の役割」が重要ですが、ここでは、これらのポイントをすべて掲載しました。**しっかり解いておけば大丈夫**です！

A 01

○

[R3(10)-06-3]

譲渡制限の意思表示をしたときであっても、債権の譲渡は有効である。しかし、**譲渡制限の意思表示がされたことを**知り、または重大な過失によって知らなかった譲受人その他の第三者に対しては、債務者は、**債務の履行を拒むことができ、**かつ、**譲渡人に対する弁済その他の債務を消滅させる事由を**もって、その第三者に**対抗**することが**できる。**

A 02

○

[H15-08-2]

債権譲渡の債務者への対抗要件は、①譲渡人から債務者への通知、または②債務者の承諾、のどちらかであり、譲受人からの通知は対抗要件とはならない。

> **+α** 債権の譲受人は、譲渡人を代位して通知することはできませんが、譲渡人の代理人として行った通知は有効となります。

A 03

○

[H15-08-3]

債権が**二重に譲渡**された場合、譲受人間の優劣は、確定日付のある証書による通知または承諾の有無で決まる。したがって、確定日付のある証書による通知を得たDは、確定日付のないCに優先する。

12

債権譲渡

　AがBに対して1,000万円の代金債権を有しており、Aがこの代金債権をCに譲渡した。Aがこの代金債権をDに対しても譲渡し、Cに対する債権譲渡もDに対する債権譲渡も確定日付のある証書でBに通知した場合には、CとDの優劣は、<u>確定日付の先後</u>ではなく、確定日付のある通知がBに<u>到着した日時の先後</u>で決まる。

□□□ **Q** 05　〔債権譲渡の対抗要件〕

　指名債権が二重に譲渡され、確定日付のある各債権譲渡通知が<u>同時に債務者に到達したとき</u>は、各債権譲受人は、債務者に対し、債権金額基準で<u>按分した金額の弁済請求</u>しかできない。

A 04

◯

[H23-05-4]

　債権が二重に譲渡され、その双方の通知が確定日付のある証書によってされた場合、譲受人間の優劣は、当該通知が債務者に到達した日時の先後により決まる。証書に記載された「確定日付の先後」により決まるわけではない。

A 05

✕

[H19-09-1]

　債権が二重譲渡され、確定日付のある通知が**同時に**債務者に到達した場合、各譲受人は、債務者に対し**それぞれの債権全額の弁済を請求**することができ、債務者は、単に同順位の譲受人が存在することを理由として弁済を拒否することができない。

+α　債務者は、いずれか一方に**債務を弁済**すれば、他方からの請求を拒む**ことができます**。したがって、同時到達の場合は、先に請求して弁済を受けた方が優先することになります。

重要ランク A

(基)本テキスト P.106〜「第11章 債務不履行と契約の解除」

□□□ **Q 01** 〔解除と損害賠償〕

売主が、買主の代金不払を理由として売買契約を解除した場合には、売買契約はさかのぼって消滅するので、売主は買主に対して損害賠償請求はできない。

□□□ **Q 02** 〔債務不履行の要件〕

ＡＢ間の土地売買契約中の履行遅滞の賠償額の予定の条項によって、ＡがＢに対して、損害賠償請求をする場合、賠償請求を受けたＢは、自己の履行遅滞について、帰責事由のないことを主張・立証すれば、免責される。

□□□ **Q 03** 〔損害賠償額の予定〕

ＡＢ間でＡ所有の土地の売買契約（手付金200万円）を締結したが、Ｂの債務不履行によりＡが売買契約を解除する場合、手付金相当額を損害賠償の予定とする旨を売買契約で定めていた場合には、特約がない限り、Ａの損害が200万円を超えていても、Ａは手付金相当額以上に損害賠償請求はできない。

□□□ **Q 04** 〔損害賠償額の予定〕

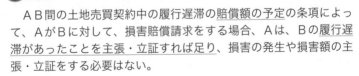

ＡＢ間の土地売買契約中の履行遅滞の賠償額の予定の条項によって、ＡがＢに対して、損害賠償請求をする場合、Ａは、Ｂの履行遅滞があったことを主張・立証すれば足り、損害の発生や損害額の主張・立証をする必要はない。

契約に違反した場合の対処を定めた分野で、世の中の最も典型的な法的トラブルです。よって、よく**出題**される重要テーマですが、手を広げるとキリがない所ですので、**ここに掲載されている問題をマスター**することに、**まずは専念しましょう！**

 01
×
[H17-09-2]

　売主は、買主の債務不履行を理由に**契約を解除**した場合でも、損害があれば、その**賠償請求**をすることができる。

A 02
○
[H14-07-1]

　履行遅滞による**損害賠償責任**は、債務者に**帰責事由がある場合に生じる**から、債務者が自己に帰責事由のないことを主張・立証すれば、たとえ損害賠償額の予定に基づく賠償請求においても、債務者は責任を負わない。

A 03
○
[H16-04-3]

　当事者は、債務不履行があったときの**損害賠償の額を予定**することができ、この場合、予定した賠償額以上の損害賠償請求はできない。

A 04
○
[H14-07-4]

　損害賠償額の予定に関する特約をしている場合、債権者は、債務者が履行遅滞にあったことを主張・立証すれば、損害の発生や損害額の**主張・立証をすることなく**、予定額を賠償請求することができる。

□□□ **Q 05** 〔過失相殺〕

　ＡＢ間の土地売買契約中の履行遅滞の賠償額の予定の条項によっ<u>て</u>、ＡがＢに対して、損害賠償請求をする場合、Ｂが、Ａの過失を立証して、<u>過失相殺の主張</u>をしたとき、<u>裁判所</u>は損害額の算定にその<u>過失を考慮</u>することができる。

- -

□□□ **Q 06** 〔損害賠償請求〕

　債権者は、<u>特別の事情</u>によって生じた損害のうち、契約締結当時、両当事者がその<u>事情を予見していたものに限り</u>、賠償請求できる。

- -

□□□ **Q 07** 〔損害賠償請求〕

　債務者の責めに帰すべき債務の履行不能によって生ずる損害賠償請求権の消滅時効は、<u>本来の債務の履行を請求し得る時</u>からその進行を開始する。

- -

□□□ **Q 08** 〔金銭債務の特則〕

　ＡＢ間の利息付金銭消費貸借契約において、<u>利率</u>に関する定めがない場合、借主Ｂが令和６年10月１日に債務不履行に陥ったことによりＡがＢに対して請求することができる遅延損害金は、<u>年３分の利率</u>により算出する。

A 05

○

[H14-07-2]

　　損害賠償額の予定に関する特約がある場合であっても、債権者にも過失があるときは、**裁判所は当然に公平の見地から、過失相殺**により損害賠償の額を減額することが**できる**。

A 06

×

[H22-06-2改]

　　債権者は、特別の事情によって生じた損害（**特別損害**）については、たとえ当事者がその事情を予見していなかったとしても、当事者が**その事情を**予見すべきであったときは、その**賠償請求**をすることができる。

> **+α** 債務不履行によって通常生ずべき損害（通常損害）は、予見すべきであったか否かにかかわらず、賠償請求することができます。

A 07

○

[H22-06-3]

　　債務不履行による損害賠償請求権の**消滅時効**は、**本来の債務の履行を請求することができた時から**、その進行を開始する。

A 08

○

[H24-08-2改]

　　利息（遅延損害金も含む）を生ずべき債権について別段の意思表示がないときは、その法定利率は**年３％（変動制）**とされる。

□□□ **Q 09** 〔同時履行の抗弁権〕

目的物の引渡しを要する請負契約における目的物引渡債務と報酬支払債務とは、同時履行の関係に立つ。

□□□ **Q 10** 〔同時履行の抗弁権〕

貸金債務の弁済と当該債務の担保のために経由された<u>抵当権設定登記の抹消登記手続</u>とは、<u>同時履行の関係に立つ</u>。

□□□ **Q 11** 〔同時履行の抗弁権〕

売主Aは、買主Bとの間で甲土地の売買契約を締結したが、Bが残代金を支払わないので、Aは適法に甲土地の売買契約を<u>解除</u>した。Bは、自らの債務不履行で解除されたので、<u>Bの原状回復義務を先に履行しなければならず</u>、Aの受領済み代金返還義務との同時履行の抗弁権を主張することはできない。

□□□ **Q 12** 〔解除の不可分性〕

Aは、自己所有の甲地をBに売却したが、AB間の売買契約をAから解除できる事由があるときで、Bが死亡し、CとDが2分の1ずつ共同相続した場合、Aがこの契約を解除するには、<u>CとDの全員に対して行わなければならない</u>。

□□□ **Q 13** 〔解除と第三者〕

債務者が債務を履行しない場合であって、債務者がその債務の<u>全部の履行を拒絶する意思を明確に表示した</u>ときは、債権者は、相当の期間を定めてその<u>履行を催告することなく</u>、<u>直ちに契約の解除をすることができる</u>。

A 09

○

[H15-09-2]

目的物の引渡しを要する請負契約における目的物の**引渡債務と報酬支払債務**は、同時履行の関係に立つ。

> **+α** 目的物の引渡しを要しない請負契約の場合、報酬は原則として後払いとなります。

A 10

✕

[H15-09-3]

貸金債務の弁済と、抵当権設定登記の抹消手続は、**弁済が先履行**であり、**同時履行の関係ではない**。債務の弁済によって抹消登記義務が生じるからである。

A 11

✕

[H21-08-3]

契約が解除された場合、当事者が負う**原状回復義務**は、売主と買主のどちらが債務不履行に陥ったかに関係なく、同時履行の関係に立つ。

A 12

○

[H17-08-4]

当事者の一方が数人いる場合、契約の解除は、解除の不可分性により、その**全員からまたは全員に対して**解除の意思表示をしなければならない。

A 13

○

[R2(10)-03-4]

①債務の**全部の履行が不能**であるとき、②債務者がその債務の**全部の履行を拒絶**する意思を明確に表示したとき、などの場合には、債権者は、**催告を**することなく、**直ちに**契約の解除をすることができる。

Q 14 〔解除と第三者〕

Aは、A所有の土地を、Bに対して売却する契約を締結したが、Bが残代金を支払わなかったので、登記及び引渡しはしなかった。Bが、AB間の売買契約締結後、この土地をCに転売する契約を締結していた場合、Aは、AB間の売買契約を解除しても、Cのこの土地を取得する権利を害することはできない。

Q 15 〔危険負担〕

9月1日にA所有の甲建物につきAB間で売買契約が成立し、当該売買契約において同年9月30日をもってBの代金支払と引換えにAは甲建物をBに引き渡す旨合意されていた。甲建物が同年9月15日時点でAB双方の責めに帰することができない自然災害により滅失した場合、Aの甲建物引渡し債務は消滅し、Bは代金支払債務の履行を拒むことができる。

A 14

✕

[H14-08-4]

　　契約を解除すると、契約は最初にさかのぼって消滅するが、対抗要件を備えた第三者の権利を害することはできない。本問では、登記は現在Aが有しており、第三者Cはいまだ対抗要件を備えていないため、AはCに対して権利を主張することができる。

　　つまり、**第三者が保護**されるには、登記が**必要**である。

A 15

◯

[H19-10-4改]

　　当事者双方の責めに帰することができない事由によって債務を履行することができなくなったときは、債権者は、反対給付の**履行を拒むことができる**。したがって、AB双方の責めに帰することができない事由によってAが甲建物を引き渡すことができなくなった場合、Bは、代金の支払を拒むことができる。

14 弁済・相殺

重要ランク B

基本テキスト　P.116〜「第12章 弁済・相殺」

□□□ **Q 01** 〔弁済の提供〕

　AはBとの間で土地の売買契約を締結し、同時履行とした決済約定日に、Aは所有権移転登記手続を行う<u>債務の履行の提供</u>をしたが、Bが代金債務につき弁済の提供をしなかったので、Aは履行を拒否した。Aは、<u>一旦履行の提供をしているので、これを継続しなくても</u>、相当の期間を定めて<u>履行を催告</u>し、その期間内に<u>Bが履行しないときは土地の売買契約を解除</u>できる。

□□□ **Q 02** 〔受領権者以外の者への弁済〕

　Aを売主、Bを買主として甲建物の売買契約が締結された場合について、Bが、<u>Aの代理人と称するD</u>に対して本件代金債務を弁済した場合、Dに受領権限がないことにつき<u>Bが善意かつ無過失</u>であれば、Bの弁済は有効となる。

□□□ **Q 03** 〔第三者の弁済〕

　AB間でA所有の土地について、9月1日に売買代金3,000万円（うち、手付金200万円は同年9月1日に、残代金は同年10月31日に支払う。）とする売買契約を締結した場合、本件売買契約に<u>利害関係を有しないC</u>は、同年10月31日を経過すれば、<u>Bの意思に反しても</u>残代金をAに対して支払うことができる。

□□□ **Q 04** 〔第三者の弁済〕

　Aは、土地所有者Bから土地を賃借し、その<u>土地上に建物を所有</u>して<u>Cに賃貸</u>している。Cは、借賃の支払債務に関して<u>法律上の利害関係を有しない</u>ので、<u>Aの意思に反して</u>、債務を弁済することはできない。

10年でみれば、**3問程度の出題**です。過去の出題では、難易度の落差が大きいため、完璧を目指すとかなり大変です。手を広げすぎずに、合否に直結するレベルの問題をしっかり解くことが大切です。

A 01
〇
[H18-08-2]

Aは、いったん**履行の提供**をしているので、**相当の期間を定めて履行を催告**し、その期間内にBが履行しないときは、契約を解除することができる。このように、履行遅滞を理由として解除する場合、**いったん履行の提供**をすれば、それを**継続する必要はない**。

A 02
〇
[R元-07-2]

受領権者（債権者及び法令の規定または当事者の意思表示によって弁済を受領する権限を付与された第三者）以外の者であって**取引上の社会通念に照らして受領権者としての外観を有する**ものに対してした**弁済**は、その弁済をした者が善意であり、かつ、過失がなかったときに限り、効力を有する。そして、債権者の代理人と称して債権を行使する者についても、この規定が適用される。

A 03
×
[H16-04-1]

弁済をするについて**正当な利益を有する者でない第三者**Cは、**債務者の意思に反して**残代金を債権者に支払うことができない。

+α 債務者のために弁済した者は、債権者に代位します。

A 04
×
[H17-07-1]

借地権者の債務不履行によって土地所有者が借地契約を解除すると、借地上の建物の賃借人は、明渡しを余儀なくされる。このように、**借地上の建物の賃借人**は、借地権者の地代の支払債務に関して**正当な利益を有する**ので、債務者（借地権者）の意思に反して、当該債務の弁済をすることができる。

Q 05 〔代物弁済〕

借地人が地代の支払を怠っている場合、借地上の建物の賃借人は、<u>土地賃貸人の意思に反しても</u>、地代について金銭以外のもので<u>代物弁済</u>することができる。

Q 06 〔供託〕

Aは、土地所有者Bから土地を賃借し、その土地上に建物を所有してCに賃貸している。Aは、<u>特段の理由がなくとも</u>、借賃の支払債務の弁済に代えて、Bのために弁済の目的物を<u>供託</u>し、その債務を免れることができる。

Q 07 〔相殺〕

Aは、B所有の建物を賃借し、毎月末日までに翌月分の賃料50万円を支払う約定をした。AがBに対して商品の売買代金請求権を有しており、それが<u>9月1日をもって時効により消滅した場合</u>、Aは、同年9月2日に、このBに対する代金請求権を自働債権として、同年8月31日に弁済期が到来した賃料債務と<u>対当額で相殺</u>することはできない。

Q 08 〔相殺〕

Aは、10月1日、A所有の甲土地につき、Bとの間で、代金1,000万円、支払期日を同年12月1日とする売買契約を締結した。同年10月10日、BがAの自動車事故によって<u>身体の被害</u>を受け、Aに対して<u>不法行為に基づく損害賠償債権</u>を取得した場合には、<u>Bは売買代金債務と当該損害賠償債権を対当額で相殺</u>することができる。

Q 09 〔相殺〕

Aは、自己所有の甲建物をBに賃貸し賃料債権を有している。Aの債権者Cが、AのBに対する賃料債権を差し押さえた場合、Bは、その<u>差し押さえ前に取得していたAに対する債権</u>と、差し押さえにかかる賃料債務とを、その弁済期の先後にかかわらず、<u>相殺適状になった段階で相殺</u>し、Cに対抗することができる。

A 05
×
[H20-08-3]

代物弁済をするには債権者との契約が必要なので、借地上の建物の賃借人が、正当な利益を有する第三者であっても、債権者である土地賃貸人と契約をしていないときは、代物弁済をすることができない。

A 06
×
[H17-07-4]

弁済者は、①債権者が弁済の受領を拒んだとき、②債権者が弁済を受領することができないとき、③弁済者が過失なく債権者を確知することができないとき、の①～③いずれかの供託事由に該当する場合でなければ、供託することができない。

A 07
×
[H16-08-3]

時効消滅した債権であっても、その消滅以前に他の債務と相殺適状となっていた場合は、時効消滅した債権を自働債権として相殺することができる。

A 08
○
[H30-09-3改]

①悪意の不法行為、②人の生命・身体の侵害、それぞれの損害賠償の債務者は、相殺をもって債権者に対抗できない。つまり、加害者からの相殺は、被害者保護のために禁止されている。しかし、被害者からの相殺は禁止されていない。

A 09
○
[H23-06-1]

AのBに対する賃料債権が第三者Cの差押えによって支払の差止めを受けた場合であっても、差押えがされる前からBがAに対して反対債権を有していたときは、Bは、これを自働債権として、差押えを受けたBの債権と、相殺適状になった時点で相殺できる。

1回目	2回目	3回目
月　日：　　／9	月　日：　　／9	月　日：　　／9

15 手付・売主の担保責任

重要ランク **S**

基本テキスト P.124〜「第13章 売買」

□□□ **Q 01** 〔手付〕

　いずれも宅建業者ではない売主Aと買主Bとの間で売買契約を締結した場合で、BがAに対して手付を交付したとき、Aは、目的物を引き渡すまではいつでも、手付の倍額を現実に提供して売買契約を解除することができる。

□□□ **Q 02** 〔契約不適合責任〕

　Aを売主、Bを買主として、A所有の甲自動車を50万円で売却する契約が締結された場合で、Bが甲自動車の引渡しを受けたが、甲自動車のエンジンに契約の内容に適合しない欠陥があることが判明したとき、BはAに対して、甲自動車の修理を請求することができる。

□□□ **Q 03** 〔契約不適合責任〕

　Aを売主、Bを買主として、A所有の甲自動車を50万円で売却する契約が締結された場合で、Bが甲自動車の引渡しを受けたが、甲自動車に契約の内容に適合しない修理不能な損傷があることが判明した場合、BはAに対して、売買代金の減額を請求することができる。

□□□ **Q 04** 〔契約不適合責任〕

よく出る!

　AがBに売却した建物に欠陥があった場合、Bは、売買契約の締結の当時、本件建物の品質に契約の内容に適合しない欠陥があることを知っていたときは、当該不適合を知ってから1年以内にその旨をAに通知をしても、Aに対して売買契約に基づく担保責任を追及することができない。

2年に1回程度の割合で出題される重要項目です。民法改正で大きく変わったテーマですので、今後は**ますます重要性が高まる**と予想されます。
何度も問題を解いておきましょう！

A 01
✕
[R3(12)-04-1]

買主が売主に手付を交付したときは、**買主はその手付を放棄**し、**売主はその倍額を現実に提供**して、契約の解除をすることができる。しかし、手付解除ができるのは「相手方が契約の履行に着手するまで」に限られるため、Aは、「目的物を引き渡すまではいつでも」手付解除ができるわけではない。

A 02
◯
[R3(10)-07-1]

引き渡された目的物が種類・品質・数量に関して**契約不適合**であるときは、買主は、売主に対し、目的物の**修補**、代替物・不足分の引渡しによる履行の追完を請求できる。

A 03
◯
[R3(10)-07-2]

引き渡された目的物が種類・品質・数量に関して**契約不適合**である場合で、**履行の追完が不能**であるとき等は、買主は、催告することなく、直ちに**代金の減額を請求**できる。

A 04
✕
[H26-06-1改]

引き渡された目的物が種類・品質に関して**契約不適合**であるときは、買主は、その不適合を知った時から**1年以内**にその旨を**売主に**通知すれば、原則として、履行の追完の請求・代金の減額の請求・損害賠償の請求・契約の解除をすることができる。そして、この点は、買主Bが悪意であっても、同様である。

Q 05 〔契約不適合責任〕

売主Aは建物引渡しから３か月に限り担保責任を負う旨の特約を付けたが、売買契約締結時点において当該建物の構造耐力上主要な部分の種類又は品質が契約の内容に適合しないものであり、Aはそのことを知っていたが買主Bに告げず、Bはそのことを知らなかった。Bが当該不適合を理由にAに対して損害賠償請求をすることができるのは、当該不適合を理由に売買契約を解除することができない場合に限られる。

Q 06 〔担保権の実行〕

Aを売主、Bを買主とする甲土地の売買契約について、A所有の甲土地が抵当権の目的となっている場合、当該抵当権の実行によってBが甲土地の所有権を失い損害を受けたとしても、BはAに対して、損害賠償を請求することができない。

Q 07 〔他人物売買〕

Aを売主、Bを買主とする甲土地の売買契約について、甲土地がCの所有物である場合、Aがその責めに帰することができない事由によって甲土地の所有権を取得してBに移転することができないときは、Bは、本件契約を解除することができる。

Q 08 〔他人物売買〕

Aを売主、Bを買主とする甲土地の売買契約について、甲土地がCの所有物である場合、Aがその責めに帰することができない事由によって甲土地の所有権を取得してBに移転することができないときは、BはAに対して、損害賠償を請求することができない。

A 05
✕
[R元-03-3改]

売主は、担保責任を負わない旨の契約をしたときでも、**知りながら告げなかった事実**については、責任を免れることができない。そして、引き渡された目的物が種類・品質・数量に関して**契約不適合**であるときは、買主は、売主に対し、債務不履行の規定に基づき損害賠償の請求、解除権の行使をすることができる。つまり、**損害賠償の請求**は、契約の解除ができるときであっても、**併せてすることができる**。

A 06
✕
[H28-06-3改]

売買の目的である不動産について存した抵当権の行使により**買主Bがその所有権を失った場合**、買主Bは、Aに対して、**損害賠償の請求、契約の解除**をすることができる。

A 07
◯
[H28-06-2改]

他人の権利（権利の一部が他人に属する場合で、その権利の一部を含む）を売買の目的としたときは（他人物売買）、売主は、その権利を取得して買主に移転する義務を負う。そして、売主がこの**義務を履行することができない場合**、買主は、契約の解除権を行使することができる。

 契約解除権は、**売主の帰責事由の有無を問わず**行使できます。

A 08
◯
[H28-06-1改]

他人物売買の場合、売主は、その権利を取得して買主に移転する義務を負う。そして、債務者が**債務の本旨に従った履行をしないとき**または**債務の履行が不能なとき**、**債権者**は、これによって生じた損害の賠償を請求できる。ただし、債務不履行が、**契約その他の債務の発生原因及び取引上の社会通念に照らして債務者の責めに帰することができない事由**によるときは、例外となる。

1回目	2回目	3回目
月　日：　／8	月　日：　／8	月　日：　／8

16 賃貸借

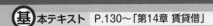

基本テキスト P.130〜「第14章 賃貸借」

□□□ **Q 01** 〔賃借人による修繕〕

Aを貸主、Bを借主として甲建物の賃貸借契約が令和6年7月1日に締結された場合、甲建物の修繕が必要である場合において、BがAに修繕が<u>必要である旨を通知</u>したにもかかわらず、Aが必要な修繕を<u>直ちにしないとき</u>は、Bは甲建物の修繕をすることができる。

□□□ **Q 02** 〔賃貸借（譲渡・転貸）〕

AがB所有の建物について賃貸借契約を締結し、引渡しを受けた場合、AがBの<u>承諾なく</u>当該建物をCに<u>転貸</u>しても、この転貸がBに対する<u>背信的行為と認めるに足りない特段の事情</u>があるときは、BはAの無断転貸を理由に賃貸借契約を解除することはできない。

□□□ **Q 03** 〔賃貸借（譲渡・転貸）〕

AがBに甲建物を月額10万円で賃貸し、BがAの承諾を得て甲建物をCに適法に月額15万円で転貸している場合で、<u>AがBの債務不履行を理由に甲建物の賃貸借契約を解除した</u>とき、CのBに対する賃料の不払いがなくても、AはCに対して、甲建物の明渡しを求めることができる。

□□□ **Q 04** 〔賃貸借（譲渡・転貸）〕

AがBに甲建物を月額10万円で賃貸し、BがAの承諾を得て甲建物をCに適法に月額15万円で転貸している場合で、BがAに対して甲建物の賃料を支払期日になっても支払わないときは、AはCに対して、賃料10万円を<u>Aに直接支払うよう請求する</u>ことができる。

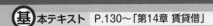

10年でみれば、**毎年出題**されている項目です。単独でもほ ぼ毎年出題されるうえに、借地借家法の理解の基礎となるので、 非常に重要です。さらに、賃貸借は、使用貸借や借地借家法と の比較も出題されるので、**全体的な理解力**が求められます。

A 01

✕

[R5-09-2]

賃借人が賃貸人に修繕が必要である旨を**通知**したにもかか わらず、**賃貸人が相当の期間内に必要な修繕をしないとき**は、 **賃借人は、自らその修繕をすることができる**。

A 02

○

[H18-10-1]

賃貸人Bの承諾なく、賃借人Aが第三者Cに対して賃借権 の譲渡や転貸をしたことによって、Cが使用・収益を開始し たときは、Bは、賃貸借契約を解除できる。しかし、背信的 行為とはいえない特別の事情があるときは、**解除できない**。

> **+α** 例えば、建物の一部を転貸（又貸し）した場合や、賃借
> 権の準共有者が持分を他の準共有者に譲渡した場合等が、
> 解除が制限されるような「特別の事情」にあたるとされた
> 判例があります。

A 03

○

[H28-08-3]

賃借人の債務不履行により賃貸借が解除されたときは、転 借人は、その転借権を賃貸人に対抗することができない。し たがって、賃貸人Aは、転借人Cに対して、甲建物の明渡し を求めることができる。

A 04

○

[H28-08-2]

賃借人が適法に賃借物を転貸したときは、**転借人**は、賃 貸人・賃借人間の賃貸借に基づく賃借人の債務の範囲を限度 として、**賃貸人に対して転貸借に基づく債務を直接履行する 義務**を負う。したがって、賃貸人Aは、転借人Cに対して、 10万円を限度に、**直接支払うよう請求**できる。

Q 05 〔賃貸借（現状回復義務)〕

　建物の賃貸借契約が期間満了により終了した場合で、賃借物を受け取った後にこれに生じた損傷があるとき、賃借人は、<u>通常の使用及び収益によって生じた損耗</u>も含めてその損傷を<u>原状に復する義務</u>を負う。

Q 06 〔賃貸借（敷金)〕

　建物の賃貸借契約が期間満了により終了した場合、賃借人から<u>敷金の返還請求</u>を受けた賃貸人は、<u>賃貸物の返還</u>を受けるまでは、これを拒むことができる。

Q 07 〔賃貸借（敷金)〕

　賃貸借契約期間中に賃貸人が目的物である建物を<u>第三者に譲渡</u>した場合で、<u>第三者が賃貸人の地位を承継</u>したとき、<u>敷金</u>に関する権利義務は当然に<u>第三者に承継</u>される。

Q 08 〔賃貸借（敷金)〕

　建物の賃貸借契約期間中に賃借人が第三者に対して賃借権を譲渡した場合で、<u>賃貸人がこの賃借権譲渡を承諾</u>したとき、敷金に関する権利義務は当然に<u>第三者に承継</u>される。

A 05

✕

[R2(10)-04-1]

　賃借人は、賃貸物を受け取った後に生じた損傷がある場合で、賃貸借が終了したときは、原則として、原状回復義務を負う。しかし、「**通常の使用及び収益によって生じた賃借物の損耗**」については、**原状回復義務を**負わない。

A 06

◯

[R2(10)-04-3]

　賃貸人は、敷金を受け取っている場合で、①賃貸借が終了し、かつ、賃貸物の返還を受けたとき、②賃借人が適法に賃借権を譲り渡したときは、賃借人に対し、受け取った**敷金の額から賃貸借に基づいて生じた賃借人の賃貸人に対する債務の額を控除した残額**を返還しなければならない。したがって、賃貸人は、**賃貸借が終了**し、かつ、**賃貸物の返還を受ける**までは、敷金の返還を拒むことができる。

A 07

◯

[H15-11-2]

　賃貸借契約の存続中に建物が譲渡され、これに伴って賃貸人たる地位も建物譲受人に承継された場合、敷金に関する権利義務関係は、特約がなければ**当然に譲受人に移転**する。したがって、借主は、譲受人に敷金の返還を請求することができる。

A 08

✕

[H15-11-3]

　賃借権が適法に譲渡され、賃借人が交替した場合であっても、**敷金**は、別段の合意がない限り、**新賃借人には**引き継がれない。

17 委任・請負等

🔍 **基本テキスト** P.140〜「第15章 委任・請負・その他の契約」

☐☐☐ **Q 01** 〔委任〕

　Aが、A所有の不動産の売買をBに対して<u>委任</u>する場合、Bは、有償の合意をしない限り、<u>報酬の請求</u>をすることができないが、委任事務のために使った<u>費用とその利息</u>は、Aに請求することができる。

☐☐☐ **Q 02** 〔委任〕

　AとBとの間で締結された委任契約において、委任者Aが受任者Bに対して報酬を支払うこととされていた場合、Bは、契約の本旨に従い、<u>自己の財産に対するのと同一の注意</u>をもって委任事務を処理しなければならない。

☐☐☐ **Q 03** 〔委任〕

　委任契約は、委任者又は受任者のいずれからも、いつでもその解除をすることができる。ただし、<u>相手方に不利な時期</u>に委任契約の<u>解除</u>をしたときは、原則として、相手方に対して<u>損害賠償責任</u>を負う場合がある。

☐☐☐ **Q 04** 〔委任〕

　<u>委任者が破産手続開始の決定</u>を受けた場合、委任契約は<u>終了</u>する。

☐☐☐ **Q 05** 〔請負〕

　Aを注文者、Bを請負人として、増築部分の工事請負契約を締結し、Bが増築工事を終了させた場合で、Bが材料を提供して増築した部分に<u>契約不適合があ</u>るときは、Aは<u>工事が終了した日から1年以内</u>にその旨をBに<u>通知</u>しなければ、契約不適合を理由とした<u>修補</u>をBに対して<u>請求</u>することはできない。

委任・請負は、数年に1度程度出題されますが、比較的単純な問題が多いため、**短時間でマスター**できるでしょう。請負は、売買と同様に、担保責任が重要です。その他の契約は、ポイントのみ押さえるようにしましょう。

A 01
○
[H14-10-2]

受任者は、有償の合意がない限り、委任者に報酬を請求することができないが、委任事務のために使った費用**とその利**息は、委任者に**請求することができる**。

A 02
×
[R2(10)-05-2]

受任者は、委任の本旨に従い、善良な管理者の注意をもって、**委任事務を処理**する義務を負う（報酬の支払の有無を問わない）。したがって、「自己の財産に対するのと同一の注意」では足りない。

A 03
○
[H18-09-1改]

委任契約は、委任者・受任者のいずれからも、いつでも**解除**できるが、相手方の**不利な時期に解除**をしたときは、原則として、相手方に対して**損害賠償責任を負う**。

+α 委任による代理権は、**委任契約の解除で消滅**します。

A 04
○
[H18-09-2]

委任契約は、委任者・受任者のいずれか**一方**について**破産手続開始の決定**があった場合、終了する。

A 05
×
[R5-03-2]

種類・品質に関する契約不適合の場合、注文者が「知った時から1年以内」にその旨を**通知**しないときは、注文者は、原則として、履行の追完の請求・報酬の減額の請求・損害賠償の請求・契約の解除ができない。「工事が終了した日から1年以内」ではない。

Q 06 〔請負〕

　Aを注文者、Bを請負人とする請負契約において、Bが仕事を完成しない間は、Aはいつでもbに対して損害を賠償して本件契約を解除することができる。

Q 07 〔贈与〕

　Aがその所有する甲建物について、Bとの間で、Aを贈与者、Bを受贈者とする負担付贈与契約を締結した場合で、当該契約が書面によらずになされたとき、Aは、甲建物の引渡し及び所有権移転登記の両方が終わるまでは、書面によらないことを理由に契約の解除をすることができる。

Q 08 〔贈与〕

　Aがその所有する甲建物について、Bとの間で、Aを贈与者、Bを受贈者とする負担付贈与契約を締結した場合で、当該契約については、Aは、その負担の限度において、売買契約の売主と同じく担保責任を負う。

Q 09 〔使用貸借〕

　ある物を借り受けた者は、無償で借り受けた場合も、賃料を支払う約束で借り受けた場合も、善良な管理者の注意をもって、その物を保存しなければならない。

Q 10 〔使用貸借〕

　Aは、自己所有の建物について、災害により居住建物を失った友人Bと、適当な家屋が見つかるまでの一時的住居とするとの約定のもとに、使用貸借契約を締結した。Aがこの建物をCに売却し、その旨の所有権移転登記を行った場合でも、Aによる売却の前にBがこの建物の引渡しを受けていたときは、Bは使用貸借契約をCに対抗できる。

A 06
○
[R元-08-4]

請負人が仕事を完成**しない**間は、注文者は、いつでも損害を賠償して契約の解除ができる。

A 07
×
[R2(10)-09-2]

書面によらない贈与は、各当事者が解除できるが、履行の終わった部分については、**解除できない**。そして、不動産の贈与契約に基づいて、その不動産の①引渡し、または②所有権の移転の登記のどちらかが行われたきは、「履行が終わった」ことになる。したがって、①②の両方が終わらなくても、どちらか一方が終われば、Aは、「書面によらない」ことを理由に、契約の解除ができない。

A 08
○
[R2(10)-09-3]

負担付贈与契約について、贈与者は、その負担の限度において、**売買契約の売主と同じように、担保責任**を負う。

A 09
○
[H20-07-1]

使用貸借契約でも賃貸借契約でも、借主は、善良な管理者の注意をもって、目的物を保存しなければならない。

A 10
×
[H17-10-2]

使用借権は**登記**することができず、対抗力が認められていない。したがって、Aの売却の前にBがこの建物の引渡しを受けていたとしても、Bは、使用借権を新所有者Cに対抗できない。

□□□ **Q 11** 〔使用貸借〕

　Aは、自己所有の建物について、災害により居住建物を失った友人Bと、適当な家屋が見つかるまでの一時的住居とするとの約定のもとに、使用貸借契約を締結した。適当な家屋が現実に見つかる以前であっても、適当な家屋を見つけるのに必要と思われる客観的な期間を経過した場合は、AはBに対し、この使用貸借契約を解除することができる。

□□□ **Q 12** 〔使用貸借〕

　個人として事業を営むAが死亡し、AがB所有の建物について貸主Bとの間で使用貸借契約を締結していた場合、Aの相続人は、Bとの間で特段の合意をしなくても、当該使用貸借契約の借主の地位を相続して当該建物を使用することができる。

A 11

○

[H17-10-4改]

当事者が使用貸借の期間を定めなかった場合において、使用・収益の目的を定めたときは、貸主は、その目的に従い借主が**使用・収益をするのに足りる期間を経過**したときは、契約の解除をすることができる。

したがって、適当な家屋を見つけるのに必要と思われる客観的な期間を経過した場合は、AはBに対し、契約の解除をすることができる。

A 12

✕

[R3(10)-03-エ]

使用貸借は、借主の死亡によって**終了**する。したがって、使用貸借の借主の相続人は、借主の地位を相続して、当該建物を使用することはできない。

+α 賃借権は相続できますが、使用借権は相続不可です。

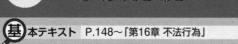

基本テキスト　P.148～「第16章 不法行為」

□□□ **Q 01** 〔使用者責任〕

　　従業員Bの不法行為が事業者Aの事業の執行につき行われたものであり、Aに使用者としての損害賠償責任が発生する場合、Bには被害者に対する不法行為に基づく損害賠償責任は発生しない。

□□□ **Q 02** 〔使用者責任〕

　　AがBから賃借する甲建物に、運送会社Cに雇用されているDが居眠り運転するトラックが突っ込んで甲建物の一部が損壊した場合、Cは、使用者責任に基づき、Bに対して本件事故から生じた損害を賠償したときは、Dに対して求償することができるが、その範囲が信義則上相当と認められる限度に制限される場合がある。

□□□ **Q 03** 〔工作物責任〕

　　Aが1人で居住する甲建物の保存に瑕疵があったため、甲建物の壁が崩れて通行人Bがケガをした場合で、本件事故について、AのBに対する不法行為責任が成立するとき、BのAに対する損害賠償請求権は、B又はBの法定代理人が損害及び加害者を知った時から5年間行使しないときには時効により消滅する。

10年でみれば、**6〜7回出題**される重要テーマです。不法行為に基づく損害賠償請求権に特有の問題とともに、使用者責任や共同不法行為といった**特殊な不法行為**からの出題も多数です。いずれも「**被害者の救済**」という制度趣旨に基づいて考えてみましょう。

A 01

✕

[H18-11-1]

従業員Bの不法行為によって、事業者Aに使用者としての損害賠償責任（**使用者責任**）が発生する場合であっても、本来の加害者であるBは、**一般の不法行為に基づく損害賠償責任**を負う。

A 02

◯

[H28-07-ウ]

ある事業のために他人を使用する者（使用者）は、原則として被用者がその事業の執行について第三者に加えた損害を賠償する責任を負う。

この場合、被害者に対して損害を賠償した**使用者**は、**被用者に対する求償権**を行使できるが、「損害の公平な分担」という見地から信義則上相当**と認められる限度に制限**される。

A 03

◯

[R3(10)-08-4]

不法行為による損害賠償請求権は、被害者が損害及び加害者を知った**時から3年間**（人の生命・身体を侵害する場合は**5年間**）**行使しない**ときは、時効によって消滅する。

+α 被害者が損害または加害者を知らない場合であっても、不法行為に基づく損害賠償請求権は、不法行為から20年間行使しないときは、時効によって消滅します。

18

不法行為

□□□□ **Q 04** 〔工作物責任〕

　Aが１人で居住する甲建物の保存に瑕疵があったため、甲建物の壁が崩れて通行人Bがケガをした場合で、Aが甲建物をCから賃借しているとき、Aは甲建物の保存の瑕疵による<u>損害の発生の防止に必要な注意をしなかった</u>としても、Bに対して不法行為責任を負わない。

□□□□ **Q 05** 〔工作物責任〕

　Aが１人で居住する甲建物の保存に瑕疵があったため、甲建物の壁が崩れて通行人Bがケガをした場合で、Aが甲建物を<u>所有</u>しているとき、Aは甲建物の保存の瑕疵による<u>損害の発生の防止に必要な注意をした</u>としても、Bに対して不法行為責任を負う。

□□□□ **Q 06** 〔工作物責任〕

　甲建物の占有者である（所有者ではない。）Aは、甲建物の壁が今にも剥離しそうであると分かっていたのに、甲建物の所有者に通知せず、そのまま放置するなど、損害発生の防止のため<u>法律上要求される注意</u>を行わなかった。そのために、壁が剥離して通行人Bが死亡した。壁の剥離につき、<u>壁の施工業者にも一部責任がある</u>場合には、Aは、その施工業者に対して求償権を行使することができる。

□□□□ **Q 07** 〔共同不法行為〕

　Aの被用者Bと、Cの被用者Dが、A及びCの事業の執行につき、<u>共同してEに対し不法行為</u>をしたが、Aは、Eに対するBとDの<u>加害割合が６対４</u>である場合は、<u>Eの損害全額の賠償請求</u>に対して、<u>損害の６割</u>に相当する金額について賠償の支払いをする責任を負う。

A 04

✕

[R3(10)-08-1]

土地の工作物の設置・保存に瑕疵があることによって他人に損害を生じたときは、その工作物の占有者は、原則として、被害者に対して損害賠償責任を負う。

+α 占有者が損害の発生の防止に**必要な注意**をしたときは、所有者が、その**損害を賠償**しなければなりません。

A 05

◯

[R3(10)-08-2]

工作物の所有者の責任は、**たとえ損害の発生の防止に必要な注意をしたとしても**不法行為責任を負わなければならないとされる、**無過失責任**である。

A 06

◯

[H13-10-4]

占有者や所有者のほかに、**損害発生の原因について責任を負う者がいる**場合、占有者または所有者は、その者に対して**求償権**を行使することができる。したがって、壁の施工業者（請負人）に責任の一部がある場合、Ａは、求償権を行使できる。

A 07

✕

[H14-11-1]

数人が共同の不法行為によって他人に損害を加えたときは、被害者に対し、各自連帯して、全額賠償する責任を負う。

+α 「６対４」という加害割合は、単に加害者間の「内部的な責任」の割合にすぎません。

Q 08 〔共同不法行為〕

　Aに雇用されているBが、勤務中にA所有の乗用車を運転し、営業活動のため顧客Cを同乗させている途中で、Dが運転していたD所有の乗用車と正面衝突した（なお、事故についてはBとDに過失がある。）場合において、事故によって損害を受けたCは、AとBに対して損害賠償を請求することはできるが、Dに対して損害賠償を請求することはできない。

Q 09 〔遅滞の時期〕

　不法行為による損害賠償の支払債務は、催告を待たず、損害発生と同時に遅滞に陥るので、その時以降完済に至るまでの遅延損害金を支払わなければならない。

08
×
[H25-09-3]

　　数人が共同の不法行為によって他人に損害を加えたときは、各自が連帯してその**損害を賠償する責任**を負う。したがって、被害者Cは、共同不法行為者A（使用者責任）・B・Dの誰に対しても、損害賠償の請求をすることができる。

09
○
[H19-05-1]

　　不法行為に基づく損害賠償債務は、被害者からの催告がなくても、**損害の発生**と同時に**履行遅滞**に陥る。したがって、加害者は、**損害発生時から完済に至るまで**の遅延損害金を支払わなければならない。

19 法定相続

（基）本テキスト　P.156～「第17章 相続」

□□□ **Q 01** 〔相続財産の権利・義務〕

　　相続人が数人あるときは、相続財産は、その共有に属し、各共同相続人は、その相続分に応じて被相続人の権利義務を承継する。

□□□ **Q 02** 〔相続人〕

　　被相続人に相続人となる子及びその代襲相続人がおらず、被相続人の直系尊属が相続人となる場合には、被相続人の兄弟姉妹が相続人となることはない。

□□□ **Q 03** 〔代襲相続〕

　　Aは未婚で子供がなく、父親Bが所有する甲建物にBと同居している。Aの母親Cは昨年3月末日に死亡している。AにはBとCの実子である兄Dがいて、DはEと婚姻して実子Fがいたが、Dは本年3月末日に死亡している場合、Bが死亡したときの法定相続分は、Aが2分の1、Eが4分の1、Fが4分の1である。

□□□ **Q 04** 〔代襲相続〕

　　被相続人の子が相続開始以前に死亡したときは、その者の子がこれを代襲して相続人となるが、さらに代襲者も死亡していたときは、代襲者の子が相続人となることはない。

次章の「遺言・遺留分」も含めて、**ほぼ毎年出題**される重要テーマです。**法定相続人**と**法定相続分**に関する基本ルールをベースに、相続の承認・放棄、遺産分割といった項目が頻出です。最近は難問の出題も見られますが、**基本問題を得点する実力が合格に直結**します！

A 01

〇

[R5-01-2]

　相続人が数人あるときは、相続財産は、その**共有**に属する。そして、各共同相続人は、その相続分**に応じて**被相続人の権利・義務を承継する。

A 02

〇

[R2(10)-08-3]

　被相続人に、第1順位の法定相続人である子がいない場合は、第2順位の直系尊属が相続人となる。この場合、第3順位の兄弟姉妹は、相続人となることはない。

A 03

✕

[H24-10-1]

　被相続人が死亡した場合、被相続人の子が第1順位の相続人となるが、**被相続人の子が相続開始以前に死亡しているときは、その者の子が代襲相続人**となる。本問の場合、Bが死亡したときは、子A・Dが相続人となるが、DはBの相続開始以前に死亡しているので、Dの子Fが代襲相続人となる。そして、子同士の相続分は等分であるため、**A・F共に、2分の1**となる。

> **+α** Dの妻Eは、相続人とならないことに注意しましょう。

A 04

✕

[R2(10)-08-2]

　被相続人の子は、相続人となる。しかし、被相続人の子が、①相続の開始以前に死亡、②相続欠格、③廃除のときは、その者の子が代襲して相続人となる。そして、その代襲者が、代襲相続権を失った場合も、**代襲者の子がさらに代襲**して相続人となる（再代襲）。

　つまり、被相続人の「子」が先に死亡していたときは、その子（被相続人の孫）が代襲して相続人となり、さらに、「孫」も先に死亡していたときは、その子（つまり、被相続人のひ孫）が再代襲して相続人となる。

　AがBに対して1,000万円の貸金債権を有していたところ、Bが相続人C及びDを残して死亡した。C及びDが単純承認をした場合には、法律上当然に分割されたAに対する債務を相続分に応じてそれぞれが承継する。

　甲建物を所有するAが死亡し、相続人がそれぞれAの子であるB及びCの2名である場合、Bが自己のために相続の開始があったことを知らない場合であっても、相続の開始から3か月が経過したときは、Bは単純承認をしたものとみなされる。

　甲建物を所有するAが死亡し、相続人がそれぞれAの子であるB及びCの2名である場合、Cが単純承認をしたときは、Bは限定承認をすることができない。

　被相続人の子が、相続の開始後に相続放棄をした場合、その者の子がこれを代襲して相続人となる。

A 05

○

[H19-12-3]

🏔難

C及びDが**単純承認**をした場合には、被相続人Bの債務は、相続分に**応じて分割**され、C・Dそれぞれが承継する。

+α 遺産分割の対象となるものは「プラス」の財産だけで、被相続人の負担していた**金銭債務**（マイナスの財産）は、相続開始と同時に共同相続人にその相続分に応じて当然分割承継されるものであって、**遺産分割によって分配される**ものではない、とするのが判例です。

A 06

✕

[H28-10-4]

相続人は、法定の**熟慮期間**内（自己のために相続の開始があったことを知った**時から3か月以内**）に限定承認または放棄を**しなかった場合**、単純承認をしたものとみなされる。

したがって、Bが相続の開始があったことを知らなければ、そもそも、この「熟慮期間」も開始しない。

A 07

○

[H28-10-3]

相続人が数人あるときは、**限定承認**は、共同相続人の全員が共同して**のみ**、することができる。したがって、共同相続人の1人が単純承認をすると、他の共同相続人は限定承認をすることができなくなる。

A 08

✕

[H14-12-4]

相続の放棄をした者は、**初めから相続人と**ならなかったものとみなされ、その者の子は、**代襲相続をしない**。

20 遺言・遺留分等

基本テキスト　P.162〜「第17章 6 遺言」、P.167〜「8 遺留分」

□□□ **Q 01** 〔遺産分割の対象〕

　遺産である不動産から、相続開始から遺産分割までの間に生じた賃料債権は、遺産である不動産が遺産分割によって複数の相続人のうちの1人に帰属することとなった場合、当該不動産が帰属することになった相続人が相続開始時にさかのぼって取得する。

□□□ **Q 02** 〔遺言能力〕

　未成年であっても、15歳に達した者は、有効に遺言をすることができる。

□□□ **Q 03** 〔自筆証書遺言〕

　自筆証書によって遺言をする場合、遺言者は、その全文、日付及び氏名を自書して押印しなければならないが、これに添付する相続財産の目録については、遺言者が毎葉に署名押印すれば、自書でないものも認められる。

□□□ **Q 04** 〔遺言の検認〕

よく出る！

　自筆証書による遺言書を保管している者が、相続の開始後、これを家庭裁判所に提出してその検認を経ることを怠り、そのままその遺言が執行された場合、その遺言書の効力は失われる。

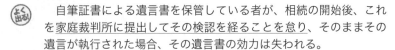

遺言の方法や効力、そして一定範囲の相続人に認められている**遺留分**の取扱いに関する出題が中心です。興味を持ちやすいテーマですので、ここに掲載されている問題がマスターできたら、知識の幅を広げるために『基本テキスト』等を読み込むことをお勧めします。

A 01
×
[R5-01-1]

相続開始から遺産分割までの間に、遺産である賃貸不動産を使用・管理した結果生じた**賃料債権**は、各共同相続人が、その相続分に応じて分割された単独の金銭債権として、確定的に取得する。この場合、後にされた遺産分割の影響**を受けない**。

A 02
○
[H22-10-3]

15歳に達した者は、**単独で有効な遺言**をすることができる。

+α 遺言は、たとえ夫婦や血縁関係にある者であっても、2人以上の者が同一の証書ですることができません。

A 03
○
[R3(12)-07-1]

自筆証書によって遺言をするには、遺言者が、**全文・日付・氏名**を自書し、これに印を押さなければならない。ただし、自筆証書にこれと一体のものとして相続財産の全部または一部の目録を添付する場合には、その目録については、自書が不要である。

+α この場合、遺言者は、その目録の毎葉（自書によらない記載がその両面にある場合は、その両面）に署名し、印を押さなければなりません。

A 04
×
[H17-12-2]

自筆証書遺言の保管者は、相続の開始後に家庭裁判所の検認を得なければならないが、**検認を怠ったまま遺言が執行された**としても、遺言の効力に**影響**はない。

□□□ **Q 05**　〔遺言の撤回〕

適法な遺言をした者が、その後更に適法な遺言をした場合、前の遺言のうち後の遺言と抵触する部分は、後の遺言により撤回したものとみなされる。

□□□ **Q 06**　〔遺留分〕

相続人が被相続人の兄弟姉妹である場合、当該相続人には遺留分がない。

□□□ **Q 07**　〔遺留分〕

Aには、相続人となる子BとCがいる。Aは、Cに老後の面倒をみてもらっているので、「甲土地を含む全資産をCに相続させる」旨の有効な遺言をした。Bの遺留分を侵害するAの遺言は、その限度で当然に無効である。

□□□ **Q 08**　〔遺留分〕

被相続人の生前においては、相続人は、家庭裁判所の許可を受けることにより、遺留分を放棄することができる。

□□□ **Q 09**　〔遺留分〕

甲建物を所有するAが死亡し、Aの配偶者Bが甲建物の配偶者居住権を、Aの子Cが甲建物の所有権をそれぞれ取得する旨の遺産分割協議が成立した場合、遺産分割協議において、Bの配偶者居住権の存続期間が定められなかったときは、配偶者居住権の存続期間は20年となる。

A 05

〇

[H17-12-3]

　前にした遺言が、後にした遺言と**抵触**するときは、その抵触する部分については、後の遺言で前の遺言を撤回したものとみなされる。

A 06

〇

[R4-02-4]

　兄弟姉妹には、**遺留分は**ない。したがって、被相続人の兄弟姉妹が相続人となる場合には、遺留分を有しない。

A 07

✕

[H20-12-1]

　相続人Bの**遺留分を侵害する遺言も**有効であり、当然に無効となるわけではない。

A 08

〇

[R4-02-1]

　相続の開始前における**遺留分の放棄**は、家庭裁判所の許可を受けたときに限り、その効力を生じる。

A 09

✕

[R5-07-1]

　配偶者居住権の存続期間は、遺産分割の協議・遺言に別段の定めがあるとき・家庭裁判所が遺産の分割の審判で別段の定めをしたときを除き、配偶者の終身となる。

Q 10 〔配偶者居住権〕

　被相続人Ａの配偶者Ｂが、Ａ所有の建物に相続開始の時に居住していたため、遺産分割協議によって配偶者居住権を取得した場合で、<u>配偶者居住権の存続期間中にＢが死亡</u>したとき、Ｂの相続人ＣはＢの有していた<u>配偶者居住権を相続</u>する。

Q 11 〔配偶者居住権〕

　被相続人Ａの配偶者Ｂが、Ａ所有の建物に相続開始の時に居住していたため、遺産分割協議によって配偶者居住権を取得した場合で、<u>Ｂが配偶者居住権に基づいて居住</u>している建物が第三者Ｄに売却されたとき、Ｂは、<u>配偶者居住権の登記がなくてもＤに対抗</u>することができる。

A 10

✕

[R3⑽-04-3]

　配偶者居住権は、原則として、**配偶者の死亡によって終了し、相続の対象とならない**。なお、①遺産の分割の協議、②遺言に別段の定めがあるとき、③家庭裁判所が遺産の分割の審判において別段の定めをしたときは、その例外となる。

A 11

✕

[R3⑽-04-4]

　配偶者居住権は、登記することによって、その居住建物について物権を取得した者その他の**第三者に対抗することができる**。

+α 居住建物の**所有者**は、配偶者に、**配偶者居住権の登記**を備えさせる**義務**を負います。

☐☐☐ **Q 01** 〔借地借家法の適用対象（一時使用目的）〕

　Aは、所有している甲土地につき、Bとの間で建物所有を目的とする賃貸借契約を締結する予定であるが、当該借地契約がBの臨時設備の設置その他一時使用のためになされることが明らかである場合には、期間を5年と定め、契約の更新や建物の築造による存続期間の延長がない旨を借地契約に定めることができる。

☐☐☐ **Q 02** 〔存続期間〕

　A所有の甲土地につき、Bとの間で居住の用に供する建物の所有を目的として存続期間30年の約定で賃貸借契約が締結された場合で、AとBとが期間満了に当たり当該契約を最初に更新するときは、更新後の存続期間を15年と定めても、20年となる。

☐☐☐ **Q 03** 〔存続期間〕

　Aが所有者として登記されている甲土地上に、Bが所有者として登記されている乙建物があり、CがAから甲土地を購入した。BがAとの間で期間を定めずに甲土地の借地契約を締結している場合には、Cは、いつでも正当事由とともに解約を申し入れて、Bに対して建物を収去して土地を明け渡すよう請求できる。

☐☐☐ **Q 04** 〔法定更新〕

　借地権の存続期間が満了する際、借地権者の契約の更新請求に対し、借地権設定者が遅滞なく異議を述べた場合には、借地契約は当然に終了する。

例年1問出題される**重要テーマ**です。存続期間と更新、建物買取請求権、対抗要件等が頻出していますが、近年は**民法との比較問題**等も出題されているように、**学習すべき幅が広がっています。**苦手意識を感じたら、「基本テキスト」等に戻って確認しましょう。

A 01

○

[R3(10)-11-4]

臨時設備の設置などの**一時使用のために借地権を設定**したことが明らかな場合、借地の期間・更新、建物の再築による借地権の期間の延長、更新後の建物の滅失による解約、建物買取請求権、借地条件の変更及び増改築の許可、更新後の建物の再築の許可、定期借地権等などの**一定の規定は適用**されない。

A 02

○

[R2(10)-11-4]

当事者が借地契約を更新する場合の期間は、最初の更新にあっては**20年以上**、2回目以降の更新にあっては**10年以上**で定めなければならず、これより**短い期間の定めは無効**となる。したがって、本問の場合、**20年**が存続期間となる。

A 03

✕

[H19-13-4]

当初の借地契約において**存続期間を定めなかった**場合、借地権の存続期間は**30年**となる。したがって、Cは、その期間中は、解約の申入れをすることができない。

+α 解約の申入れは、**存続期間の定めのない賃貸借契約を終了**させる場合の手続であり、借地権の場合は、存続期間の定めのない契約は認められないため（定めなくても法定期間が適用される）、原則として、解約の申入れはできません。

A 04

✕

[H25-12-2]

借地権の存続期間が満了する際、借地権者の契約の**更新請求**に対し、借地権設定者が**遅滞なく異議**を述べた場合には、借地契約は終了する。ただし、**借地権設定者が異議**を述べるためには**正当事由が必要**とされ、異議を述べさえすれば、当然に契約が終了するわけではない。

Q 05 〔建物買取請求〕

A所有の甲土地につき、Bとの間で居住の用に供する建物の所有を目的として存続期間30年の約定で賃貸借契約が締結された場合で、当該契約で「Bの債務不履行により賃貸借契約が解除されたときには、BはAに対して建物買取請求権を行使することができない」旨を定めても、この合意は無効となる。

Q 06 〔滅失・再築〕

借地権の存続期間が満了する前に建物の滅失があった場合において、借地権者が借地権の残存期間を超えて存続すべき建物を築造したときは、その建物を築造することにつき借地権設定者の承諾がない場合でも、借地権の期間の延長の効果が生ずる。

Q 07 〔対抗力〕

建物の所有を目的とする土地の賃貸借契約において、借地権の登記がなくても、その土地上の建物に借地人が自己を所有者と記載した表示の登記をしていれば、借地権を第三者に対抗することができる。

A 05

✕

[R2(10)-11-3]

借地権の存続期間が満了した場合で契約の更新がないときは、借地権者（B）は、借地権設定者（A）に対し、建物を時価で買い取るべきこと**を請求**できる。

しかし、借地権者の債務不履行により土地の賃貸借契約が解除された場合は、**建物買取請求権を行使できない**。よって、この合意は有効である。

> **+α** 建物買取請求権を行使した後、借地権者は、買取代金の支払を受けるまでは建物・敷地の引渡しを拒むことができます。ただし、地代相当額は**不当利得として返還**しなければなりません（つまり、その間も従来どおり、地代を支払い続ける必要があります）。

A 06

✕

[R4-11-1]

借地権の存続期間が満了する前に建物が滅失した場合で、借地権者が残存期間を超えて存続すべき建物を築造したときは、**借地権設定者の承諾がある場合に限り**、借地権は、**承諾があった日または建物が築造された日のいずれか早い日から20年間存続する**。なお、残存期間がこれより長いとき、または当事者がこれより長い期間を定めたときは、その期間による。

> **+α** 更新後に建物が滅失し、借地権者が、**借地権設定者の承諾なく残存期間を超えて存続すべき建物を築造**したときは、借地権設定者は、**地上権の消滅請求または土地の賃貸借の解約の申入れ**をすることができます。

A 07

◯

[H24-11-1]

借地権は、その登記がなくても、借地上の建物に**自己名義の登記があれば、第三者に対抗することができる**。この登記は、「表示に関する登記」でもよい。

Q 08　〔対抗力〕

　建物の所有を目的とする土地の賃貸借契約において、建物が全焼した場合でも、借地権者は、その土地上に滅失建物を特定するために必要な事項等を掲示すれば、借地権を第三者に対抗することができる場合がある。

Q 09　〔借地権の譲渡〕

　借地権者が賃借権の目的である土地の上の建物を第三者に譲渡しようとする場合において、その第三者が賃借権を取得しても借地権設定者に不利となるおそれがないにもかかわらず、借地権設定者がその賃借権の譲渡を承諾しないときは、裁判所は、その第三者の申立てにより、借地権設定者の承諾に代わる許可を与えることができる。

Q 10　〔借地権の譲渡〕

　第三者が借地上の建物を競売により取得した場合において、その第三者が賃借権を取得しても借地権設定者に不利となるおそれがないにもかかわらず、借地権設定者がその賃借権の譲渡を承諾しないときは、裁判所は、その第三者の申立てにより、借地権設定者の承諾に代わる許可を与えることができる。

Q 11　〔借地上の建物賃貸借〕

　AはBとの間で、BがCから借りている土地上のB所有の建物について賃貸借契約を締結し引渡しを受けている。借地権がBの債務不履行により解除され、Aが建物を退去し土地を明け渡さなければならなくなったときは、Aが解除されることをその1年前までに知らなかった場合に限り、裁判所は、Aの請求により、Aがそれを知った日から1年を超えない範囲内において、土地の明渡しにつき相当の期限を許与することができる。

A 08

○

[H24-11-2]

借地上の登記されていた建物が滅失しても、借地権者がその建物を特定する事項や滅失があった日等を土地の上の見やすい場所に掲示したときは、建物が**滅失した日から2年間**は、借地権を第三者に対抗できる。

A 09

✕

[H23-11-3]

借地権者が借地上の建物を第三者に**譲渡**しようとする場合、**その第三者**が土地の賃借権を取得しても借地権設定者に不利となるおそれがないにもかかわらず、借地権設定者がその賃借権の譲渡を承諾しないときは、**裁判所**は、借地権者の申立てにより、**借地権設定者の承諾に代わる許可**を与えることができる。

> **+α** 譲渡・転貸についての裁判所の代諾制度は**借地権特有の規定**であり、借家の場合には同様の規定はありません。

A 10

○

[H23-11-4]

第三者が借地上の建物を**競売により取得**した場合、その第三者が賃借権を取得しても借地権設定者に不利となるおそれがないにもかかわらず、借地権設定者がその賃借権の譲渡を承諾しないときは、**裁判所**は、**第三者の申立て**により、借地権設定者の承諾に代わる許可を与えることができる。

A 11

✕

[H18-14-3]

借地契約が、土地の賃借人Bの**債務不履行により**、賃貸人Cから**解除**されれば、借地上の建物の賃借人Aは、土地を明け渡さなければならない。借地契約が**期間満了**した場合は、**裁判所による明渡し猶予**の制度があるが、借地権が債務不履行により解除された場合には、この制度は適用されないからである。

Q 12 〔借地上の建物賃貸借〕

AがBとの間で、A所有の甲土地につき建物所有目的で期間を50年とする賃貸借契約を締結する場合で、当初の10年間は地代を減額しない旨の特約を定めたときは、その期間内は、BはAに対して地代の減額請求をすることはできない。

Q 13 〔事業用定期借地〕

事業の用に供する建物の所有を目的とする場合であれば、従業員の社宅として従業員の居住の用に供するときであっても、事業用定期借地権を設定することができる。

Q 14 〔事業用定期借地〕

存続期間を10年以上20年未満とする短期の事業用定期借地権の設定を目的とする契約は、公正証書によらなくとも、書面又は電磁的記録によって適法に締結することができる。

Q 15 〔借地と賃貸借〕

Aが所有している甲土地を平置きの駐車場用地として利用しようとするBに貸す場合と、一時使用目的ではなく建物所有目的を有するCに貸す場合、土地賃貸借契約の期間満了後に、Bが甲土地の使用を継続していてもAB間の賃貸借契約が更新したものと推定されることはないのに対し、期間満了後にCが甲土地の使用を継続したときには、AC間の賃貸借契約が更新されたものとみなされることがある。

A 12
×
[R5-11-1]

地代等を「減額しない」旨の特約を定めた場合であっても、所定の要件を満たせば、地代等の減額請求をすることができる。

+α 一定の期間は地代等を「増額しない」旨の特約がある場合は、地代等の増額を請求できません（賃借人の保護）。

A 13
×
[H22-11-1]

事業用定期借地権は、専ら事業の用に供する建物の所有を目的とした場合に限り、設定することができる。したがって、居住用建物（従業員の社宅）を所有する目的では、設定することができない。

A 14
×
[H22-11-2]

事業用定期借地権は、10年以上50年未満で存続期間を定めて設定することができるが、存続期間の長短にかかわらず、公正証書によって契約を締結しなければならない。

A 15
×
[H20-13-2]

本問の場合、ＡＢ間には民法が適用され、Ｂの使用継続により更新が推定される。一方、ＡＣ間には借地借家法が適用され、建物がある場合に限って、Ｃの使用継続により、更新したものとみなされる。したがって、前半の記述は誤りであるのに対し、後半の記述は正しい。

　A所有の甲土地につき、Bが建物を所有して小売業を行う目的で公正証書によらずに存続期間を55年とする土地の賃貸借契約を締結する場合、約定の期間、当該契約は存続する。しかし、Bが建物を建築せず駐車場用地として利用する目的で存続期間を55年として土地の賃貸借契約を締結する場合には、期間は定めなかったものとみなされる。

　Aが所有している甲土地を平置きの駐車場用地として利用しようとするBに貸す場合と、一時使用目的ではなく建物所有目的を有するCに貸す場合、土地賃貸借契約の期間を定めなかったとき、Aは、Bに対しては、賃貸借契約開始から1年が経過すればいつでも解約の申入れをすることができるのに対し、Cに対しては、賃貸借契約開始から30年が経過しなければ解約の申入れをすることができない。

A 16

✕

[H18-13-1改]

建物所有目的の賃貸借契約には借地借家法が適用され、55年の存続期間の定めは有効になる。一方、駐車場にする目的での土地の賃貸借契約には民法が適用され、50年より長い期間を定めた場合は50年となる。

A 17

✕

[H20-13-3]

ＡＢ間には民法が適用され、賃貸借の期間を定めない場合、当事者はいつでも解約の申入れをすることができ、その申入れから１年が経過すると契約は終了する。一方、ＡＣ間には**借地借家法が適用**され、賃貸借の期間を定めない場合、その存続期間は法定の30年となる。

1回目	2回目	3回目
月 日： /17	月 日： /17	月 日： /17

□□□ **Q 01** 〔借家の法定更新〕

期間を1年未満とする建物の賃貸借契約（定期建物賃貸借及び一時使用目的の建物の賃貸借を除く。）は、期間を1年とするものとみなされる。

□□□ **Q 02** 〔借家の法定更新〕

期間の定めのある建物賃貸借において、賃貸人が、<u>期間満了の1年前から6月前までの間に</u>、<u>更新しない旨の通知を出すのを失念</u>したときは、賃貸人に借地借家法第28条に定める正当事由がある場合でも、契約は期間満了により終了しない。

□□□ **Q 03** 〔借家の法定更新〕

賃貸人Aと賃借人Bとの間で締結した一時使用目的ではない建物賃貸借契約について、本件契約に期間を2年とする旨の定めがあり、AもBも更新拒絶の通知をしなかったために<u>本件契約が借地借家法に基づき更新される</u>場合、更新後の期間について特段の合意がなければ、<u>更新後の契約期間は2年</u>となる。

□□□ **Q 04** 〔借家の法定更新〕

期間の定めのある建物賃貸借において、賃貸人が、期間満了の10月前に更新しない旨の通知を出したときで、その通知に借地借家法第28条に定める正当事由がある場合は、期間満了後、賃借人が使用を継続していることについて、<u>賃貸人が異議を述べなくても、契約は期間満了により終了</u>する。

A 01

✕

[R5-12-1]

期間を1年未満とする建物の賃貸借は、期間の定めがない建物の賃貸借とみなされる。

+α 一般の借家契約とは異なり、定期建物賃貸借では、1年未満の期間の定めも有効です。例えば、「6か月」や「10か月」の期間を定めた場合、そのまま「6か月・10か月」の期間の定めのある契約となります。

A 02

◯

[H14-14-1]

賃貸人は、期間満了の**1年前から6か月前**までの間に、賃借人に対して**更新拒絶の通知**をしなければ、期間の定めがある建物賃貸借契約を終了させることができない。したがって、たとえ正当事由があっても、更新拒絶の通知がなければ契約は終了しない。

A 03

✕

[R3(12)-12-1]

建物の賃貸借について期間の定めがある場合で、当事者が期間満了の1年前から6か月前までの間に相手方に対して更新をしない旨等の通知をしなかったときは、**従前の契約と同一の条件で契約を更新した**とみなされる。ただし、その期間は、「定めがない」ものとなる。

A 04

✕

[H14-14-2]

🐾

賃貸人が、期間満了の1年前から6か月前までの間に正当事由のある更新拒絶の通知をしても、**期間満了後に賃借人が引き続き建物を使用**している場合、**賃貸人から遅滞なく異議を述べなければ**、従前の契約と**同一の条件で契約が更新**される。

+α つまり、賃貸人は正当事由をもって適法に更新拒絶の通知をしても安心できず、なおも賃借人が建物の使用を継続する場合は、遅滞なく異議を述べなければ、更新を防ぐことができない、ということです。

Q 05 〔解約の申入れ〕

　Aを賃貸人、Bを賃借人とする甲建物の賃貸借契約が締結された場合で、本件契約について<u>期間の定めをしなかった</u>とき、AはBに対して、いつでも<u>解約の申入れ</u>をすることができ、本件契約は、解約の申入れの日から<u>3月</u>を経過することによって終了する。

Q 06 〔借家の対抗力〕

　Aは、B所有の甲建物につき、居住を目的として、期間2年、賃料月額10万円と定めた賃貸借契約をBと締結して建物の引渡しを受けた。契約期間中にBが甲建物をCに売却した場合、Aは甲建物に賃借権の登記をしていなくても、<u>Cに対して甲建物の賃借権があることを主張</u>することができる。

Q 07 〔造作買取請求権〕

　賃貸人Aと賃借人Bとの間で締結した一時使用目的ではない建物賃貸借契約において、BがAの<u>同意を得て</u>建物に付加した造作がある場合であっても、本件契約終了時にAに対して借地借家法第33条の規定に基づく<u>造作買取請求権を行使することはできない</u>、という<u>特約</u>は<u>無効</u>である。

Q 08 〔借家の転貸〕

　Aを賃貸人、Bを賃借人とする甲建物の賃貸借契約が締結された場合で、甲建物が適法にBからCに転貸されている場合、AがCに対して本件契約が<u>期間満了</u>によって<u>終了する旨の通知</u>をしたときは、建物の転貸借は、その<u>通知がされた日から3月</u>を経過することによって終了する。

A 05

✕

[R3⑽-12-1]

期間の定めがない建物賃貸借において、賃貸人から解約の申入れをする場合は、**正当事由が必要**であり、その解約申入れから**6か月を経過**することによって、契約は終了する。

> **+α** 賃借人から解約の申入れをした場合は、**3か月経過後**に契約は終了します。

 A 06

○

[H22-12-1]

所有者Bが第三者Cに建物を譲渡しても、引渡しを受けている賃借人Aは、賃借権をCに対抗することができる。

 A 07

✕

[R3⑿-12-4]

建物の**賃貸人の同意**を得て建物に付加した畳・建具その他の造作がある場合であっても、**造作買取請求権を行使することができない旨の特約**は、有効である。

 A 08

✕

[R3⑽-12-3]

建物の転貸借がされている場合で、建物の賃貸借が**期間の満了または解約の申入れ**によって終了するときは、賃貸人は、転借人にその旨の「**通知**」をしなければ、終了を転借人に対抗できない。そして、賃貸人がこの通知をしたときは、建物の転貸借は、その通知がされた日から「**6か月**」の経過によって**終了**する。

賃貸人Aと賃借人Bとの間で締結した一時使用目的ではない建物賃貸借契約において建物の転貸借がされている場合で、本件契約がB（転貸人）の<u>債務不履行によって解除されて終了</u>するときは、Aが転借人に本件契約の終了を<u>通知した日から6月を経過</u>することによって、転貸借契約は終了する。

Aは、Bに対し建物を賃貸し、Bは、その建物をAの承諾を得てCに対し適法に転貸している。Aが、Bとの賃貸借契約を合意解除しても、特段の事情がない限り、Cに対して、<u>合意解除の効果を対抗</u>することができない。

建物の賃貸借契約（定期建物賃貸借契約及び一時使用目的の建物の賃貸借契約を除く。）の当事者間において、一定の期間は建物の賃料を減額しない旨の<u>特約</u>がある場合、現行賃料が<u>不相当になった</u>などの事情が生じたとしても、この<u>特約は有効</u>である。

定期建物賃貸借契約を締結するには、公正証書による等<u>書面</u>によらなければならない。

よく出る！

<u>定期建物賃貸借契約</u>を締結するには、当該契約に係る賃貸借は契約の更新がなく、期間の満了によって終了することを、当該<u>契約書と同じ書面内に記載</u>して説明すれば足りる。

A 09

✕

[R3(12)-12-3]

　賃貸借が賃借人の**債務不履行を理由とする解除**により終了した場合、賃貸人の承諾のある転貸借は、原則として、賃貸人が転借人に対して**目的物の返還を請求した時**に、転借人の転借人に対する債務の履行不能に陥り、**終了**する。

A 10

◯

[H23-07-3]

　有効な転貸借があった後、賃貸人と賃借人が賃貸借契約を**合意解除**しても、転貸借に影響はなく、原則として、転借人に対して合意解除の効果を対抗できない。

+α ただし、その合意解除の当時に、賃貸人が賃借人の**債務不履行による解除権**を有していた場合は、対抗できます。

A 11

✕

[R5-12-2]

　建物の借賃を「**減額**」**しない旨の特約**がある場合でも、所定の要件を満たすときは、契約の当事者は、借賃の**減額の請求**をすることができる。

+α 一定の期間は借賃を「**増額**」**しない旨の特約**がある場合には、借賃の**増額の請求**はできません。

A 12

◯

[H26-12-1]

　期間の定めがある建物の賃貸借をする場合、公正証書による等何らかの書面**によって契約**をするときに限り、契約の更新がないこととする旨を定めることができる（**定期建物賃貸借**）。

A 13

✕

[H26-12-3]

　定期建物賃貸借契約を締結しようとするときは、建物の賃貸人は、あらかじめ、建物の賃借人に対し、定期建物賃貸借は契約の更新がなく、期間の満了により当該建物の賃貸借は終了することについて、その旨を記載した「**書面**」を交付して説明しなければならない。そして、この説明「**書面**」は、**契約書とは**別個独立**の書面**であることが必要となる。

〔定期建物賃貸借等〕

　定期建物賃貸借契約を締結するときは、期間を1年未満としても、期間の定めがない建物の賃貸借契約とはみなされない。

〔定期建物賃貸借等〕

　AとBとの間でA所有の甲建物をBに対して、居住の用を目的として、期間2年で賃貸する旨の賃貸借契約を締結し、Bが甲建物の引渡しを受けた場合で、当該契約が借地借家法第38条の定期建物賃貸借契約である場合、Aは、転勤、療養、親族の介護その他のやむを得ない事情があれば、Bに対し、解約を申し入れ、申入れの日から1月を経過することによって、本件契約を終了させることができる。

〔定期建物賃貸借等〕

　Aが所有する甲建物をBに対して賃貸するにあたり、AB間で公正証書等の書面によって借地借家法第38条に規定する定期建物賃貸借契約を契約期間を2年として締結する場合、契約の更新がなく期間満了により終了することを書面を交付してあらかじめBに説明すれば、期間満了前にAがBに改めて通知しなくても契約が終了する旨の特約を有効に定めることができる。

〔取壊し予定の建物賃貸借〕

　Aが所有する甲建物をBに対して賃貸するにあたり、法令によって甲建物を2年後には取り壊すことが明らかである場合、取り壊し事由を記載した書面によって契約を締結するのであれば、建物を取り壊すこととなる2年後には更新なく賃貸借契約が終了する旨の特約を有効に定めることができる。

A 14

○

[H26-12-2]

通常の借家契約では、**期間を1年未満とする建物の賃貸借**は、期間の定めがない建物の**賃貸借**とみなされる。しかし、**定期建物賃貸借**では、この規定は**適用されない**ので、期間を1年未満とする定めは、そのまま有効となる（期間の「定めのある」賃貸借契約となる）。

A 15

×

[R2(10)-12-3]

居住用の建物の賃貸借（床面積が**200㎡未満の**建物に係るものに限る）において、転勤、療養、親族の介護その他の**やむを得ない事情**により、建物の賃借人が建物を**自己の生活の本拠として**使用することが困難となったときは、建物の賃借人は、建物の賃貸借の**解約の申入れ**をすることができ、当該賃貸借は、解約の申入れの日から**1か月**を経過することによって**終了**する。しかし、この**解約の申入れ**は、賃借人（B）しか行うことができない。

A 16

×

[H23-12-2]

期間が**1年以上の定期建物賃貸借**の場合、賃貸人は、期間満了の**1年前から6か月前**までの間に、賃借人に対して、期間満了**により建物の賃貸借が終了する旨の通知**をしなければ、その終了を賃借人に対抗することができない。そして、この規定に反する特約で賃借人に不利なものは、無効である。したがって、本問のような終了通知を不要とする特約を、有効に定めることはできない。

A 17

○

[H23-12-3]

法令により一定の期間を経過した後に建物を取り壊すべきことが明らかな場合に、その建物の賃貸借をするときは、**建物を取り壊すべき事由を記載した書面によって契約を締結**すれば、建物の取壊し時に賃貸借契約が終了する旨の特約を有効に定めることができる。

1回目	2回目	3回目
月 日： /17	月 日： /17	月 日： /17

23 区分所有法

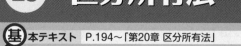 本テキスト　P.194～「第20章 区分所有法」

□□□ **Q 01** 〔共用部分〕

　各共有者の共用部分の持分は、規約で別段の定めをしない限り、共有者数で等分することとされている。

□□□ **Q 02** 〔敷地利用権〕

　敷地利用権が数人で有する所有権その他の権利である場合には、規約に別段の定めがあるときを除いて、区分所有者は、その有する専有部分とその専有部分に係る敷地利用権とを分離して処分することができない。

□□□ **Q 03** 〔保存行為〕

　共用部分の保存行為は、規約に別段の定めがある場合を除いて、各共有者がすることができるため集会の決議を必要としない。

□□□ **Q 04** 〔重大変更〕

　共用部分の変更（その形状又は効用の著しい変更を伴わないものを除く。）は、区分所有者及び議決権の各4分の3以上の多数による集会の決議で決するが、この区分所有者の定数は、規約で2分の1以上の多数まで減ずることができる。

毎年1問出題されます。区分所有法はそれなりに条文数も多く、この1問のために**すべてを学習する**のは非効率です。「**概要を基本テキストで把握**」➡「**ここに掲載されている問題をマスター**」➡「**余裕があれば周辺知識を補充**」という方法がお勧めです。

A 01
✕
[H28-13-4]

共用部分の各共有者の持分は、原則として、その有する専有部分の床面積の割合による。

A 02
◯
[R3(10)-13-3]

敷地利用権が数人で有する所有権等である場合、区分所有者は、原則として、専有部分と敷地利用権とを**分離して処分**することができない。

+α 専有部分と敷地利用権は、原則として、分離処分することができませんが、規約に定めることにより、例外的に、両者を分離して処分することができます。

A 03
◯
[R5-13-3]

共用部分の管理に関する事項は、重大変更の場合を除いて、集会の決議で決する。ただし、保存**行為**は、規約で別段の定めをした場合を除いて、各共有者が**単独**ですることができるので、集会の決議は不要である。

A 04
✕
[R2(10)-13-1]

共用部分の**重大変更**は、区分所有者及び議決権の各4分の3以上の多数による集会の決議で決する。ただし、この区分所有者の定数は、規約で「過半数」まで減じることができる。

+α 「共用部分の変更（その形状又は効用の著しい変更を伴わないものを除く。）」とは、共用部分の重大変更のことです。

□□□ **Q 05** 〔管理者〕

　集会において、管理者の選任を行う場合、規約に別段の定めがない限り、<u>区分所有者及び議決権の各過半数</u>で決する。

□□□ **Q 06** 〔管理所有〕

　共用部分は、区分所有者全員の共有に属するが、<u>規約に特別の定めがあるとき</u>は、管理者を共用部分の所有者と定めることもできる。

□□□ **Q 07** 〔規約〕

　規約を保管する者は、<u>利害関係人の請求</u>があったときは、<u>正当な理由</u>がある場合を除いて、規約の閲覧を拒んではならず、閲覧を拒絶した場合は20万円以下の過料に処される。

□□□ **Q 08** 〔規約〕

　規約は、管理者が保管しなければならない。ただし、<u>管理者がないとき</u>は、建物を使用している区分所有者又はその代理人で<u>規約又は集会の決議で定めるもの</u>が保管しなければならない。

□□□ **Q 09** 〔原始規約〕

　他の区分所有者から<u>区分所有権を譲り受け</u>、建物の専有部分の<u>全部</u>を所有することとなった者は、<u>公正証書</u>による規約の設定を行うことができる。

A 05
〇
[H22-13-4]

管理者の選任または解任の決議は、規約に別段の定めがない限り、**区分所有者及び議決権の各過半数による。**

+α 管理者は、規約の定めまたは集会の決議により、その職務に関し、区分所有者のために原告または被告となることができます。その場合、遅滞なく区分所有者に**通知**する必要があります。

A 06
〇
[R3(12)-13-3]

共用部分は、区分所有者全員の共有に属する。しかし、管理者は、規約に特別の定めがあるときは、共用部分を所有することができる（管理所有）。

A 07
〇
[H30-13-2]

規約を保管する者は、利害関係人の請求があったときは、正当な理由がある場合を除いて、**規約の閲覧を拒んではならない。**そして、この規定に違反すると、規約を保管する者は、**20万円以下の過料に処せられる。**

A 08
〇
[H19-15-1]

規約は、管理者が保管しなければならないが、**管理者がないときは、建物を使用している区分所有者**またはその代理人であって、規約または**集会の決議で定められたものが保管**しなければならない。

A 09
×
[H21-13-4]

最初に建物の専有部分の全部を所有する者（原始取得者）だけが、公正証書により、**規約**（原始規約）**を設定**することができる。よって、他の区分所有者から**譲渡された者**は、公正証書による原始規約を設定できない。

+α 原始取得者が公正証書によって設定できる規約の内容は、①規約共用部分、②規約敷地、③専有部分と敷地利用権の分離処分禁止の排除、④敷地利用権の割合、の4項目です。

Q 10 〔集会〕

　管理者は、少なくとも<u>毎年２回</u>集会を招集しなければならない。また、区分所有者の5分の<u>１以上</u>で<u>議決権の5分の１以上</u>を有するものは、管理者に対し、<u>集会の招集</u>を請求することができる。

Q 11 〔集会〕

　集会は、区分所有者の<u>４分の３以上の同意</u>があるときは、招集の手続きを経ないで開くことができる。

Q 12 〔集会〕

　管理者は、少なくとも<u>毎年１回</u>集会を招集しなければならない。また、招集通知は、会日より少なくとも<u>１週間前</u>に、会議の目的たる事項を示し、各区分所有者に発しなければならない。ただし、この期間は、<u>規約で伸縮</u>することができる。

Q 13 〔議決権〕

　<u>区分所有者以外の者</u>であって区分所有者の承諾を得て専有部分を<u>占有する者</u>は、会議の目的たる事項につき<u>利害関係</u>を有する場合には、集会に出席して<u>議決権を行使</u>することができないが、<u>意見を述べる</u>ことはできる。

A 10
×
[H20-15-1]

管理者は、少なくとも「毎年1回」、集会を招集しなければならず、区分所有者の5分の1以上で議決権の5分の1以上を有するものは、管理者に対し、**集会の招集を請求**することができる。

A 11
×
[R5-13-2]

集会は、区分所有者「全員」**の同意**があるときは、招集の手続を経ないで開くことができる。

A 12
○
[H21-13-1]

集会の招集の通知は、会日より少なくとも1週間前に、各区分所有者に発しなければならないが、この期間は、規約で伸縮することができる。

> **+α** 建替え決議を目的とする集会の招集は、当該集会の会日より少なくとも2か月前に、招集通知を発しなければならず、この期間は、規約で伸長することができます。

A 13
○
[R3(12)-13-1]

区分所有者の承諾を得て**専有部分を占有する者**は、会議の目的たる事項につき利害関係を有する場合、議決権**はない**が、**集会に出席**して**意見を述べる**ことはできる。

☐☐☐ **Q 01** 〔一括申請〕

同一の登記所の管轄区域内にある二以上の不動産について申請する登記原因及びその日付が同一である場合には、登記の目的が異なるときであっても、一つの申請情報で申請することができる。

☐☐☐ **Q 02** 〔共同申請〕

権利に関する登記の申請は、法令に別段の定めがある場合を除き、登記権利者及び登記義務者が共同してしなければならない。

☐☐☐ **Q 03** 〔代理権と本人の死亡〕

登記の申請をする者の委任による代理人の権限は、本人の死亡によって消滅する。

☐☐☐ **Q 04** 〔登記事項証明書〕

登記事項証明書の交付の請求は、利害関係を有することを明らかにすることなく、することができる。

☐☐☐ **Q 05** 〔附属書類〕

登記を申請した者以外の者は、土地所在図、地積測量図、地役権図面、建物図面及び各階平面図を除く登記簿の附属書類の閲覧の請求は、正当な理由があると認められる部分に限り、することができる。

毎年1問出題されますが、区分所有法よりもさらに範囲が広く、完璧な準備は不可能といえます。出題実績のある部分に絞り込んで、その範囲内の知識だけ固めておけば十分で**失点もやむなし**と割り切って、**問題を解くべき**です。

A 01

✕

[H18-15-4]

登記の申請は、原則として1つの不動産ごとにしなければならない。しかし、同一の登記所の管轄に属する2つ以上の不動産に関する登記を申請する場合であって、**登記の目的・登記原因・日付**のすべてが同一であるときは、**例外的**に、同一の申請情報で登記を申請することができる。つまり、登記の目的が異なると、一括申請できない。

A 02

◯

[H18-15-1]

権利に関する登記の申請は、別段の定めがある場合を除き、登記権利者及び登記義務者の共同**申請**による。

A 03

✕

[R3(10)-14-2]

民法上の**代理権**は、**本人の死亡**によって終了するが、委任による**登記申請の代理権**は、本人の死亡によっては消滅しない。

A 04

◯

[H27-14-1]

利害関係の有無を問わず、何人も、登記官に対し、手数料を納付して、**登記事項証明書の交付を請求**することができる。

難

A 05

◯

[H27-14-2改]

何人も、登記官に対し、手数料を納付して、**登記簿の附属書類**（電磁的記録を含む）の閲覧を請求することができる。ただし、**土地所在図等**（土地所在図・地積測量図・地役権図面・建物図面・各階平面図の5つ）「以外」のものについては、**正当な理由がある場合**で、かつ、**その部分に限って**請求できる。

Q 06 〔所有権保存登記〕

　　表題部に所有者として記録されている者の相続人は、所有権の保存の登記を申請することができる。

□□□ **Q 07** 〔所有権保存登記〕

　　表題部所有者であるＡから土地を買い受けたＢは、Ａと共同してＢを登記名義人とする所有権の保存の登記の申請をすることができる。

□□□ **Q 08** 〔相続等の登記〕

　　相続又は法人の合併による権利の移転の登記は、登記権利者が単独で申請することができる。

□□□ **Q 09** 〔登記名義人の表示変更〕

　　所有権の登記名義人は、その住所について変更があったときは、当該変更のあった日から１月以内に、変更の登記を申請しなければならない。

A 06

〇

[H18-15-3]

　表題部所有者またはその**相続人**その他一般承継人は、**所有権の保存の登記**を申請することができる。

A 07

✕

[H19-16-1]

　区分建物を除いて、表題部所有者から土地・建物を買い受けた者は、所有権の保存登記を申請することはできない。まずは表題部所有者が**所有権保存登記**をし、その後、買主へ所有権移転登記をすることになる。

> **+α** **区分建物の場合**は、原始取得者に、表示に関する登記の一括申請義務が課せられているため、原始取得者から直接権利を取得した者に限って、所有権保存登記をすることが認められています。

A 08

〇

[H17-16-2]

　相続または法人の合併による権利の移転の登記は、登記権利者の単独**申請**による。

A 09

✕

[H30-14-4]

　登記名義人の氏名・名称、住所についての変更の登記または更正の登記は、登記名義人が単独で申請することが**できる**。この登記申請は、義務ではない。

> **+α** **登記名義人**とは、**権利に関する登記**の名義人のことを指すため、その変更または更正の登記は、**権利に関する登記**の手続となります。「表題部所有者」の場合とは異なる点に注意しましょう。

Q 10 〔仮登記の申請〕

仮登記の申請は、仮登記を命ずる処分があるときは、仮登記の登記権利者が単独ですることができる。

Q 11 〔仮登記の本登記〕

所有権に関する仮登記に基づく本登記は、登記上の利害関係を有する第三者がある場合であっても、その承諾を得ることなく、申請することができる。

Q 12 〔仮登記の抹消〕

仮登記の抹消は、登記権利者及び登記義務者が共同してしなければならない。

Q 13 〔新築の表題登記〕

新築した建物又は区分建物以外の表題登記がない建物の所有権を取得した者は、その所有権の取得の日から1月以内に、所有権の保存の登記を申請しなければならない。

Q 14 〔建物滅失〕

建物が滅失したときは、表題部所有者又は所有権の登記名義人は、その滅失の日から1か月以内に、当該建物の滅失の登記を申請しなければならない。

A 10
○
[H16-15-2]

たとえ仮登記義務者の承諾を得ることができない場合でも、仮登記を命ずる処分があるときは、仮登記権利者は、単独で仮登記の申請をすることができる。

+α 仮登記の申請は、仮登記権利者と仮登記義務者による共同申請が原則ですが、仮登記義務者の**承諾があるとき**は、仮登記権利者が単独ですることができます。

A 11
×
[R2(10)-14-2]

所有権の仮登記に基づいて本登記をする場合、登記上の利害関係を有する**第三者**がある場合には、当該第三者の承諾があるときに限り、申請することができる。

A 12
×
[H23-14-4]

仮登記の抹消は、仮登記の登記名義人が単独で申請することができる。

A 13
×
[H28-14-1]

新築した建物、または、（区分建物以外の）**表題登記がない建物**の所有権を取得した者は、その所有権の取得日から1か月以内に、**表題登記**（表示に関する登記）を申請しなければならないが、所有権の保存の登記は、権利に関する登記であり、**申請義務がない**。

A 14
○
[R5-14-1]

建物が滅失したときは、表題部所有者または所有権の登記名義人は、建物が滅失した日から1か月以内に、当該建物の滅失の登記を申請しなければならない。

(よく出る) 　所有権の登記がない土地と所有権の登記がある土地との合筆の登記は、することができない。

　区分建物の所有権の保存の登記は、表題部所有者から所有権を取得した者も、申請することができる。

　区分建物の床面積は、壁その他の区画の中心線で囲まれた部分の水平投影面積により算出される。

　登記官は、区分建物に関する敷地権について表題部に最初に登記するときは、当該敷地権の目的である土地の登記記録について、職権で当該登記記録中の所有権、地上権等の権利が敷地権である旨の登記をしなければならない。

(よく出る) 　表題登記がされていない区分建物を建築者から取得した者は、当該区分建物の表題登記を申請する義務はない。

A 15

〇

[H23-14-1]

「所有権の登記が**ない**土地」と「所有権の登記が**ある**土地」との**合筆の登記**は、することができない。

+α 二筆の土地の表題部所有者や所有権の登記名義人が同じであっても、地目や地番区域が相互に異なる**土地の合筆の登記**は、やはり申請することができません。

A 16

〇

[R5-14-4]

区分建物（マンション）では、**表題部所有者から所有権を取得した者**も、所有権の保存の登記を申請することができる。

A 17

✕

[H13-14-2]

区分建物（専有部分）の床面積は、壁その他の区画の「**内側線**」で囲まれた部分の水平投影面積により算出される。

+α 壁芯で算定する**非区分建物**との違いに注意しましょう。

A 18

〇

[H13-14-4]

登記官は、職権で、区分建物に関する敷地権について表題部に最初に登記するときに、敷地権の目的である**土地**の登記記録に、その土地の敷地利用権が**敷地権である旨の登記**をしなければならない。

+α 敷地利用権とは、建物を所有するための土地の所有権や借地権をいい、そのうち、これらの権利が登記されていて、かつ専有部分と分離処分ができないものを、不動産登記法上、「**敷地権**」といいます。

A 19

〇

[H13-14-1]

区分建物の表題登記は、一棟の建物とともに、**すべての区分建物**について**原始取得者**（本問では建築者）が、一括して申請しなければならない。したがって、区分建物を建築者から取得した者は、表題登記を申請する義務はない。

1回目	2回目	3回目
月 日： /19	月 日： /19	月 日： /19

第2編

宅建業法

☐☐☐ **Q 01**　〔宅地〕

　宅地には、現に建物の敷地に供されている土地に限らず、<u>将来的に建物の敷地に供する目的</u>で取引の対象とされる土地も含まれる。

☐☐☐ **Q 02**　〔宅地〕

　宅地とは、建物の敷地に供せられる土地をいい、<u>道路、公園、河川、広場及び水路</u>に供せられているものは宅地には当たらない。

☐☐☐ **Q 03**　〔分譲の売主〕

よく出る！

　個人Aが、その<u>所有する農地</u>を<u>区画割りして宅地に転用</u>したうえで、<u>一括して宅建業者Bに媒介を依頼</u>して、<u>不特定多数の者</u>に対して<u>売却</u>する場合、Aは免許を必要としない。

☐☐☐ **Q 04**　〔農業協同組合〕

　農業協同組合Aが、組合員が所有する<u>宅地の売却の代理</u>をする場合、免許は必要ない。

☐☐☐ **Q 05**　〔破産管財人の依頼による媒介〕

　<u>破産管財人</u>が、<u>破産財団の換価のために自ら売主</u>となり、宅地又は建物の売却を反復継続して行う場合において、その<u>媒介を業</u>として営むAは、宅建業の免許を必要としない。

A 01
〇
[R2(12)-44-7]

宅地に該当する「建物の敷地に供せられる土地」とは、現に建物の敷地に供せられている土地に限られず、広く建物の敷地に供する目的で取引の対象とされた土地をいい、将来において取引の対象となる土地も含まれる。

A 02
〇
[R3(12)-34-1]

宅地とは、建物の敷地に供せられる土地をいい、用途地域内のその他の土地で、道路・公園・河川・広場・水路の用に供せられているもの「以外」のものを含む。

A 03
×
[H16-30-1]

宅地を区画割りして不特定多数の者に分譲する行為は宅建業に該当し、その分譲について宅建業者に媒介を依頼しても、売主本人であるAは宅建業の免許を必要とする。

A 04
×
[R3(10)-32-3]

所有者から依頼を受け、宅地の売買について販売代理を業とする行為は、宅建業に該当し、農業協同組合が行う場合であっても、宅建業の免許を必要とする。

+α 農業協同組合・学校法人・宗教法人・公益法人などは、宅建業法の適用外となる「国等」には該当しません。

A 05
×
[H22-26-3]

破産管財人から依頼を受けて、その媒介を業として営むAの行為は宅建業に該当し、宅建業の免許を必要とする。

+α 本問の「破産管財人の行為」自体は、営利目的がなく、裁判所の関与のもとで行われるため、免許は不要です。

1
用語の定義

□□□ **Q 06** 〔不特定多数〕

Aが転売目的で反復継続して宅地を購入する場合でも、<u>売主が国その他宅建業法の適用がない者に限られている</u>ときは、Aは免許を受ける必要はない。

□□□ **Q 07** 〔貸借の媒介〕

(よく出る!)

賃貸住宅の管理業者が、貸主から管理業務とあわせて入居者募集の依頼を受けて、<u>貸借の媒介を反復継続して</u>営む場合は、宅建業の免許を必要としない。

□□□ **Q 08** 〔自ら貸借〕

宅地建物取引業者Aが、<u>自ら所有</u>する複数の建物について、複数人に対し、反復継続して<u>賃貸</u>する行為は、宅地建物取引業に該当しない。

□□□ **Q 09** 〔自ら貸借〕

(よく出る!)

個人Aが、自己所有の宅地に自ら貸主となる賃貸マンションを建設し、<u>借主の募集及び契約を株式会社Bに</u>、当該マンションの管理業務をCに委託する場合、Bは免許を受ける必要があるが、AとCは免許を受ける必要はない。

□□□ **Q 10** 〔転貸〕

Aの所有する商業ビルを<u>賃借</u>しているBが、フロアごとに不特定多数の者に<u>反復継続して転貸</u>する場合、AとBは免許を受ける必要はない。

□□□ **Q 11** 〔国等〕

<u>甲県住宅供給公社</u>Aが、住宅を不特定多数に継続して販売する場合、Aは免許を受ける必要はない。

A 06

✕

[H26-26-ウ]

売主が国その他宅建業法の適用がない者に限られていても、「特定の者だけを取引の対象としている」とはいえないので、転売目的で反復継続して宅地を購入する場合、Aは、免許を受ける必要がある。

A 07

✕

[H27-26-エ]

建物の貸借の媒介は、宅建業の「取引」に**該当**するから、**免許が**必要となる。なお、本問の貸主は「**自ら貸借**」を行うことになるので、宅建業の「取引」に該当せず、**免許は不要**となる。依頼者が免許不要だからといって、その貸借の媒介を行う者まで免許が不要となるわけではない。

A 08

◯

[R5-38-ア]

たとえ不特定多数に反復継続して行ったとしても、自ら貸借は、宅地建物取引業の「取引」ではない。

A 09

◯

[H19-32-2]

自ら貸主になる場合や、単に管理業務をするにすぎない場合、宅建業の**免許は不要**であるが、貸借の**代理または媒介を行う場合は免許が**必要となる。したがって、AとCは免許が不要だが、Bは免許を受ける必要がある。

A 10

◯

[H26-26-ア]

自ら貸借する場合（転貸も含む）は、宅建業の「取引」に当たらないので、いずれも免許を受ける必要はない。

A 11

◯

[H15-30-3]

国・地方公共団体、または国等とみなされる都市再生機構・**地方住宅供給公社等**には**宅建業法は**適用されず、Aが宅建業を行う場合、免許は不要となる。

□□□ **Q 12** 〔信託会社〕

　信託業法第3条の免許を受けた信託会社が宅建業を営もうとする場合には、国土交通大臣の免許を受けなければならない。

□□□ **Q 13** 〔自ら貸借〕

　宅建業者Aは、自ら貸主となり、借主との間でオフィスビルの一室の賃貸借契約を締結した業務において、賃貸借契約書は当該借主に対して交付したが、重要事項の説明を行わなかった場合、これをもって指示処分を受けることはない。

□□□ **Q 14** 〔取引の結了〕

　宅建業者である個人Aが死亡した場合、その相続人Bは、Aが締結した契約に基づく取引を結了する目的の範囲内において宅建業者とみなされ、Aが売主として締結していた売買契約の目的物を買主に引き渡すことができる。

□□□ **Q 15** 〔事務所〕

　宅地建物取引業を営まず他の兼業業務のみを営んでいる支店は、事務所には該当しない。

A 12

✕

[R2(10)-26-2]

　　信託業法３条の免許を受けた信託会社には、**宅建業法の免許に関する規定は**適用されない。したがって、免許を受けなくとも宅建業を営むことができる。なお、信託会社は、宅建業を営もうとするときは、その旨を国土交通大臣に届け出なければならない。

> **+α** 信託会社には、免許取消処分に関する規定も適用されませんが、業務を規制する宅建業法の規定は適用されるため、**業務停止処分や指示処分**が科されることはあります。

A 13

○

[H14-39-2]

　　自ら貸借を行う行為は宅建業に**該当**しないので、宅建業法が**適用**されない。したがって、重要事項の説明を行わなかったＡが、指示処分を受けることはない。

> **+α** 「自ら貸借は宅建業法の適用がない」という知識は、用語の定義だけではなく、こうした重要事項の説明に関する問題などでも出題されることに注意しましょう。

A 14

○

[R2(10)-43-2]

　　個人である宅建業者が死亡したときは、その一般承継人は、当該宅建業者が締結した契約に基づく取引を結了する目的の**範囲内**においては、なお**宅建業者とみなされる**。

A 15

○

[R4-26-2]

　　宅建業者の**本店**は、**宅建業を営まなくても**、常に「事務所」に該当する。これに対し、**支店**は、宅建業を**営んでいるもののみ**が「事務所」に該当する。

1回目	2回目	3回目
月　日：　/15	月　日：　/15	月　日：　/15

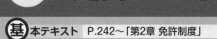

基本テキスト　P.242〜「第2章 免許制度」

□□□ **Q 01** 〔未成年者〕

（よく出る）

　営業に関し成年者と同一の行為能力を<u>有しない未成年者</u>であるA
の<u>法定代理人</u>であるBが、刑法第247条（背任）の罪により罰金の
刑に処せられていた場合、その<u>刑の執行が終わった日から5年</u>を経
過していなければ、Aは免許を受けることができない。

· ·

□□□ **Q 02** 〔破産〕

（よく出る）

　免許を受けようとするA社の<u>取締役</u>について、<u>破産手続開始の決
定</u>があった場合、<u>復権を得た日から5年</u>を経過しなければ、A社は
免許を受けることができない。

· ·

□□□ **Q 03** 〔免許取消処分〕

（よく出る）

　個人Aは、かつて免許を受けていたとき、自己の名義をもって他
人に宅建業を営ませ、その情状が特に重いとして免許を取り消され
たが、<u>免許取消しの日から5年</u>を経過していないので、Aは免許を
受けることができない。

2

免許の基準

A 01
○
[H27-27-3]

　営業に関し**成年者と同一の行為能力を**有しない**未成年者**で、その**法定代理人**が欠格事由に該当するものは、免許を受けることができない。そして、背任罪により罰金の刑に処せられ、**5年**を経過していないことは免許の欠格要件にあたる。

+α　営業に関して成年者と同一の行為能力を**有する**未成年者は、本人が欠格要件に該当しなければ、その**法定代理人**（法定代理人が法人である場合においては、その役員を含む）が欠格要件に該当するかどうかに**関係なく**、免許を受けることができます。

A 02
×
[R2(10)-43-4]

　破産手続開始の決定を受けて**復権を得ない者**は、免許を受けることができない。そして、このような欠格事由に該当する者が**役員**または**政令で定める使用人**にいる法人は、免許を受けることができない。しかし、**復権を得た者**は、「**直ちに**」免許を受けることができる。

A 03
○
[H16-31-3]

　業務停止処分事由に該当し、情状が特に重いとして宅建業の免許を**取り消された場合**、取消しの日から**5年間**は、宅建業の免許を受けることができない。

149

Q 04 〔業務停止処分〕

A社は甲県知事から業務停止処分についての聴聞の期日及び場所を公示されたが、その公示後聴聞が行われる前に、相当の理由なく宅建業を廃止した旨の届出をした。その届出の日から5年を経過していない場合、A社は免許を受けることができない。

Q 05 〔連座責任〕

よく出る!

A社は不正の手段により免許を取得したとして甲県知事から免許を取り消されたが、A社の取締役Bは、当該取消に係る聴聞の期日及び場所の公示の日の30日前にA社の取締役を退任した。A社の免許取消の日から5年を経過していない場合、Bは免許を受けることができない。

Q 06 〔宅建業法違反〕

よく出る!

免許を受けようとするA社の役員に、宅建業法の規定に違反したことにより罰金の刑に処せられた者がいる場合、その刑の執行が終わって5年を経過しなければ、A社は免許を受けることができない。

Q 07 〔傷害罪等〕

法人の役員のうちに刑法第204条（傷害）の罪を犯したことにより、罰金の刑に処せられている者がいる場合は、免許を受けることができないが、刑の執行後5年を経過すれば、免許を受けることができる。

A 04

✕

[H18-30-4]

本問の聴聞は、「業務停止処分」についてのものであって、免許取消処分を理由とするものではない。したがって、公示後聴聞が行われる前に相当の理由なく廃業の届出をしたとしても、免許の欠格要件には該当しないため、A社は、いつでも再び免許を受けることができる。

> **+α** 典型的な引っかけ問題です。本試験時に問題文をあわてて読んでしまうと、こうした問題に引っかかってしまうので、要注意！

A 05

◯

[H18-30-2]

A社が**不正の手段**により**免許を取得**したとして免許を取り消された場合、聴聞の期日及び場所の公示の日より前の60日以内に、その法人の**役員**であったBは、その後に取締役を退任していても、免許取消しの日から**5年間**は免許を受けることができない。

A 06

◯

[R3(10)-27-4]

宅建業法に違反し、**罰金**の刑に処せられ、その刑の執行を終わり、または執行を受けることがなくなった日から**5年を経過**しない者は、免許を受けることができない。また、**法人の役員**がそのような欠格事由に該当する場合、その法人も免許を受けることはできない。

A 07

◯

[H15-31-4]

傷害罪で**罰金刑**に処せられた場合は免許の欠格要件に該当するが、その刑の執行が終わり、または執行を受けることがなくなった日から**5年を経過**すれば、免許を受けることができる。

宅建業者Ａ社の代表取締役が、<u>道路交通法違反により罰金の刑に</u>処せられたとしても、<u>Ａ社の免許は取り消される</u>ことはない。

　宅建業者Ａ社の取締役が、刑法第209条（過失傷害）の罪により<u>罰金の刑に処せられた場合、Ａ社の免許は取り消される</u>。

　免許を受けようとするＡ社の取締役が刑法第204条（傷害）の罪により<u>懲役１年執行猶予２年</u>の刑に処せられた場合、刑の執行猶予の言渡しを取り消されることなく<u>猶予期間を満了</u>し、その日から５年を経過しなければ、<u>Ａ社は免許を受けることができない</u>。

　免許を受けようとするＡ社の役員Ｂが刑法第211条（業務上過失致死傷等）の罪により地方裁判所で懲役１年の判決を言い渡された場合、当該判決に対してＢが高等裁判所に<u>控訴し裁判が係属中</u>であっても、Ａ社は<u>免許を受けることができない</u>。

A 08

◯

[H25-26-1]

法人である宅建業者Ａ社の**役員**が、免許欠格事由に該当した場合、Ａ社の免許は取り消される。しかし、**罰金刑**は、宅建業法**違反**、傷害罪・暴行罪等の暴力的**な一定の犯罪**、背任罪による場合だけが、**免許欠格**となる。したがって、その役員が「道路交通法違反」により罰金刑に処せられても、Ａ社が免許を取り消されることはない。

+α 罰金刑で欠格となるのは、①**宅建業法違反、②暴力系犯罪、③背任罪の３つのみ**と覚えておけば、個々の罪名を覚えていなくても大抵の問題は解けます。なお、その他の罪は、**禁錮以上の刑で欠格**となることに注意しましょう。

A 09

✕

[H19-33-2]

法人である**宅建業者の役員**が、傷害罪等一定の犯罪を行って罰金刑以上に処せられた場合、**その法人の免許は取り消される**。しかし、過失傷害罪などの**過失の罪**の場合は、禁錮刑**以上が欠格**となるため、それより軽い罰金刑を受けても免許は取り消されない。

A 10

✕

[R2(10)-43-1]

法人の役員のうちに、懲役刑に処せられて刑の全部の執行猶予中の者がいる場合、その執行猶予期間中、当該法人は免許を受けることができないが、**執行猶予期間が**満了すれば、5年を経過しなくても、直ちに免許を受けることができる。

A 11

✕

[R3(10)-27-3]

第一審で有罪の言渡しを受けても、控訴あるいは上告中で**現在裁判が**係属中であれば、その刑は確定していないため、Ａ社は免許を受けることができる。

　A社の役員Bは、宅建業者C社の役員として在籍していたが、その当時、C社の役員Dがかつて禁錮以上の刑に処せられ、その刑の執行が終わった日から5年を経過していないとしてC社は免許を取り消されている。この場合、A社は、C社が免許を取り消されてから5年を経過していなくても、免許を受けることができる。

　宅建業者A社の使用人であって、A社の宅地建物取引業を行う支店の代表者であるものが、道路交通法の規定に違反したことにより懲役の刑に処せられたとしても、A社の免許は取り消されることはない。

A 12

○

[H23-27-1]

　　法人の役員に**免許欠格事由に該当**する者がいる場合、その法人は、免許を受けることができない。本問では、C社は、その役員Dが免許欠格事由に該当したことにより免許を取り消されているが、**役員B自身は取消しとは無関係**であり、免許欠格事由に該当しない。

　　したがって、Bが免許欠格事由に該当していないので、A社は免許を受けることができる。

+α　仮に、C社が①**不正手段による免許取得**、②**業務停止処分に違反**、③**業務停止処分事由に該当し情状が特に重い**ことの3つの事由のいずれかにより免許取消処分を受けたのなら、Bは免許欠格となりますが、本問は、この場合とは異なります。

A 13

✕

[R5-29-1]

　　法人である宅建業者は、**役員・政令で定める使用人が免許基準**に該当する場合、免許が取り消される。そして、**禁錮以上の刑**は、どのような犯罪でも**免許基準**に該当する。

3 免許の手続

基 本テキスト　P.242〜「第2章 免許制度」

□□□ **Q 01** 〔免許の性質〕

　宅建業の免許を受けている<u>法人A</u>が免許を受けていない<u>法人B</u>と<u>の合併</u>により<u>消滅</u>した場合、Bは、Aが消滅した日から30日以内に、Aを合併した旨の届出を行えば、Aが受けていた<u>免許を承継</u>することができる。

□□□ **Q 02** 〔変更の届出〕

（よく出る!）<u>宅地建物取引士</u>ではないBが宅建業者A社（甲県知事免許）の<u>非常勤</u>の取締役に<u>就任</u>したとき、A社はその旨を甲県知事に届け出る必要はない。

□□□ **Q 03** 〔変更の届出〕

（よく出る!）法人である宅建業者A（甲県知事免許）は、<u>役員の住所</u>について変更があった場合、その日から30日以内に、その旨を<u>甲県知事に届け出</u>なければならない。

□□□ **Q 04** 〔変更の届出〕

（よく出る!）宅建業者A（甲県知事免許）が、本店における<u>専任の宅地建物取引士</u>Bの退職に伴い、<u>新たに専任の宅地建物取引士C</u>を本店に置いた場合、Aはその日から<u>30日以内</u>にその旨を<u>甲県知事に届け出</u>なければならない。

毎年1〜2問出題される重要項目です。**免許の申請から変更の届出、免許換え、廃業等の届出等**の項目が頻出しています。難しいところではありませんが「役員の氏名の変更は届出が必要だが、住所の変更は不要」といった紛らわしい部分もあることに注意しましょう。

A 01
✕
[H22-28-2]

宅建業の免許は、相続や法人の合併によって**承継すること
はできない**。したがって、免許を受けている法人Aが、法人
Bと合併して消滅した場合、Bが宅建業を営むには、免許を
受けなければならない。

A 02
✕
[H18-31-2]

宅建業者は、法人である宅建業者の**役員の氏名**に変更が
あった場合は、その旨を**30日以内**に免許権者に届け出なけ
ればならない。

+α この場合の「役員」には、非常勤の役員**を含む**ことに注
意しましょう。

A 03
✕
[H21-28-1]

役員の**氏名**と異なり、役員の住所について変更があった場
合には、届出は不要である。

A 04
○
[R5-32-3]

宅建業者は、**専任の宅建士の氏名**に変更が生じた場合は、
30日以内に、**免許権者**に届け出なければならない。

Q 05 〔変更の届出〕

宅建業者A社（甲県知事免許）の政令で定める使用人Bが<u>本籍地</u><u>を変更</u>した場合、A社は、その旨を<u>甲県知事に届け出る</u>必要はない。

- -

Q 06 〔免許換え〕

宅建業者A（甲県知事免許）は、<u>甲県内に2以上の事務所を設置</u>してその事業を営もうとする場合には、<u>国土交通大臣に免許換え</u>の申請をしなければならない。

- -

Q 07 〔更新〕

宅建業の<u>免許の有効期間は5年</u>であり、免許の<u>更新</u>の申請は、有効期間満了の日の<u>90日前から30日前まで</u>に行わなければならない。

- -

Q 08 〔更新〕

宅建業者から免許の更新の申請があった場合において、<u>有効期間</u><u>の満了の日までにその申請について処分がなされないとき</u>は、従前の免許は、有効期間の満了後もその処分がなされるまでの間は、<u>なお効力を有する</u>。

- -

Q 09 〔廃業等の届出〕

よく出る！

個人である宅建業者A（甲県知事免許）が<u>死亡</u>した場合、<u>Aの相</u><u>続人</u>は、<u>Aの死亡の日から30日以内</u>に、その旨を<u>甲県知事に届け出</u>なければならない。

A 05

○

[H16-32-2]

宅建業者は、その**政令で定める使用人**の氏名が変更した場合は、**30日以内**に**免許権者に届け出**なければならないが、その者の「**本籍地**」が変更しても、届出は**不要**である。

A 06

✕

[R2(10)-26-4]

都道府県知事の免許を受けた者が、2以上の都道府県の区域内に事務所を有することとなったときは、**国土交通大臣に免許換え**の申請をしなければならない。

しかし、Aはもともと甲県知事免許を受けており、甲県にのみ事務所を有している。さらに甲県に事務所を増やしても、2以上の都道府県の区域内に事務所を有することにはならず、国土交通大臣に対する免許換えの申請は不要である。

A 07

○

[R3(12)-29-1]

宅建業の免許の有効期間は**5年**である。そして、免許の更新を受けようとする者は、有効期間満了の日の**90日前から30日前までの間**に、免許申請書を提出しなければならない。

A 08

○

[R3(12)-29-2]

免許の更新の申請をしても、従前の免許の有効期間の満了の日までに更新の**処分がされない**場合、**従前の免許**は、有効期間の満了後も、更新がされるまで**の間は効力**を有する。

A 09

✕

[R3(12)-29-3]

宅建業者が死亡した場合、その相続人は、死亡したことを「**知った日から**」**30日以内**に免許権者に届け出なければならない。

Q 10 〔廃業等の届出〕

　法人である宅建業者Ａ（国土交通大臣免許）について<u>破産手続開</u><u>始の決定があった場合、その日から30日以内に、Ａを代表する役員</u>Ｂは、その旨を主たる事務所の所在地を管轄する都道府県知事を経由して<u>国土交通大臣に届け出</u>なければならない。

Q 11 〔廃業等の届出〕

　宅建業者Ａ（甲県知事免許）が、宅建業者ではないＢとの<u>合併</u>により消滅した場合、Ａを<u>代表する役員</u>であった者は、その日から30日以内にその旨を<u>甲県知事に届け出</u>なければならない。

A 10

✕

[H28-35-3]

宅建業者（国土交通大臣免許）について破産手続開始の決定があった場合、その日から**30日以内**に、その破産管財人は、その旨を、主たる事務所の所在地を管轄する都道府県知事を経由して**国土交通大臣に届け出**なければならない。

> **+α** 免許の効力は、死亡と合併の場合は、その時点で失われますが、破産・解散・廃業の場合は、届出をした時に失われます。

A 11

○

[R5-32-2]

法人である宅建業者が**合併により消滅**した場合には、消滅した法人を代表する役員**であった者**が、その日から**30日以内**に、**免許権者**に届け出なければならない。

1回目	2回目	3回目
月　日：　/11	月　日：　/11	月　日：　/11

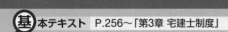

4 登 録

基本テキスト P.256～「第3章 宅建士制度」

□□□ **Q 01** 〔宅建試験〕

都道府県知事は、<u>不正の手段</u>によって宅地建物取引士資格試験を受けようとした者に対しては、その試験を受けることを<u>禁止</u>することができ、また、その禁止処分を受けた者に対し<u>2年</u>を上限とする期間を定めて<u>受験を禁止</u>することができる。

□□□ **Q 02** 〔登録〕

甲県で宅地建物取引士資格試験に合格した後<u>1年以上登録の申請をしていなかった</u>者が宅建業者（乙県知事免許）に勤務することとなったときは、<u>乙県知事あてに登録の申請をしなければならない</u>。

□□□ **Q 03** 〔登録実務講習〕

宅地建物取引士資格試験に合格した者で、宅地建物の取引に関し<u>2年以上の実務経験</u>を有するもの、又は都道府県知事がその実務経験を有するものと<u>同等以上の能力を有する</u>と認めたものは、宅建業法第18条第1項の登録を受けることができる。

□□□ **Q 04** 〔登録先〕

Aは、<u>甲県で行われた宅地建物取引士資格試験に合格</u>した後、乙県に転居した。その後、登録実務講習を修了したので、<u>乙県知事</u>に対し宅建業法第18条第1項の登録を申請することができる。

ほぼ**毎年2問程度出題**されます。宅建士になるための登録は、免許制度と類似する点が多々ありますから、**両者を区別し**、かつ、**その関係を理解**する必要があります。「業者に勤務する宅建士」というイメージで、両者の手続きを整理しておきましょう。

4

登録

A 01

✕

[H21-29-1]

都道府県知事は、不正の手段によって宅建士資格試験を受けようとした者に対しては、試験の受験を禁止し、情状によって、さらに**3年以内の期間を定めて受験を禁止**することもできる。

- -

A 02

✕

[R2(10)-34-1]

そもそも宅建試験の合格者に「登録の申請をしなければならない」義務はない。つまり、登録の申請は任意である。また、登録の申請先は、**合格した試験を行った甲県知事**である。

- -

A 03

✕

[H20-33-2]

宅建試験に合格した者で、①宅地・建物の取引に関し**2年以上の実務経験**を有する者、または②国土交通大臣が同等以上の能力を有すると認めた者は、登録を受けることができる。

つまり、「同等以上の能力を有する」と認めるのは、都道府県知事ではない。

- -

A 04

✕

[H20-30-1]

登録は、試験を行った都道府県の知事**に対して申請**するため、Aは、**甲県知事**に対して登録の申請をしなければならない。

Q 05 〔登録の基準〕

　未成年者は、宅建業に係る営業に関し成年者と同一の行為能力を有していたとしても、成年に達するまでは宅地建物取引士の登録を受けることができない。

Q 06 〔登録の基準〕

　宅地建物取引士が、刑法第204条の傷害罪により罰金の刑に処せられ、登録が消除された場合は、当該登録が消除された日から5年を経過するまでは、新たな登録を受けることができない。

Q 07 〔登録の基準〕

　登録を受けている者で宅地建物取引士証の交付を受けていない者が重要事項説明を行い、その情状が特に重いと認められる場合は、当該登録の消除の処分を受け、その処分の日から5年を経過するまでは、再び登録を受けることができない。

Q 08 〔自ら消除申請〕

　甲県知事から宅地建物取引士証の交付を受けているＡが、宅地建物取引士としての事務を禁止する処分を受け、その禁止の期間中に本人の申請により登録が消除された場合は、Ａが乙県で宅地建物取引士資格試験に合格したとしても、当該期間が満了しないときは、乙県知事の登録を受けることができない。

Q 09 〔自ら消除申請〕

　宅地建物取引士Ａは、不正の手段により登録を受けたとして、登録の消除の処分の聴聞の期日及び場所が公示された後、自らの申請により、登録が消除された。Ａは、登録が消除された日から5年を経過せずに新たに登録を受けることができる。

A 05

✕

[R3(12)-37-4]

　　未成年者であっても、**宅建業に係る営業に関し成年者と同一の行為能力**を有していれば、宅建士の登録を受けることができる。

> **+α**　宅建業に係る営業に関し成年者と同一の行為能力を有しない**未成年者**は、登録を受けることができません。そこが、**免許と異なる点**です。

A 06

✕

[H23-29-2]

　　傷害罪等の一定の罪を犯したことにより、罰金の刑に処せられた者は、「**その刑の執行を終わり、または執行を受けることがなくなった日**」から5年を経過するまで、登録を受けることができない。つまり、この5年は「登録が消除された日」から起算するのではない。

A 07

◯

[H19-31-2]

　　宅建士証の交付を受けていない資格登録者が、宅建士として行うべき事務を行い、その情状が特に重いときは登録が消除され、消除された日から5年を経過**するまでは、再び登録を受けることができない。

A 08

◯

[H22-30-4]

　　宅建士としての事務禁止の処分を受け、その期間中に自らの申請により登録が消除された場合、その事務禁止の処分の**期間が満了しない者**は、**登録を受けることができない**。これは、他の都道府県で宅建試験に合格しても、同様である。

A 09

✕

[H16-34-3]

　　宅建士が**不正の手段**により**登録**を受けたとして、登録の消除処分の聴聞の期日・場所が公示された後に、処分が決定する日までに、**自らの申請により**登録が消除された場合は、登録が消除された**日から5年間**は、登録を受けることができない。

Q 10 〔変更の登録〕

宅地建物取引士Aが、宅建業者B社を退職し、宅建業者C社に就職したが、AはB社及びC社においても専任の宅地建物取引士ではないので、宅地建物取引士資格登録簿の変更の登録は申請しなくてもよい。

Q 11 〔変更の登録〕

甲県知事から宅地建物取引士証の交付を受けている宅地建物取引士は、その住所を変更したときは、遅滞なく、変更の登録の申請をするとともに、宅地建物取引士証の書換え交付の申請を甲県知事に対してしなければならない。

Q 12 〔変更の登録〕

宅地建物取引士の登録を受けている者が本籍を変更した場合、遅滞なく、登録をしている都道府県知事に変更の登録を申請しなければならない。

Q 13 〔登録の移転〕

宅建業者（甲県知事免許）に勤務する宅地建物取引士（甲県知事登録）が、乙県に住所を変更するとともに宅建業者（乙県知事免許）に勤務先を変更した場合は、乙県知事に登録の移転の申請をしなければならない。

Q 14 〔登録の移転〕

丙県知事登録の宅地建物取引士が、事務の禁止の処分を受けた場合、丁県に所在する宅地建物取引業者の事務所の業務に従事しようとするときでも、その禁止の期間が満了するまで、宅地建物取引士の登録の移転を丁県知事に申請することができない。

A 10

✕

[H16-34-2]

宅建士が**勤務先の宅建業者を変更**した場合は、**遅滞なく、変更の登録を申請**しなければならない。勤務先の専任の宅建士であるか否かは関係ない。

> **+α** 宅建士登録簿には、専任か否かは登載されませんが、宅建業者名簿には、**事務所ごとの専任の宅建士の氏名**が登載されます。

A 11

◯

[H20-33-3]

宅建士が氏名または**住所を変更**した場合は、遅滞なく、**変更の登録の申請とあわせて、宅建士証の書換え交付を申請**しなければならない。

A 12

◯

[H21-29-2]

宅建士の登録を受けている者は、**本籍を変更**した場合には、遅滞なく、**変更の登録を申請**しなければならない。

A 13

✕

[H23-29-3]

登録の移転は任意であるため、宅建士は、必ずその申請をしなければならないわけではない。

A 14

◯

[R4-33-ウ]

宅建士が、**事務禁止の処分**を受け、その禁止期間が満了していない場合は、**登録の移転を申請**できない。

Q 15 〔登録の移転〕

宅地建物取引士Ａ（甲県知事登録）が、甲県から乙県に住所を変更したときは、乙県知事に対し、登録の移転の申請をすることができる。

Q 16 〔登録の移転〕

甲県知事の登録を受けている宅地建物取引士が、乙県に住所を移転し、丙県知事免許を受けている宅建業者に勤務先を変更した場合、甲県知事を経由して乙県知事に対し、登録の移転の申請をすることができる。

Q 17 〔登録の移転〕

Ａは、甲県知事から宅地建物取引士証の交付を受けている。Ａは、乙県での勤務を契機に乙県に宅地建物取引士の登録の移転をしたが、甲県知事の宅地建物取引士証の有効期間が満了していなかったので、その宅地建物取引士証を用いて宅地建物取引士としてすべき事務を行うことができる。

Q 18 〔登録の移転〕

甲県知事の登録を受けている宅地建物取引士が、乙県知事への登録の移転の申請とともに宅地建物取引士証の交付の申請をした場合は、乙県知事から、移転前の宅地建物取引士証の有効期間が経過するまでの期間を有効期間とする新たな宅地建物取引士証が交付される。

A 15

✕

[H29-30-1]

登録の移転は、**業務に従事する**事務所が、**登録地以外の都道府県に変わる場合にのみ行うことができ**、単に自己の住所変更が生じただけでは、申請することができない。

A 16

✕

[H14-35-1]

登録の移転は、登録を受けている都道府県知事を経由して、移転先の都道府県知事に申請する。したがって、甲県知事を経由して、**丙県知事に対して申請**するのであって、住所の移転先である乙県知事に対してするのではない。

A 17

✕

[H20-30-2]

宅建士証の交付を受けている者が**登録の移転**をした場合、その**宅建士証は**失効する。したがって、失効した宅建士証を用いて事務を行ってはならない。

A 18

◯

[R2(10)-34-4]

登録の移転の申請とともに宅建士証の交付の申請があったときは、移転先の都道府県知事は、従前の宅建士証の有効期間が経過するまでの期間**を有効期間**とする宅建士証を交付しなければならない。

+α 移転後の都道府県知事から交付される宅建士証の有効期間は、従前の宅建士証の有効期間の「残存期間」であり、「新規に5年」**とはならない**点に注意してください。

□□□ **Q 19** 〔死亡等の届出〕

　宅地建物取引士が<u>死亡</u>した場合、その相続人は、<u>死亡した日から30日以内</u>に、その旨を当該宅地建物取引士の登録をしている都道府県知事に<u>届け出</u>なければならない。

□□□ **Q 20** 〔死亡等の届出〕

　甲県知事の登録を受けている宅地建物取引士Ａが<u>破産手続開始の決定</u>を受けて復権を得ないものに該当することとなったときは、<u>その日から30日以内</u>にＡの<u>破産管財人</u>が甲県知事にその旨を<u>届け出</u>なければならない。

□□□ **Q 21** 〔死亡等の届出〕

　登録を受けている者が精神の機能の障害により宅地建物取引士の事務を適正に行うに当たって必要な認知、判断及び意思疎通を適切に行うことができない者となった場合、<u>本人</u>がその旨を登録をしている都道府県知事に<u>届け出ることはできない</u>。

A 19
✕
[H30-42-1]

　宅建士の登録を受けている者が死亡した場合、その相続人は、**死亡の事実を「知った日」から30日以内**に、その旨を、登録をしている都道府県知事に**届け出**なければならない。

A 20
✕
[H15-33-1改]

　宅建士が破産手続開始の決定を受けた場合は、「本人」が、その日から**30日以内**に、登録をしている都道府県知事に**届出**をしなければならない。

A 21
✕
[R2⑿-43-1]

　登録を受けた者が、**心身の故障**により宅建士の事務を適正に行うことができない者として国土交通省令で定めるものとなった場合、**30日以内**に本人またはその法定代理人もしくは同居の親族が、その旨の届出をしなければならない。つまり、**本人が届出をすることもできる**。

5 宅建士

重要ランク S

基本テキスト　P.256～「第3章 宅建士制度」

☐☐☐ **Q 01** 〔宅建士〕

　宅地建物取引士とは、宅地建物取引士資格試験に合格し、都道府県知事の登録を受けた者をいう。

☐☐☐ **Q 02** 〔宅建士証の提示〕

（よく出る!）

　宅地建物取引士は、重要事項の説明をするときは説明の相手方からの請求の有無にかかわらず宅地建物取引士証を提示しなければならず、また、取引の関係者から請求があったときにも宅地建物取引士証を提示しなければならない。

☐☐☐ **Q 03** 〔宅建士証の提出〕

　宅地建物取引士は、事務禁止処分を受けた場合、宅地建物取引士証をその交付を受けた都道府県知事に速やかに提出しなければならないが、提出しなかったときは10万円以下の過料に処せられることがある。

☐☐☐ **Q 04** 〔宅建士証の提出〕

　宅地建物取引士Aは、登録している甲県知事から事務の禁止の処分を受け、宅地建物取引士証を甲県知事に提出したが、禁止処分の期間が満了した場合は、返還の請求がなくても、甲県知事は、直ちに宅地建物取引士証をAに返還しなければならない。

ほぼ毎年1〜2問出題されています。**宅建士証、専任の宅建士、宅建士の事務**等、宅建士の仕事に不可欠の知識が問われます。とりたてて難しいところはありませんから、1つ1つの問題を丁寧に、しっかりマスターしていきましょう。

A 01

×

[R5-38-イ]

「宅地建物取引士」とは、①宅地建物取引士資格試験に**合格**し、②都道府県知事の**登録**を受け、③**宅建士証の交付**を受けた者をいう。よって、たとえ①の宅建試験に合格し、②の登録を受けていても、③の「宅建士証の交付」を受けていない者は、「宅地建物取引士」ではない。

A 02

○

[R2(10)-28-3]

宅建士は、重要事項の説明をする場合は、**説明の相手方から請求がなくても**、宅建士証を提示しなければならない。また、取引の関係者から請求があったときは、宅建士証を提示しなければならない。

A 03

○

[H25-44-エ]

宅建士は、**事務禁止処分**を受けた場合、**宅建士証**をその交付を受けた都道府県知事に速やかに提出しなければならず、提出しなかったときは10万円以下の過料に処せられることがある。

A 04

×

[H17-32-4]

宅建士証の**提出**を受けた都道府県知事は、**事務禁止期間**の満了後、提出者から**返還**の請求があったときは、**直ちに**、宅建士証を返還しなければならない。したがって、甲県知事は、Aから返還の請求があった後に返還すれば、それで足りる。

□□□ **Q 05** 〔宅建士証の返納〕

(よく出る!)　甲県知事の登録を受けている宅地建物取引士Aは、禁錮以上の刑に処せられ登録が消除された場合は、速やかに、宅地建物取引士証を甲県知事に返納しなければならない。

・・

□□□ **Q 06** 〔宅建士証の返納〕

　甲県知事から宅地建物取引士証の交付を受けている宅地建物取引士が、宅地建物取引士証の亡失によりその再交付を受けた後において、亡失した宅地建物取引士証を発見したときは、速やかに、再交付された宅地建物取引士証をその交付を受けた甲県知事に返納しなければならない。

・・

□□□ **Q 07** 〔専任の宅建士の設置〕

　宅建業者Aは、一団の宅地建物の分譲をするため設置した案内所には、契約を締結することなく、かつ、契約の申込みを受けることがないときでも、1名以上の専任の宅地建物取引士を置かなければならない。

・・

□□□ **Q 08** 〔専任の宅建士の設置〕

　宅建業者Aは、Aから依頼を受けてマンションの販売の媒介を行う宅建業者Bが設置した案内所においてBと共同して契約を締結する業務を行うこととなった。この場合、Aが当該案内所に専任の宅地建物取引士を設置すれば、Bは専任の宅地建物取引士を設置する必要はない。

A 05

○

[H18-32-4]

宅建士は、その登録が消除された場合は、**速やかに、宅建士証**を、**その交付を受けた都道府県知事に**返納しなければならない。

A 06

×

[H19-31-4]

宅建士証を紛失し、再交付を受けた後に、その紛失した宅建士証を発見したときは、「発見した**宅建士証**」を、その交付を受けた都道府県知事に返納しなければならない。

A 07

×

[R3(12)-41-1]

契約を締結せず、また、**契約の申込みを受けない案内所**には、1名以上の専任の宅建士の設置は不要である。

A 08

○

[H26-28-4]

案内所等については、それを設置して、そこで業務を行う宅建業者の**すべて**が**専任の宅建士の設置義務を負う**のが原則である。しかし、同一の物件について、売主業者と媒介・代理業者が同一の場所で業務を行う場合、例外的に、いずれかが専任の宅建士を**1人以上**置けば、要件を満たす。

Q 09 〔専任の宅建士の設置〕

　宅建業者Aは、その主たる事務所に従事する唯一の専任の宅地建物取引士が退職したときは、<u>2週間以内</u>に、宅建業法第31条の3第1項の<u>規定に適合させるため必要な措置</u>を執らなければならない。

Q 10 〔みなし宅建士〕

　宅建業者である<u>法人Aの取締役B</u>は宅地建物取引士であり、<u>本店</u>において<u>専ら宅建業に関する業務</u>に従事している。この場合、Aは、Bを本店の専任の宅地建物取引士の数のうちに算入することはできない。

Q 11 〔法定講習〕

　宅地建物取引士は、有効期間の満了日が到来する宅地建物取引士証を<u>更新</u>する場合、<u>国土交通大臣</u>が指定する講習を受講しなければならず、また、当該宅地建物取引士証の有効期間は<u>5年</u>である。

A 09

○

[R3(12)-41-2]

宅建業者は、**事務所**では業務に従事する者の5人に1人以上、国土交通省令で定める**案内所等**では1人以上、専任の宅建士を設置する必要があり、これに抵触することとなった場合は、**2週間以内に必要な措置**をとらなければならない。

+α この「必要な措置」をとらなかった場合は、監督処分の対象となります。

A 10

×

[H19-30-4]

宅建業者（法人の場合はその役員）が宅建士である場合、その者が主として業務をしている事務所等においては、その者は、当該事務所等に置かれる**成年者である**専任の宅建士と**みなされる**。

A 11

×

[R4-29-3]

宅建士証の**更新**を受ける者は、登録している「都道府県知事」が指定する講習（法定講習）で更新の申請前6か月以内に行われるものを受講しなければならない。なお、宅建士証の有効期間を「5年」とする点は正しい。

+α 「宅建士証の**法定講習**」は、登録した知事指定の講習であり、他方、登録の際に必要な実務経験に代わる**実務講習**は、国土交通大臣の登録を受けた実施機関が行う講習です。

6 営業保証金

 本テキスト P.272〜「第4章 営業保証金」

□□□ **Q 01** 〔供託場所〕

（よく出る）

宅建業者Ａ社は、営業保証金を本店及び支店ごとにそれぞれ最寄りの供託所に供託しなければならない。

□□□ **Q 02** 〔業務開始〕

宅建業者Ａが甲県内に本店及び２つの支店を設置して宅地建物取引業を営もうとする場合、供託すべき営業保証金の合計額は1,200万円である。

□□□ **Q 03** 〔業務開始〕

宅建業者は、新たに事務所を２か所増設するための営業保証金の供託について国債証券と地方債証券を充てる場合、地方債証券の額面金額が800万円であるときは、額面金額が200万円の国債証券が必要となる。

□□□ **Q 04** 〔業務開始〕

（よく出る）

宅建業者Ａが甲県内に新たに支店を設置したときは、本店の最寄りの供託所に政令で定める額の営業保証金を供託すれば、当該支店での事業を開始することができる。

毎年1問出題される重要テーマです。**供託・還付・取戻し**といった一連の流れを把握し、個々のポイントをイメージしていきましょう。**過去の出題が繰り返されている典型的な項目**です。掲載されている問題は、完璧にマスターしましょう！

A 01
✕
[H24-33-2]

営業保証金は、常に主たる事務所（本店）の最寄りの供託所に一括して供託しなければならない。よって、「支店」の最寄りの供託所に供託するのではない。

A 02
✕
[R2(10)-35-4]

営業保証金の額は、**主たる事務所につき1,000万円、その他の事務所につき1か所ごとに500万円**の合計額である。したがって、本店と2つの支店を設置して宅建業を営もうとする場合、供託すべき営業保証金は、「1,000万円＋〔500万円×2〕＝2,000万円」となる。

A 03
✕
[H30-43-4]

営業保証金の額は、**主たる事務所につき1,000万円、その他の事務所につき事務所ごとに500万円**の合計額となる。本問では「その他の事務所」が2つ増えるため、**1,000万円**の営業保証金が必要となる。そして、有価証券で供託をする場合、**国債証券は額面そのもので評価される**が、**地方債証券は額面の90％で評価される**。したがって、地方債証券の額面が800万円の場合、「**800万円×90％＝720万円**」と評価され、1,000万円からその**720万円**を差し引いた、額面金額が「**280万円**」の国債証券が必要となる。

A 04
✕
[R2(10)-35-2]

宅建業者は、事業の開始後新たに事務所を設置したときは、主たる事務所の最寄りの供託所に営業保証金を供託し、その旨を免許を受けた国土交通大臣または都道府県知事に届け出なければならない。そして、宅建業者は、この**届出の後**でなければ、新設した事務所で**事業を開始することができない**。
つまり、供託しただけでは足りず、届出が**必要**である。

Q 05 〔保管替え〕

　宅建業者が、営業保証金を<u>金銭及び有価証券</u>をもって供託している場合で、主たる事務所を移転したためその最寄りの供託所が変更したときは、<u>金銭の部分に限り</u>、移転後の主たる事務所の最寄りの供託所への営業保証金の<u>保管替えを請求</u>することができる。

Q 06 〔保管替え〕

　宅建業者は、本店を移転したためその最寄りの<u>供託所が変更</u>した場合、<u>国債証券</u>をもって営業保証金を<u>供託</u>しているときは、遅滞なく、従前の本店の最寄りの供託所に対し、営業保証金の<u>保管替えを請求</u>しなければならない。

Q 07 〔届出の催告〕

　宅建業者Aが<u>免許を受けた日から6か月以内</u>に甲県知事に営業保証金を<u>供託した旨の届出</u>を行わない場合、甲県知事はその届出をすべき旨の<u>催告</u>をしなければならず、<u>当該催告が到達した日から1か月以内</u>にAが届出を行わないときは、その免許を<u>取り消すことができる</u>。

Q 08 〔還付対象〕

　甲県内に<u>本店と1つの支店</u>を設置して事業を営んでいる宅建業者Aの支店でAと宅建業に関する取引をした者（宅建業者に該当する者を除く）は、その取引により生じた債権に関し、<u>1,500万円</u>を限度として、Aが供託した営業保証金からその<u>債権の弁済を受ける権利を有する。</u>

Q 09 〔還付対象〕

　宅建業者Aから<u>建設工事を請け負った</u>建設業者は、Aに対する<u>請負代金債権</u>について、営業継続中のAが供託している営業保証金から弁済を受ける権利を有する。

A 05

✕

[H26-29-4]

保管替えを請求することができるのは、「金銭のみ」で供託していた場合に限られる。よって、有価証券が混在する場合には、保管替えの請求はできない。

+α 金銭のみの供託の場合でも、保管替えの請求先は、「移転後」の主たる事務所ではなく、「従前」の主たる事務所の最寄りの供託所となります。

A 06

✕

[H25-27-3]

営業保証金の保管替え請求は、**金銭のみで供託している場合にだけ**行うことができる。本問の宅建業者は、国債証券で営業保証金を供託しているので、保管替え請求をすることはできず、**移転後の主たる事務所の最寄りの供託所に、営業保証金を**新たに供託することになる。

A 07

✕

[R5-30-7]

免許権者は、宅建業の免許をした日から「3か月以内」に宅建業者が営業保証金を**供託した旨の届出**をしないときは、届出をすべき旨の催告をしなければならない。そして、催告が到達した日から「1か月以内」に宅建業者が営業保証金を供託した旨の届出をしないときは、その免許を取り消すことが**できる**。

A 08

〇

[H19-37-4改]

還付限度額は、その**宅建業者が供託している営業保証金の**総額であるから、支店での取引によって生じた債権であっても、本店と支店の合計額である1,500万円を限度に、弁済を受ける権利を有する。

A 09

✕

[R2(10)-35-1]

営業保証金の**還付の対象**となるのは、**宅建業者**と**宅建業に関し取引をした**ことによって生じた**債権に限定**される。建設工事の請負代金債権は、宅建業に関する取引ではないため、還付の対象ではない。

Q 10 〔還付対象〕

宅建業者と宅建業に関し取引をした者は、その取引により生じた債権に関し、当該宅建業者が供託した営業保証金について、その債権の弁済を受ける権利を有するが、取引をした者が<u>宅建業者に該当</u>する場合は、その権利を有しない。

Q 11 〔不足額の供託〕

よく出る

宅建業者は、その免許を受けた国土交通大臣又は都道府県知事から、営業保証金の額が政令で定める額に不足することとなった旨の通知を受けたときは、<u>供託額に不足を生じた日</u>から2週間以内に、その不足額を供託しなければならない。

Q 12 〔取戻し〕

よく出る

宅建業者は、<u>一部の事務所を廃止</u>し営業保証金を<u>取り戻そう</u>とする場合には、供託した営業保証金につき還付を請求する権利を有する者に対し、<u>6月以上</u>の期間を定めて申し出るべき旨の<u>公告</u>をしなければならない。

Q 13 〔取戻し〕

宅建業者は、<u>宅建業保証協会の社員となった後</u>において、社員となる前に供託していた営業保証金を<u>取り戻す</u>場合は、還付請求権者に対する<u>公告をすることなく</u>、営業保証金を取り戻すことができる。

Q 14 〔取戻し〕

宅建業者A（甲県知事免許）は、免許の有効期間の満了に伴い、営業保証金の<u>取戻し</u>をするための<u>公告</u>をしたときは、<u>遅滞なく</u>、その旨を<u>甲県知事に届け出</u>なければならない。

A 10

〇

[R3(10)-34-2]

宅建業者と宅建業に関し取引をした者は、その取引により生じた債権に関し、宅建業者が供託した営業保証金について、その債権の弁済を受ける権利を有する。しかし、宅建業者は**除かれる**。したがって、「宅建業者」は、還付請求権を有しない。

A 11

✕

[H25-27-4]

宅建業者は、営業保証金が還付されたためその額に不足を生じたときは、免許を受けた国土交通大臣または都道府県知事から「通知書の送付**を受けた日**」から2**週間以内**に、その不足額を供託しなければならない。

A 12

〇

[H29-32-3]

宅建業者は、**一部の事務所を廃止**し営業保証金を取り戻そうとする場合には、供託した営業保証金につき還付を請求する権利を有する者に対し、6**か月以上**の期間を定めて**申し出るべき旨**の公告をしなければならない。

A 13

〇

[H22-31-4]

営業保証金を供託していた宅建業者が**保証協会の社員**となった場合は、還付請求権者**に対する公告をすることなく**、供託していた営業保証金を取り戻すことができる。

A 14

〇

[H19-37-2]

営業保証金の取戻しをしようとする者は、取戻しのための**公告**をしたときは、その旨を遅滞なく、免許権者に届け出なければならない。

1回目	2回目	3回目
月 日： /14	月 日： /14	月 日： /14

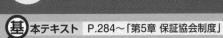

7 保証協会

基 本テキスト　P.284〜「第5章 保証協会制度」

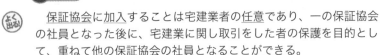

□□□ **Q 01** 〔保証協会〕

保証協会は、宅建業者のみを社員とする、一般財団法人でなければならない。

□□□ **Q 02** 〔保証協会〕

保証協会に加入することは宅建業者の任意であり、一の保証協会の社員となった後に、宅建業に関し取引をした者の保護を目的として、重ねて他の保証協会の社員となることができる。

□□□ **Q 03** 〔保証協会〕

保証協会は、社員の取り扱った宅建業に係る取引に関する苦情について、宅建業者の相手方等からの解決の申出及びその解決の結果を社員に周知させなければならない。

□□□ **Q 04** 〔分担金の納付〕

宅建業者で保証協会に加入しようとする者は、その加入の日から1週間以内に、政令で定める額の弁済業務保証金分担金を当該保証協会に納付しなければならない。

□□□ **Q 05** 〔分担金の納付〕

本店と3つの支店を有する宅建業者が保証協会に加入しようとする場合、当該保証協会に、110万円の弁済業務保証金分担金を納付しなければならない。

毎年**1問出題**される重要テーマです。制度趣旨は営業保証金と共通ですから、**様々な類似規定に注意**する必要があります。個々の問題を解きながら、営業保証金の場合はどうであったか、と考えることが重要です。**失点は許されません**。

A 01
✕
[H18-44-1]

保証協会は、宅建業者のみを社員とする「一般社団法人」である。よって、宅建業者以外の者は、保証協会の社員となることができない。

A 02
✕
[H28-31-1]

保証協会に加入することは宅建業者の任意だが、一の保証協会の社員となった後は、**重ねて他の保証協会の社員**となることはできない。

A 03
◯
[H25-39-1]

保証協会は、社員の取り扱った宅建業に係る取引に関する苦情について、解決の申出があったときは、その申出及びその解決の結果について、社員に周知しなければならない。

+α 研修・弁済業務・苦情の解決の３つが、保証協会の必須業務です。

A 04
✕
[R3(12)-39-3]

宅建業者は、保証協会に加入しようとするときは、加入しようとする日までに、弁済業務保証金**分担金**を、保証協会に**納付**しなければならない。

A 05
✕
[R2(12)-30-1]

弁済業務保証金分担金の額は、**主たる事務所**につき60万円、その他の事務所につき**事務所ごとに30万円**の合計額である。したがって、本店と３つの支店を有する場合、「60万円＋〔30万円×3〕＝150万円」となる。

Q 06 〔分担金の納付〕

　宅建業者が保証協会に加入しようとするときは、当該保証協会に弁済業務保証金分担金を金銭又は有価証券で納付することができるが、保証協会が弁済業務保証金を供託所に供託するときは、金銭でしなければならない。

Q 07 〔分担金の納付〕

　保証協会に加入している宅建業者（甲県知事免許）は、甲県の区域内に新たに支店を設置した場合、その設置した日から1月以内に当該保証協会に追加の弁済業務保証金分担金を納付しないときは、社員の地位を失う。

Q 08 〔分担金の納付〕

　保証協会は、当該保証協会に加入しようとする宅建業者から弁済業務保証金分担金の納付を受けたときは、その日から2週間以内に、その納付を受けた額に相当する額の弁済業務保証金を供託しなければならない。

Q 09 〔還付対象〕

　宅建業者と宅地の売買契約を締結した買主（宅建業者ではない。）は、当該宅建業者が保証協会の社員となる前にその取引により生じた債権に関し、当該保証協会が供託した弁済業務保証金について弁済を受ける権利を有する。

A 06

✕

[H23-43-1]

宅建業者が**保証協会に加入**しようとするとき、弁済業務保証金**分担金**は保証協会に必ず金銭で**納付**しなければならない。その一方で、保証協会が弁済業務保証金を供託所に供託するときは、営業保証金と同様に、金銭のみならず、国債・地方債その他一定の有価証券で供託することができる。

A 07

✕

[H28-31-2]

保証協会の社員は、**新たに事務所を設置**したときは、その日から２週間**以内**に、所定の額の弁済業務保証金分担金を**保証協会に納付**しなければ、**社員の地位を失う**。

A 08

✕

[H18-44-2]

保証協会は、弁済業務保証金**分担金の納付**を受けたときは、その日から「１週間**以内**」に、その納付を受けた額に相当する額の弁済業務保証金を**供託**しなければならない。

A 09

○

[R4-39-4]

保証協会の社員と**宅建業に関し取引をした者**（宅建業者を除く）は、その取引により生じた債権に関し、営業保証金の額の範囲内で、弁済業務保証金について弁済（還付）を受ける権利を有する。この「弁済を受ける権利を有する者」には、**社員が社員となる前に宅建業に関し取引をした者**を含む。

+α 宅建業者は、たとえ宅建業に関し取引をしたとしても、保証金から還付を受けることはできません。

150万円の弁済業務保証金分担金を保証協会に納付して当該保証協会の社員となった者と宅建業に関し取引をした者（宅建業者に該当する者を除く）は、その取引により生じた債権に関し、2,500万円を限度として、当該保証協会が供託した弁済業務保証金から弁済を受ける権利を有する。

　保証協会の社員と宅建業に関し取引をした者（宅建業者に該当する者を除く）が、その取引により生じた債権に関し、弁済業務保証金について弁済を受ける権利を実行するときは、当該保証協会の認証を受けるとともに、当該保証協会に対し還付請求をしなければならない。

　保証協会の社員である宅建業者は、当該宅建業者と宅建業に関し取引をした者の有するその取引により生じた債権に関し弁済業務保証金の還付がなされたときは、その日から2週間以内に還付充当金を保証協会に納付しなければならない。

　宅建業者は、保証協会の社員の地位を失ったときは、当該地位を失った日から2週間以内に、営業保証金を主たる事務所の最寄りの供託所に供託しなければならない。

A 10

○

[H28-31-4改]

弁済業務保証金分担金が150万円の本問の場合、この宅建業者は、主たる事務所（60万円）と従たる事務所3か所（30万円×3＝90万円）を設置していることがわかり、「1,000万円＋500万円×3＝**2,500万円**」を限度として、弁済業務保証金から弁済を受ける権利を有することになる。

+α 弁済業務保証金から弁済を受けることができる限度額は、営業保証金の場合と同額（「1,000万円＋500万円×支店数」の合計額）と考えればOKです。

A 11

×

[R2(10)-36-2]

弁済業務保証金から弁済を受ける場合は、弁済額について当該**保証協会**の認証を受けるとともに、弁済業務保証金が供託された供託所に**還付請求**をしなければならない。

A 12

×

[R3(10)-31-3]

還付充当金を保証協会に納付すべき旨の通知を受けた社員または社員であった者は、通知**を受けた日**から2週間**以内**に、通知された額の還付充当金を、保証協会に納付しなければならない。したがって、「還付があった**日**」からではなく、通知を受けた日から2週間以内に**納付**する。

+α なお、この義務に違反すると、保証協会の社員としての地位を失います。

A 13

×

[H20-44-4]

宅建業者は、保証協会の社員の地位を失ったときは、**地位を失った日から「1週間以内」**に、**営業保証金**を主たる事務所の最寄りの供託所に**供託**しなければならない。

□□□ **Q 14** 〔取戻し〕

　宅建業者Aは、保証協会の社員の地位を失った場合、Aとの宅建業に関する取引により生じた債権に関し権利を有する者に対し、6月以内に申し出るべき旨の公告をしなければならない。

□□□ **Q 15** 〔取戻し〕

　保証協会は、社員がその一部の事務所を廃止したことに伴って弁済業務保証金分担金を当該社員に返還しようとするときは、弁済業務保証金の還付請求権者に対し、一定期間内に認証を受けるため申し出るべき旨の公告を行わなければならない。

□□□ **Q 16** 〔特別分担金〕

　保証協会の社員は、保証協会から特別弁済業務保証金分担金を納付すべき旨の通知を受けた場合で、その通知を受けた日から1か月以内にその通知された額の特別弁済業務保証金分担金を保証協会に納付しないときは、当該保証協会の社員の地位を失う。

A 14

×

[H30-44-1]

保証協会は、社員が**社員の地位を失ったとき**は、当該社員であった者に係る宅建業に関する取引により生じた債権に関し還付を受ける権利を有する者に対し、**6か月を下らない**一定期間内に認証を受けるため申し出るべき旨を公告しなければならない。よって、**公告**は、宅建業者Aではなく、保証協会が行う。

A 15

×

[R5-44-2]

保証協会の社員が**一部の事務所を廃止**したため、分担金を返還する場合は、還付請求権者に対する公告は不要である。

+α 営業保証金の取戻しでは、一部の事務所の廃止の場合、**公告は必要**であるので、対比して注意しましょう。

A 16

〇

[H20-44-3]

特別弁済業務保証金分担金（特別分担金）を納付すべき旨の通知を受けた社員は、**通知を受けた日から1か月以内に納付**しなければならず、納付しなければ**社員の地位を失う**。

+α **特別弁済業務保証金分担金**とは、分担金等を充てても、なお弁済業務保証金が不足する場合に、社員である宅建業者に、追加的に納付を要請する金銭のことです。

基本テキスト P.294〜「第6章 媒介契約等の規制」

□□□ **Q 01** 〔誇大広告等の禁止〕

宅建業者Aがテレビやインターネットを利用して行う広告は、新聞の折込チラシや配布用のチラシと異なり法の規制の対象とならない。

□□□ **Q 02** 〔誇大広告等の禁止〕

宅建業者Aは、宅地の売買に関する広告をするに当たり、当該宅地の形質について、実際のものよりも著しく優良であると人を誤認させる表示をした場合、当該宅地に関する注文がなく、売買が成立しなかったときであっても、監督処分及び罰則の対象となる。

□□□ **Q 03** 〔誇大広告等の禁止〕

宅地の売買に関する広告をインターネットで行った場合において、当該宅地の売買契約成立後に継続して広告を掲載していたとしても、当該広告の掲載を始めた時点で当該宅地に関する売買契約が成立していなかったときは、宅建業法第32条に規定する誇大広告等の禁止に違反しない。

□□□ **Q 04** 〔広告開始時期の制限〕

宅建業者は、賃貸マンションの貸借に係る媒介の依頼を受け、媒介契約を締結した場合であっても、当該賃貸マンションが建築確認申請中であるときは広告をすることができない。

ほぼ**毎年のように出題**されています。誇大広告等の禁止、広告開始時期の制限等に関する規定ですが、こうした問題も1つとして落とせないのが近年の宅建業法です。**20点満点**を目指すためにも、この種の問題をきっちりと得点できるよう理解してください。

A 01
×
[H22-32-2]

誇大広告等の禁止の**規制の対象**となる広告の媒体は、折込チラシや新聞、雑誌だけでなく、テレビやインターネットのホームページ等、**種類を**問わない。

A 02
○
[H26-30-2]

実際のものよりも著しく優良等であると人を誤認させるような表示をすれば、**たとえ注文がなく、売買が成立しなかった**ときであっても、誇大広告等の禁止に違反する。この場合、監督処分・**罰則**（6か月以下の懲役、100万円以下の罰金、またはこれの併科）の対象となる。

A 03
×
[H30-26-1]

実在していても**販売する意思のない**物件の広告は、おとり広告として誇大広告等の禁止に違反する。したがって、宅地の売買契約成立後に継続して広告を掲載することは、実在していても販売する意思のない物件の広告にあたり、おとり広告として誇大広告等の禁止に違反する。

A 04
○
[R3⑽-30-エ]

宅建業者は、宅地の造成または建物の建築に関する工事の完了前においては、**必要とされる許可・確認等の処分があっ**た後でなければ、宅地・建物の売買その他の業務に関する**広告をしてはならない**。たとえ、「建築確認の申請中」である旨を表示しても、**広告はできない**。この点は、貸借の媒介・代理も同様である。

8

広告等の規制

（よく出る！）　宅建業者は、建築確認が必要とされる建物の建築に関する工事の完了前においては、<u>建築確認を受けた後</u>でなければ、当該建物の<u>貸借の媒介</u>をしてはならない。

　宅地建物取引業者Ａが一団の宅地の販売について、<u>数回に分けて</u>広告をするときは、<u>そのたびごとに</u>広告へ<u>取引態様の別を明示</u>しなければならず、<u>当該広告を見た者</u>から売買に関する<u>注文</u>を受けたときも、<u>改めて</u>取引態様の別を明示しなければならない。

A 05

✕

[H27-37-1]

宅建業者は、宅地の造成または建物の建築に関する工事の完了前においては、当該工事に関し**必要とされる許可・確認等の処分があった後**でなければ、当該工事に係る宅地または建物につき、その「**売買**」もしくは「**交換**」の**契約を締結**し、またはその「**売買**」もしくは「**交換**」の**媒介・代理**をしてはならない。しかし、「**貸借**」の媒介については、規制されていない。

A 06

◯

[R4-37-ウ]

数回に分けて**広告**する場合には、**そのたびごとに取引態様の別を明示**しなければならない。また、その広告を見た者から**注文**を受けたときは、改めて**取引態様の別を明示**する必要がある。

9 媒介契約の規制

基本テキスト　P.297～「第6章 4 媒介契約」

□□□ **Q 01**　〔一般媒介の規制〕

　宅建業者Ａは、Ｂとの間で締結した宅地の売買の媒介契約が<u>一般</u><u>媒介契約</u>であるか、<u>専任媒介契約</u>であるかにかかわらず、宅地を売買すべき<u>価額</u>をＢに<u>口頭で述べた</u>としても、宅建業法第34条の2第1項の規定に基づき交付すべき書面に当該<u>価額を記載</u>しなければならない。

□□□ **Q 02**　〔一般媒介の規制〕

　宅建業者Ａ社が宅建業者Ｂ社から土地付建物の<u>購入の媒介</u>を依頼され、Ｂ社との間で<u>一般媒介契約</u>（専任媒介契約でない媒介契約）を締結した場合、Ａ社は、Ｂ社に宅建業法第34条の2の規定に基づく<u>書面を交付</u>しなければならない。

□□□ **Q 03**　〔一般媒介の規制〕

　宅建業者Ａが、Ｂから自己所有の宅地の売却の媒介を依頼され、Ａが、Ｂとの間に<u>一般媒介契約</u>を締結したときは、当該宅地に関する所定の事項を必ずしも指定流通機構へ登録しなくてもよいため、当該媒介契約の内容を記載した書面に、<u>指定流通機構への登録に関する事項</u>を記載する必要はない。

□□□ **Q 04**　〔貸借〕

　宅建業者Ａは、Ｂが所有する甲宅地の貸借に係る媒介の依頼を受け、Ｂと専任媒介契約を締結した。このとき、Ａは、Ｂに宅建業法第34条の2第1項に規定する<u>書面を交付</u>しなければならない。

　　毎年1〜2問出題されています。媒介契約に対する規制と媒介契約書の記載事項が中心となりますが、指定流通機構に関する出題も増えてきています。内容的に難しいものはありませんが、**多少は暗記力**が求められますので、**繰り返しが大切**です。

9

媒介契約の規制

A 01

○

[H22-33-4]

　　媒介契約書には、依頼に係る宅地・建物を**売買すべき価額**またはその評価額を記載しなければならない。このことは、一般媒介でも専任媒介でも同様であり、口頭で述べても**記載を省略できない**。

A 02

○

[H24-29-3]

　　宅建業者は、**宅地・建物の売買または交換の媒介の契約**を締結したときは、遅滞なく、**媒介契約書面（電磁的記録）**を依頼者に**交付**しなければならない。これは、一般媒介契約でも同様である。また、業者間取引でも省略はできない。

A 03

×

[H20-35-ｱ]

　　宅地・建物の**売買・交換**の媒介契約書面には、**指定流通機構への登録**に関する事項を**記載**しなければならず、これは**一般媒介契約であっても**同様である。なお、「一般媒介契約では、指定流通機構への登録は義務ではない」こと自体は、正しい。

A 04

×

[H27-28-ｳ]

　　媒介契約に関する宅建業法の規定は、貸借の媒介・代理の場合は**適用**されないため、媒介契約書面（電磁的記録）の作成・交付をする必要はない。

Q 05　〔価額に対する意見〕

　宅建業者Ａが、ＢからＢ所有の甲住宅の売却に係る媒介の依頼を受けて一般媒介契約を締結する場合、Ａは、甲住宅の価額について<u>意見を述べる</u>ときは、Ｂに対してその<u>根拠を口頭ではなく書面で明示</u>しなければならない。

Q 06　〔専任媒介の規制〕

　宅地建物取引業者Ａが、ＢからＢ所有の土地付建物の<u>売却</u>について媒介の依頼を受けた場合、Ａが、Ｂとの間で締結した<u>専任媒介契約</u>については、<u>Ｂからの申出</u>により<u>更新</u>することができ、その後の有効期間については、更新の時から<u>３か月を超える</u>内容に定めることができる。

Q 07　〔専任媒介の規制〕

　宅建業者Ａが、ＢからＢ所有の住宅の<u>売却</u>の媒介を依頼された場合で、Ａは、Ｂとの間で<u>専任媒介契約</u>を締結するときは、<u>Ｂの要望に基づく場合を除き</u>、当該契約の有効期間について、有効期間満了時に<u>自動的に更新</u>する旨の特約をすることはできない。

Q 08　〔専任媒介の規制〕

　宅建業者Ａが、ＢからＢ所有の住宅の<u>売却</u>の媒介を依頼された場合で、Ａは、Ｂとの間で<u>専属専任媒介契約</u>を締結したときは、Ｂに対し、当該契約に係る<u>業務の処理状況</u>を<u>１週間に１回以上</u>報告しなければならない。

Q 09　〔専任媒介の規制〕

　宅建業者Ａが、Ｂ所有の甲宅地の<u>売却</u>の媒介を依頼され、Ｂと<u>専任媒介契約</u>を締結した場合、ＡがＢに対して、業務の処理状況を<u>14日</u>（ただし、Ａの<u>休業日は含まない。</u>）に１回報告するという<u>特約</u>は有効である。

A 05

✕

[R2(10)-38-2]

宅建業者が、媒介の対象となる物件の**価額**または評価額について**意見**を述べるときは、**その根拠を明らかにしなければならない**。このことは、一般媒介契約でも変わらないが、**書面で明示する必要はなく、口頭**でも足りる。

A 06

✕

[R4-31-3]

専任媒介契約の有効期間は、**3か月を超えることができず**、これより長い期間を定めたときは、その期間は、**3か月**となる。また、この有効期間は、**依頼者の申出により更新できる**が、同様に、更新の時から**3か月を超える**ことはできない。

A 07

✕

[R2(10)-29-ウ]

専任媒介契約の有効期間は、**3か月を超えることができない**。ただし、依頼者の申出により、更新することができる。つまり、この**更新**には**必ず依頼者の申出が必要**であり、たとえ依頼者の要望に基づく場合であったとしても、**自動的に更新する旨の特約**をすることはできない。

A 08

○

[R2(10)-29-エ]

専属専任媒介契約を締結した宅建業者は、依頼者に対して**1週間に1回以上、業務の処理状況を報告**しなければならない。

A 09

✕

[H21-32-3]

専任媒介契約を締結した宅建業者は、業務の処理状況を、**休業日も含めて2週間に1回以上**依頼者に対し報告しなければならず、この規定に反する特約は無効である。

宅建業者が、宅地の売却の依頼者と媒介契約を締結した場合、当該宅地の<u>購入の申込み</u>があったときは、<u>売却の依頼者が宅建業者</u>であっても、遅滞なく、その旨を当該依頼者に<u>報告</u>しなければならない。

宅地建物取引業者Aが、BからB所有の土地付建物の売却について媒介の依頼を受けた場合、Aは、Bとの間で締結した媒介契約が<u>一般媒介契約</u>である場合には、専任媒介契約の場合とは異なり、法第34条の2第1項の規定に基づく書面に、<u>売買すべき価額</u>を記載する必要はない。

宅建業者Aは、Bから、Bが所有し居住している甲住宅の売却について媒介の依頼を受け、Bとの間で<u>専任媒介契約</u>を締結した場合、Aは、宅建業法第34条の2第1項の規定に基づき交付すべき書面に、<u>BがA以外の宅建業者の媒介又は代理によって売買又は交換の契約を成立させたときの措置</u>について記載しなければならない。

宅建業者Aが、BからB所有の住宅の売却の媒介を依頼された場合で、Aは、Bとの間で媒介契約を締結したときは、当該契約が国土交通大臣が定める<u>標準媒介契約約款に基づくものであるか否かの別</u>を、法第34条の2第1項の規定に基づき交付すべき<u>書面に記載</u>しなければならない。

宅建業者Aは、Bから、Bが所有し居住している甲住宅の売却について媒介の依頼を受け、Bとの間で<u>専属専任媒介契約</u>を締結した場合、当該媒介契約締結日から<u>7日以内</u>（休業日を含まない。）に、指定流通機構に甲住宅の所在等を<u>登録</u>しなければならない。

A 10

○

[H30-28-I]

媒介契約を締結した宅建業者は、当該媒介契約の目的物である宅地・建物の**売買・交換**の申込みがあったときは、遅滞なく、その旨を依頼者に報告**しなければならない。依頼者が宅建業者であっても同様**である。

A 11

✕

[R4-31-2]

宅地・建物の**売買・交換**の媒介の契約の依頼を受けた宅建業者は、媒介契約書面に**宅地・建物を売買すべき価額**またはその**評価額**を記載**しなければならない。**このことは、一般媒介契約の場合でも同様である。

A 12

○

[H30-33-4]

専任媒介契約を締結した宅建業者は、媒介契約書面に、依頼者が、他の宅建業者の媒介・代理によって売買・交換の契約を成立させた**ときの措置**を記載しなければならない。

A 13

○

[R2(10)-29-イ]

宅建業者は、宅地・建物の**売買・交換**の媒介の契約を締結したときは、遅滞なく、**媒介契約書面**（電磁的記録）を作成して記名押印し、依頼者にこれを交付しなければならない。この媒介契約書面には、当該媒介契約が国土交通大臣が定める**標準媒介契約約款に基づくものであるか否かの別**を記載する**必要が**ある。

A 14

✕

[H30-33-2]

専属専任媒介契約の場合、媒介契約締結の日から**休業日数**を除き、**5日以内**（専任媒介契約の場合は7日以内）に、当該宅地・建物に関する必要な事項（所在・規模・形質・売買すべき価額等）を**指定流通機構に登録**しなければならない。

Q 15 〔指定流通機構〕

　宅建業者Aは、Bが所有する甲アパートの売却に係る媒介の依頼を受け、Bと<u>専任媒介契約</u>を締結した。このとき、Aは、甲アパートの所在、規模、形質、売買すべき価額、<u>依頼者の氏名</u>、都市計画法その他の法令に基づく制限で主要なものを<u>指定流通機構に登録</u>しなければならない。

Q 16 〔指定流通機構〕

　宅建業者Aが、Bから自己所有の住宅の売却の媒介を依頼された場合、Aは、Bとの間で<u>専任媒介契約</u>を締結し、所定の事項を指定流通機構に登録したときは、その<u>登録を証する書面</u>を遅滞なくBに<u>引き渡さなければならない。</u>

Q 17 〔指定流通機構〕

　宅建業者A社が、宅建業者でないBから自己所有の土地付建物の売却の媒介を依頼され、A社がBと専任媒介契約を締結した場合、当該土地付建物の売買契約が成立したときは、A社は、遅滞なく、<u>登録番号</u>、<u>取引価格</u>及び<u>売買契約の成立した年月日</u>を指定流通機構に<u>通知</u>しなければならない。

A 15

✕

[H27-28-イ]

　　宅建業者は、専任媒介契約を締結したときは、契約の相手方を探索するため、当該目的物につき、①所在・規模・形質、②売買すべき価額、③都市計画法その他の法令に基づく制限で主要なものを、**指定流通機構に登録**しなければならない。しかし、**依頼者の氏名**は、**登録事項に含まれていない**。

A 16

◯

[R2(10)-29-ア]

　　指定流通機構に登録をした宅建業者は、その登録を証する書面（電磁的記録）を、遅滞なく依頼者に**引き渡さ**なければならない。

A 17

◯

[H24-29-1]

　　宅建業者は、指定流通機構に登録した物件について売買契約が成立したときは、遅滞なく、①登録番号、②取引価格、③売買契約の成立した年月日を**指定流通機構に通知**しなければならない。

【以下、特に記述がない場合は、説明の相手方は宅建業者ではないものとする】

☐☐☐ **Q 01** 〔説明方法〕

重要事項の説明及び書面の交付は、取引の相手方の自宅又は勤務する場所等、宅建業者の事務所以外の場所において行うことができる。

☐☐☐ **Q 02** 〔説明方法〕

売主及び買主が宅地建物取引業者ではない場合、当該取引の媒介業者は、売主及び買主に重要事項説明書を交付し、説明を行わなければならない。

☐☐☐ **Q 03** 〔説明方法〕

宅建業者が建物の貸借の媒介を行う場合において、当該建物を借りようとする者が宅建業者であるときは、貸借の契約が成立するまでの間に重要事項を記載した書面を交付しなければならないが、その内容を宅地建物取引士に説明させる必要はない。

☐☐☐ **Q 04** 〔説明方法〕

宅地の売買について、売主A、Aの媒介業者B及び買主の媒介業者Cの三者がいずれも宅建業者である場合は、B及びCのみならず、Aも、宅建業者でない買主に対して宅建業法第35条に規定する重要事項の説明をすべき義務を負う。

「重要事項の説明①～③」から、**合わせて毎年3問程度出題**される**最重要テーマ**です。宅建業法の中で最も細かい暗記が求められますが、ここをクリアしないと合格には近づけません。まず、本章での**説明方法**に関する出題は、**必ず全問マスター**しましょう！

A 01
○
[H27-29-2]

　　宅建業法は、**重要事項の説明**及び重要事項説明書の**交付**を行う場所については、特に規定を設けていないため、**事務所以外の場所**でも行うことができる。

A 02
×
[R5-42-イ]

　　売買の場合、重要事項の説明は、**買主**（その物件を取得しようとしている者）に対して行えば足り、売主に対して行う必要はない。

A 03
○
[H30-39-1]

　　説明の相手方が宅建業者の場合、宅建業者は、**重要事項説明書の交付**をする義務はあるが、**宅建士をして（口頭で）説明をさせる**義務はない。貸借の媒介の場合も、同様である。

> **+α** 貸借については、ITの方法によって重要事項の説明をすることができます。ただし、所定の要件を満たす必要があります。

A 04
○
[H15-37-3]

　　複数の宅建業者がひとつの取引に関与している場合は、**すべての宅建業者が重要事項の説明をする**義務を負うため、A、B、C全員が、買主に対して重要事項の説明をする義務を負う。

10

重要事項の説明①

（よく出る！）　重要事項説明書に記名する宅地建物取引士は専任の宅地建物取引士でなければならないが、実際に重要事項の説明を行う者は専任の宅地建物取引士でなくてもよい。

宅地建物取引業者Aが所有する甲建物を法人Bに売却するに当たり、Bが宅地建物取引業者であるか否かにかかわらず、AはBに対し、宅地建物取引士をして、法第35条の規定に基づく書面を交付し説明をさせなければならない。

重要事項説明書の電磁的方法による提供については、重要事項説明を受ける者から電磁的方法でよいと口頭で依頼があった場合、改めて電磁的方法で提供することについて承諾を得る必要はない。

A 05
×
[R2(10)-41-2改]

重要事項説明書への**記名**及び**重要事項の説明**については、宅建士が行う**必要がある**。しかし、どちらも、専任の宅建士が行う必要はない。

A 06
×
[R4-35-2]

重要事項の説明の相手方が宅建業者の場合は、重要事項の説明書面を交付すれば足り、**宅建士にその説明をさせる必要**はない。

> **+α** 宅建業者は、宅建士をして記名させた書面の交付に代えて、相手方等の承諾を得て、記名に代わる措置（**電子署名等**）を講じさせた**電磁的方法により提供**させることができ、この場合は、「宅建士に書面を交付させた」とみなされます。

A 07
×
[R5-33-4]

宅建業者は、電磁的方法により重要事項説明書を提供する場合は、相手方が承諾したことが記録に残るよう、**書面への出力が可能な方法**または**書面**で承諾を得なければならない。

1回目	2回目	3回目
月 日： / 7	月 日： / 7	月 日： / 7

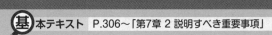

Q 01 〔説明すべき重要事項〕

　宅建業者Ａは、宅建業者ではない買主Ｂに対し、建物の上に存する登記された権利の種類及び内容だけでなく、移転登記の申請の時期についても説明しなければならない。

Q 02 〔説明すべき重要事項〕

　建物の売買の媒介を行う場合、飲用水、電気及びガスの供給並びに排水のための施設が整備されていないときは、その整備の見通し及びその整備についての特別の負担に関する事項を説明しなければならない。

Q 03 〔説明すべき重要事項〕

　建物の売買の媒介の場合は、建築基準法に規定する建蔽率及び容積率に関する制限があるときはその概要を重要事項として説明しなければならないが、建物の貸借の媒介の場合は説明不要である。

Q 04 〔説明すべき重要事項〕

　建物の売買の媒介を行う場合、当該建物が既存の住宅であるときは、建物状況調査を実施しているかどうかを重要事項として説明しなければならないが、実施している場合その結果の概要を説明する必要はない。

本章は、多くの場合に共通する基本的な重要事項の説明項目に関する問題です。**毎年必ず出題されるくらい**に思って、しっかりと覚えましょう。そして暗記をする際は、実際に問題を解きながらの方が、ずっと効果的です。

A 01
×
[R3(10)-26-3]

登記された権利の種類及び**内容**については、重要事項として説明しなければならないが、移転登記の申請時期は、**説明不要**である（なお、**37条書面**の必要的記載事項である）。

A 02
○
[H24-30-2]

宅地・建物の売買・交換・貸借においては、**飲用水・電気・ガスの供給、排水のための施設の整備の状況**について、重要事項として説明しなければならない。これらの施設が整備されていない場合、その**整備の見通し**及び**その整備についての特別の負担に関する事項**についても、説明しなければならない。

A 03
○
[H22-35-1改]

法令上の制限に関し、建築基準法に規定する**建蔽率と容積率**に関する制限は、建物の**売買**の媒介の際は重要事項として説明する必要があるが、建物の貸借**の媒介**の際は説明する必要がない。

+α 建物の貸借の場合、「**法令上の制限**」に関しては「**新住宅市街地開発法上の制限**」などの**3つ**の例外を除き、ほとんど**説明義務がない**と考えてOKです。

A 04
×
[R2(10)-31-3]

建物の売買の媒介を行う場合、当該建物が**既存の建物**であるときは、**建物状況調査**を実施しているかどうか、及び**これを実施している場合**におけるその結果の概要が、重要事項の説明の対象となる。

　建物の売買の媒介の場合は、住宅の品質確保の促進等に関する法律第5条第1項に規定する<u>住宅性能評価を受けた新築住宅</u>であるときはその旨を重要事項として説明しなければならないが、建物の<u>貸借の媒介</u>の場合は説明する必要はない。

　<u>昭和55年に新築の工事に着手し完成した建物の売買の媒介</u>を行う場合、当該建物が<u>地方公共団体による耐震診断を受けたもの</u>であるときは、その内容を重要事項として説明しなければならない。

　建物の売買の媒介を行う場合、当該建物について、<u>石綿の使用の有無の調査の結果が記録されているか照会を行った</u>にもかかわらず、その存在の有無が分からないときは、<u>宅建業者自らが石綿の使用の有無の調査を実施</u>し、その結果を重要事項として説明しなければならない。

　宅建業者は、<u>市町村が</u>、取引の対象となる宅地又は建物の位置を含む水害ハザードマップを作成せず、又は印刷物の配布若しくは<u>ホームページ等への掲載等をしていないことを確認</u>できた場合は、重要事項説明書にその旨記載し、重要事項説明の際に提示すべき水害ハザードマップが<u>存在しない旨</u>を説明すればよい。

A 05 ○
[H22-35-3]

建物の**売買**の媒介の場合、品確法に規定する**住宅性能評価を受けた新築住宅**であるときは、その旨を重要事項として説明しなければならないが、貸借の媒介の場合は**説明不要**である。

A 06 ○
[R2(10)-44-1]

建物の売買の契約を行う場合、宅建業者は、当該建物（昭和56年6月1日以降に新築の工事に着手したものを除く）が地方公共団体等の**耐震診断**を受けたものであるときは、その内容を重要事項として説明しなければならない。

> **+α** いわゆる新耐震基準が導入された昭和56年6月以前に工事に着手した建物については、耐震診断を受けている場合、その内容が重要事項の説明項目となっています。なお、宅建業者には、耐震診断の実施をすること自体の義務はありません。

A 07 ×
[R2(10)-31-2]

宅建業者は、**建物**の売買の媒介を行う場合、当該建物について、**石綿の使用の有無の調査の結果が記録されているとき**は、その内容を重要事項として説明する必要があるが、調査の結果が記録されていないときは、その旨を説明すれば足りる。**調査の実施自体**は、宅建業者の**義務ではない**。

A 08 ○
[R3(10)-33-1]

水害ハザードマップに宅地・建物の位置が表示されているときは、その所在地を重要事項として説明する必要がある。そして、市町村に照会し、**水害ハザードマップが作成されていないこと**、または、印刷物の配布やホームページ等への掲載等がされていないことが確認された場合は、その**照会をもって調査義務を果たしたことになる**。したがって、本問の場合は、提示すべき水害ハザードマップが**存しない旨**の説明を行えば足りる。

Q 09 〔説明すべき重要事項〕

　宅地の売買の媒介において、当該宅地が造成に関する<u>工事の完了前</u>のものであるときは、その<u>完了時</u>における形状、構造並びに宅地に接する道路の構造及び幅員を重要事項として説明しなければならない。

Q 10 〔説明すべき重要事項〕

　建物の売買において、その建物の種類又は品質に関して契約の内容に適合しない場合におけるその<u>不適合を担保すべき責任の履行</u>に関し<u>保証保険契約の締結</u>などの<u>措置</u>を講ずるかどうか、また、講ずる場合はその<u>措置の概要</u>を、重要事項として説明しなければならない。

Q 11 〔説明すべき重要事項〕

　宅地の売買における当該宅地の<u>引渡しの時期</u>について、<u>重要事項説明</u>において説明しなければならない。

A 09

〇

[H17-37-2]

造成工事完了前の宅地については、工事が完了した時の**宅地の形状・構造**、宅地に接する**道路の構造・幅員**を、重要事項として説明しなければならない。

A 10

〇

[R3(12)-44-ウ]

建物の売買で、当該宅地・建物が種類または品質に関する契約不適合責任の**履行**に関し保証保険契約の締結等の措置を**講ずるかどうか**、および、その措置を講ずる場合におけるその**措置の概要**は、重要事項として説明しなければならない。

A 11

✕

[R5-33-2]

宅地・建物の売買・交換における当該宅地・建物の**引渡しの時期**は、37条書面には必ず記載する必要があるが、**重要事項として説明する**必要はない。

12 重要事項の説明③

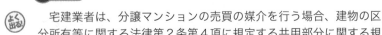

基本テキスト　P.306〜「第7章 2 説明すべき〜」、P.318〜「第8章 3 供託所等〜」

【以下、特に記述がない場合は、説明の相手方は宅建業者ではないものとする】

Q 01 〔区分所有建物〕

マンションの貸借の媒介に際し、管理が委託されているときは、その委託を受けている者の氏名（法人にあっては、その商号又は名称）、住所（法人にあっては、その主たる事務所の所在地）及び委託された業務の内容を重要事項として説明しなければならない。

Q 02 〔区分所有建物〕

宅建業者は、分譲マンションの売買の媒介を行う場合、建物の区分所有等に関する法律第2条第4項に規定する共用部分に関する規約の定めが案の段階であっても、その案の内容を説明しなければならない。

Q 03 〔区分所有建物〕

区分所有建物の売買の媒介を行う場合、建物の区分所有等に関する法律第2条第3項に規定する専有部分の用途その他の利用の制限に関する規約の定めがあるときは、その内容を重要事項として説明しなければならないが、区分所有建物の貸借の媒介を行う場合は、説明しなくてよい。

Q 04 〔区分所有建物〕

分譲マンションの建物又はその敷地の一部を特定の者にのみ使用を許す旨の規約の定めがある場合、宅建業者Aは、その内容だけでなく、その使用者の氏名及び住所について重要事項として説明しなければならない。

A 01

✕

[H17-38-1]

マンションの**貸借**の媒介において、当該マンションの管理が委託されているときは、その委託先の**氏名・住所**を重要事項として説明しなければならない。しかし、**管理委託契約の主たる内容**（委託業務の内容）は、説明すべき事項ではない。

A 02

◯

[H25-33-2]

共用部分に関する規約がまだ案の段階であっても、宅建業者は、その内容を重要事項として**説明しなければならない**。

A 03

✕

[R2(10)-31-4]

区分所有建物の場合、**専有部分の用途その他の利用の制限に関する規約の定め**があるときは、その内容は、重要事項の**説明の対象**となる。このことは、売買・交換に限らず、貸借の場合も同様である。

+α 貸借の場合、①管理委託先と②専有部分の用途その他の利用の制限の2項目のみが、説明事項とされています。

A 04

✕

[H20-37-1]

分譲マンションの建物またはその敷地の一部を**特定の者にのみ使用を許す旨の規約の定め**がある場合、その内容を重要事項として説明しなければならないが、**使用者の氏名・住所**については、説明する**必要はない**。

〔区分所有建物〕

宅建業者Aがマンションの分譲を行う場合で、当該マンションの建物の計画的な維持修繕のための費用を特定の者にのみ減免する旨の規約の定めがあるとき、Aは、買主が当該減免対象者であるか否かにかかわらず、その内容を重要事項として説明しなければならない。

□□□ **Q 06** 〔区分所有建物〕

区分所有建物の売買において、売主が宅建業者である場合、当該売主は当該買主に対し、当該一棟の建物に係る計画的な維持修繕のための修繕積立金積立総額及び売買の対象となる専有部分に係る修繕積立金額の説明をすれば、滞納があることについては説明をしなくてもよい。

□□□ **Q 07** 〔区分所有建物〕

中古マンションの売買の媒介において、宅建業者は、管理組合が保管している維持修繕の実施状況についての記録の内容について重要事項として説明しなければならない。

□□□ **Q 08** 〔貸借〕

建物の貸借の媒介を行う場合、台所、浴室、便所その他の当該建物の設備の整備の状況について、重要事項として説明しなければならない。

□□□ **Q 09** 〔貸借〕

宅地の売買の媒介の場合は、私道に関する負担について重要事項として説明しなければならないが、建物の貸借の媒介の場合は説明する必要はない。

A 05

○

[H20-37-4]

マンションの建物の計画的な維持修繕のための費用・通常の管理費用などを**特定の者にだけ減免する規約の定め**がある場合、売主の宅建業者は、**買主が当該減免対象者であるか否**かにかかわらず、その内容を重要事項として説明しなければならない。

A 06

×

[H25-29-3改]

区分所有建物の売買の契約においては、当該一棟の建物の**計画的な維持修繕のための費用の積立てを行う旨の規約の定**めがあるときは、その内容・既に積み立てられている額だけでなく、滞納があるときは、その**額**についても説明しなければならない。

A 07

○

[H22-36-1]

マンションの売買の媒介において、**一棟の建物の**維持修繕の実施状況**が記録**されているときは、その内容を重要事項として説明しなければならない。

A 08

○

[R2(12)-42-4]

建物の**貸借**の契約をする場合、台所・浴室・便所その他の当該**建物の設備の整備の状況**について、重要事項として説明しなければならない。

A 09

○

[H22-35-4]

宅地の売買の場合、**私道に関する負担**については、重要事項として説明しなければならないが、建物の貸借の場合は、説明する必要がない。

Q 10 〔貸借〕

建物の貸借の媒介を行う場合、借賃以外に授受される<u>金銭の額</u>については重要事項として説明しなければならないが、当該<u>金銭の授受の目的</u>については説明する必要はない。

□□□ **Q 11** 〔貸借〕

建物の<u>売買の媒介</u>を行う場合、当該建物が宅地造成及び特定盛土等規制法の規定により指定された<u>造成宅地防災区域内</u>にあるときは、<u>その旨</u>を重要事項として説明しなければならないが、当該<u>建物の貸借の媒介</u>を行う場合においては、説明する必要はない。

□□□ **Q 12** 〔貸借〕

建物の貸借の媒介を行う場合、当該建物が土砂災害警戒区域等における土砂災害防止対策の推進に関する法律第7条第1項により指定された<u>土砂災害警戒区域内</u>にあるときは、<u>その旨</u>を重要事項として説明しなければならない。

□□□ **Q 13** 〔貸借〕

(よく出る)

建物の貸借の媒介を行う場合、当該貸借の契約が借地借家法第38条第1項の規定に基づく<u>定期建物賃貸借契約</u>であるときは、宅建業者Aは、その旨を重要事項として説明しなければならない。

□□□ **Q 14** 〔貸借〕

(よく出る)

貸借の媒介を行う場合、敷金その他いかなる名義をもって授受されるかを問わず、<u>契約終了時</u>において精算することとされている<u>金銭の精算</u>に関する事項を、重要事項として説明しなければならない。

A 10
×
[H23-32-1]

宅建業者は、建物の貸借の媒介を行う場合、**借賃**以外に授受される金銭の額と**当該金銭**の授受の目的を、重要事項として説明しなければならない。

A 11
×
[H23-32-3改]

宅建業者は、建物の売買のみならず、**建物の貸借**においても、建物が**造成宅地防災区域内**にあるときは、**その旨**を重要事項として説明しなければならない。

A 12
○
[R2(12)-32-1]

建物の貸借の媒介を行う場合、当該建物が**土砂災害警戒区域内**にあるときは、**その旨**を重要事項として説明しなければならない。

A 13
○
[H21-33-3]

宅建業者は、**建物の貸借**の媒介を行う場合、当該契約が定期建物賃貸借契約であるときは、**その旨**を重要事項として説明しなければならない。

A 14
○
[R2(10)-44-2]

宅建業者は、宅地・建物の貸借の媒介を行う場合には、敷金その他いかなる名義をもって授受されるかを問わず、**契約終了時**において**精算されるべき**金銭の精算に関する事項を、重要事項として説明しなければならない。

　宅建業者Ａは、買主Ｂ（宅建業者ではない）に対し、土地付建物の売買契約を締結する前に、営業保証金を供託した<u>主たる事務所のもよりの供託所及びその所在地</u>について<u>説明するようにしなければならない</u>。

　営業保証金を供託している宅建業者が、売主として、宅建業者との間で宅地の売買契約を締結しようとする場合、営業保証金を供託した<u>供託所及びその所在地</u>について、買主に対し<u>説明をしなければならない</u>。

A 15

○

[H17-33-4改]

　宅建業者は、取引の相手方等に対して、契約を締結するまでの間に、営業保証金を供託した供託所及びその所在地について、**説明をするようにしなければならない**。

+α 「供託所等に関する説明」は、いわゆる「努力義務」にすぎません。そして、重要事項の説明とは異なり、宅建士がしなければならないわけではなく、書面の交付も法的には義務付けられていません。

A 16

×

[H30-28-ウ]

　宅建業者は、相手方等に対して、原則として、契約が成立するまでの間に、供託所等の説明をするようにしなければならない。しかし、**相手方等が宅建業者**の場合は、そもそも営業保証金・弁済業務保証金の還付を受けることができないので、**説明する**必要はない。

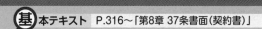

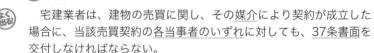

□□□ **Q 01** 〔交付方法〕

　宅建業者Aが媒介により宅地の売買契約を成立させた場合、Aは、37条書面を売買契約成立前に、各当事者に交付しなければならない。

□□□ **Q 02** 〔交付方法〕

（よく出る!）
　宅建業者は、建物の売買に関し、その媒介により契約が成立した場合に、当該売買契約の各当事者のいずれに対しても、37条書面を交付しなければならない。

□□□ **Q 03** 〔交付方法〕

　宅地建物取引業者Aは、その媒介により建物の貸借の契約を成立させ、37条書面を借主に交付するに当たり、37条書面に記名した宅地建物取引士が不在であったことから、宅地建物取引士ではないAの従業員に書面を交付させた。

□□□ **Q 04** 〔記載事項〕

　既存住宅の貸借の媒介を行う宅建業者は、宅地建物取引業法第37条の規定により交付すべき書面に建物の構造耐力上主要な部分等の状況について当事者の双方が確認した事項を記載しなければならない。

□□□ **Q 05** 〔記載事項〕

（よく出る!）
　宅建業者Aが媒介により宅地の売買契約を成立させた場合、Aは、天災その他不可抗力による損害の負担に関する定めがあるときは、その内容を37条書面に記載しなければならない。

毎年1〜2問出題されます。**37条書面の必要的記載事項と任意的記載事項**の各項目、及び**売買の場合と貸借の場合の相違点**など、細かい知識がたくさんあります。**重要事項との対比問題**も出題されていますので、そうした観点でも注意が必要です。

A 01

✕

[R5-43-2]

宅建業者は、37条書面は、**契約の成立**後、遅滞なく、交付しなければならない。

A 02

○

[H25-31-イ]

宅建業者は、その媒介により契約が成立したときは、その**契約の各当事者**に、遅滞なく、37条書面を交付しなければならない。

A 03

○

[R4-44-2]

宅建業者は、**宅建士をして37条書面に記名**させなければならない。しかし、37条書面の交付については、特に担当者を宅建士に限定する規定はないので、**宅建士でない従業者に行わせることもできる。**

A 04

✕

[R5-27-4]

既存建物の**売買・交換**契約を締結した場合、宅建業者は37条書面に建物の構造耐力上主要な部分等の状況について当事者の双方が確認した事項を記載しなければならない。しかし、貸借契約の場合は、記載する必要はない。

A 05

○

[R5-43-4]

天災その他不可抗力による損害の負担（いわゆる危険負担）**に関する定め**があるときは、その内容を37条書面に記載しなければならない。

+α 危険負担の定めは、重要事項の説明事項ではありません。

13

37条書面

宅建業者が、その媒介により契約を成立させた場合において、契約の解除に関する定めがあるときは、当該契約が売買、貸借のいずれに係るものであるかを問わず、37条書面にその内容を記載しなければならない。

宅建業者は、建物の売買の媒介において、当該建物に係る租税その他の公課の負担に関する定めがあるときは、その内容を37条書面に記載しなければならない。

宅建業者が媒介により建物の貸借の契約を成立させた場合、損害賠償額の予定又は違約金に関する定めがあるときであっても、その内容を37条書面に記載する必要はない。

宅建業者Aは、その媒介により借主Bと建物の貸借の契約を成立させた。この際、借賃以外の金銭の授受に関する定めがあるので、その額や当該金銭の授受の時期だけでなく、当該金銭の授受の目的についても37条書面に記載し、Bに交付した。

宅建業者は、抵当権に基づく差押えの登記がされている建物の貸借の媒介をするにあたり、貸主から当該登記について告げられなかった場合でも、35条書面及び37条書面に当該登記について記載しなければならない。

A 06

○

[H21-35-4]

当該契約が売買、貸借のいずれに係るものであるか否かを問わず、契約の解除に関する定めがあるときは、その内容を37条書面に記載しなければならない。

A 07

○

[H26-40-Ⅰ]

宅地・建物の売買・交換では、当該宅地・建物に係る租税その他の公課の負担に関する定めがあるときは、その内容は、37条書面に記載しなければならない。

A 08

×

[H18-37-イ]

貸借の媒介・代理においても、損害賠償額の予定または違約金に関する定めがあるときはその内容を、37条書面に記載しなければならない。

A 09

○

[R4-44-3]

宅建業者が建物の貸借の媒介・代理を行った場合、借賃以外の金銭の授受に関する定めがあるときは、37条書面に、その額や授受の時期だけでなく、授受の目的もあわせて記載しなければならない。

A 10

×

[H23-34-1]

宅建業者は、建物の貸借の媒介の場合、当該建物の上に存する登記された権利の種類・内容等を、35条書面に記載しなければならず、それは、貸主から当該登記について告げられなかったときでも、同様である。しかし、登記簿上の権利の種類・内容は、37条書面の記載事項ではない。

Q 11 〔記載事項〕

宅地建物取引業者である売主と宅地建物取引業者ではない個人との建物の売買において、建物の品質に関して契約の内容に適合しない場合におけるその<u>不適合を担保すべき責任</u>について特約を定めたときは、37条書面に<u>その内容</u>を記載しなければならない。

Q 12 〔記載事項〕

土地付建物の売買契約において、買主が金融機関から住宅ローンの承認を得られなかったときは<u>契約を無条件で解除できる</u>という取り決めがある場合、当該売買の媒介を行う宅建業者は、自ら住宅ローンのあっせんをする予定がなくても、37条書面にその取り決めの内容を記載する必要がある。

Q 13 〔重要事項の説明との比較〕

宅建業法第35条に規定する事項を記載した書面への<u>記名</u>及び同法第37条の規定により交付すべき書面への<u>記名</u>については、<u>専任の宅地建物取引士でなければ行ってはならない</u>。

Q 14 〔重要事項の説明との比較〕

宅建業者Aが売主Bと買主C(宅建業者ではない者とする)の間の建物の売買について媒介を行う場合、Aは、35条書面及び37条書面のいずれの交付に際しても、<u>宅地建物取引士</u>をして、当該書面への<u>記名及びその内容の説明</u>をさせなければならない。

Q 15 〔重要事項の説明との比較〕

37条書面に記名する宅地建物取引士は、35条書面に記名した宅地建物取引士と必ずしも<u>同じ者である必要</u>はない。

A 11

〇

[R4-32-4]

宅建業者が自ら売主となる場合に、宅地・建物の種類・品質に関する契約不適合責任**について定め**があるときは、その内容を37条書面に記載しなければならない。

+α 37条書面については、書面の交付に代えて、**対象者の承諾**を得て、記名に代わる措置（電子署名等）を講じさせた**電磁的方法で提供**することができますが、この場合は「書面を交付した」とみなされます。

A 12

〇

[H22-34-3]

土地付き建物の売買契約において、「買主が住宅ローンの承認を金融機関から得られなかったときは無条件で契約を解除できる」とする取り決めは、契約の解除**に関する定め**として、37条書面に記載する必要がある。

A 13

✕

[H25-44-ウ]

35条書面及び37条書面への**記名**は、宅建士が行えばよく、**専任の宅建士**が行う必要はない。

A 14

✕

[H19-40-1改]

35条書面は、**宅建士**が記名した書面を交付し、**説明**をしなければならない。しかし、37条書面は、**宅建士**が記名する必要はあるが、その**内容の説明をする**必要はない。

A 15

〇

[H23-34-4改]

35条書面及び37条書面には、それぞれ宅建士が**記名**しなければならない。しかし、それを行うのは、**同一人である必要はない**。

□□□ **Q 16** 〔重要事項の説明との比較〕

　宅建業者Ａ社は、居住用建物の貸借を媒介し、当該賃貸借契約を成立させた。この際、当該建物の引渡しの時期に関する定めがあったが、宅建業法第35条の規定に基づく重要事項の説明において、既に借主へ伝達していたことから、37条書面にはその内容を記載しなくても、宅建業法に違反しない。

- -

□□□ **Q 17** 〔重要事項の説明との比較〕

　宅建業者Ａは、中古マンションの売買の媒介において、当該マンションの代金の支払の時期及び引渡しの時期について、重要事項説明書に記載して説明を行ったので、37条書面には記載しなかった場合、宅建業法に違反しない。

- -

□□□ **Q 18** 〔重要事項の説明との比較〕

　宅建業者が宅地の売買を媒介し、契約が成立した場合（相手方等は、宅建業者ではない者とする）、移転登記の申請の時期については、特に定めをしなかったため、重要事項説明書にはその旨記載し内容を説明したが、契約書面には記載しなくても宅建業法に違反しない。

- -

□□□ **Q 19** 〔重要事項の説明との比較〕

　宅建業者が建物の貸借の媒介を行う場合、借賃以外に金銭の授受があるときは、その額及び授受の目的について、重要事項説明書に記載しているのであれば、37条書面に記載する必要はない。

- -

□□□ **Q 20** 〔重要事項の説明との比較〕

　宅建業者が宅地の売買を媒介し、契約が成立した場合（相手方等は、宅建業者ではない者とする）、契約の解除については、特に定めをしなかったため、重要事項説明書にはその旨記載し内容を説明したが、37条書面には記載する必要はない。

- -

A 16
✕
[H24-31-4]

宅地及び建物の**引渡しの時期**は、重要事項として説明する
必要はないが、37条書面では必要的**記載事項**に該当し、必
ず記載しなければならない。

A 17
✕
[H29-40-1]

宅建業者は、宅地・建物の売買の場合、①代金の額・その
支払の時期・方法、②引渡しの時期、③移転登記の申請の時
期については、37条書面に必ず記載しなければならない。
たとえ、そもそも義務のない「重要事項説明書に記載して説
明」を行ったとしても、37条書面への記載を**省略すること**
はできない。

A 18
✕
[H13-39-4改]

移転登記の申請の時期は、重要事項として説明する必要は
ないが、売買の37条書面では必要的**記載事項**に該当し、必
ず記載しなければ宅建業法に違反する。

A 19
✕
[H22-34-1]

建物の貸借の媒介で、**借賃以外に授受される金銭**がある場
合、その**額**及び当該金銭の**授受の目的**等は、重要事項説明書
に記載しなければならないとともに、37条書面**にも記載**し
なければならない。

A 20
○
[H13-39-1改]

契約の解除に関する事項は、定めがないときでも「定めが
ない旨」を重要事項として説明しなければならないが、37
条書面では任意的記載事項であるため、その定めがあるとき
のみ記載すれば足り、定めがないときには記載する必要はない。

+α 任意的記載事項については、「定め」があれば、必ず記
載しなければなりません。

1回目	2回目	3回目
月 日: /20	月 日: /20	月 日: /20

14 8種制限①

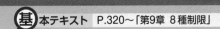

基本テキスト P.320〜「第9章 8種制限」

Q 01 〔他人物売買等の制限〕

宅建業者Aは、宅建業者でないBが所有する宅地について、自らを売主、宅建業者Cを買主とする売買契約を締結することができる。

Q 02 〔他人物売買等の制限〕

宅建業者Aが、Aの所有に属しない宅地を自ら売主として売却する場合、Aは、当該宅地を取得する契約を締結し、その効力が発生している場合においても、当該宅地の引渡しを受けるまでは、宅建業者でないBとの間で売買契約を締結することができない。

Q 03 〔他人物売買等の制限〕

宅建業者Aが、自ら売主として、宅建業者でないBに、Cが所有権を有している建物を売買する場合、AはBとの間で当該建物の売買契約を締結してはならない。ただし、AがCとの間で、すでに当該建物を取得する契約（当該建物を取得する契約の効力の発生に一定の条件が付されている。）を締結している場合は、この限りではない。

Q 04 〔クーリング・オフ〕

宅地建物取引業者が、自ら売主となる宅地の売買契約について、買受けの申込みを喫茶店で行った場合、買受けの申込みをした者が宅地建物取引業者であった場合、クーリング・オフについて告げられていなくても、申込みを行った日から起算して8日を経過するまでは、書面により買受けの申込みの撤回をすることができる。

毎年1〜2問出題されています。自己の所有に属しない物件の売買制限とクーリング・オフの2項目ですが、出題頻度は**クーリング・オフ**の方が圧倒的に高く、ここは**失点できません**。出題パターンは限られていますので、きっちりマスターしてください。

A 01
○
[H28-41-3]

宅建業者が自ら売主の場合、原則として、他人物売買は禁止されるが、買主が宅建業者であるときはこの限りでない。

+α 8種制限の規定は、宅建業者が**自ら売主**となって「宅建業者でない者」に宅地・建物を売買する場合にのみ、適用されます。

A 02
×
[H22-40-4]

宅建業者が自ら売主の場合、他人物売買は原則として禁止される。しかし、その他人と物件取得の契約（予約を含む）を締結していれば、引渡しを受けていなくても、買主と売買契約を締結することができる。

A 03
×
[H27-34-1]

宅建業者が自ら売主の場合、他人物売買は原則として禁止される。しかし、宅建業者が当該他人と**物件取得**の契約（予約を含む）を締結しているときは、売買契約を締結できる。ただし、その契約に停止条件が付いている場合は、売買契約の締結はできない。

+α 物件取得の契約が「予約」の場合は、**他人物売買を締結**できます。

A 04
×
[R4-38-2]

クーリング・オフの規定は、いわゆる8種制限であり、宅建業者間の取引については適用がない。したがって、買主である宅建業者は、クーリング・オフによる買受けの申込みの撤回ができない。

□□□ **Q 05** 〔クーリング・オフ〕

　宅建業者である売主Aが、宅建業者Bの媒介により宅建業者ではない買主Cと新築マンションの売買契約を締結した場合において、Cは、Bの事務所で買受けの申込みを行い、その3日後に、Cの自宅近くの喫茶店で売買契約を締結したとき、クーリング・オフによる契約の解除はできない。

□□□ **Q 06** 〔クーリング・オフ〕

　宅地建物取引業者Aが、自ら売主として宅地建物取引業者でない買主Bとの間で締結した宅地の売買契約について、Bは、Aの仮設テント張りの案内所で買受けの申込みをし、その3日後にAの事務所でクーリング・オフについて書面で告げられた上で契約を締結した。この場合、Aの事務所で契約を締結しているので、Bは、契約の解除をすることができない。

□□□ **Q 07** 〔クーリング・オフ〕

　宅建業者Aが、自ら売主として、宅建業者でないBとの間でマンション（代金3,000万円）の売買契約を締結しようとする場合で、Bは自ら指定した自宅においてマンションの買受けの申込みをしたときにおいても、法第37条の2の規定に基づき、書面により買受けの申込みの撤回を行うことができる。

□□□ **Q 08** 〔クーリング・オフ〕

　宅地建物取引業者が自ら売主となる宅地の売買契約について、買受けの申込みを喫茶店で行った場合、買受けの申込みをした者が、売買契約締結後、当該宅地の引渡しを受けた場合、クーリング・オフによる当該売買契約の解除を行うことができない。

A 05

○

[H30-37-イ]

　宅建業者が自ら売主となる宅地建物の売買契約において、**買受けの申込み**をした場所と**契約を締結**した場所が**異なる場合**には、「**買受けの申込みをした場所**」を**基準**にクーリング・オフの可否が決まる。本問では、買受けの申込みは媒介を行う宅建業者Bの事務所でなされているので、クーリング・オフすることができない。

A 06

×

[H26-38-3]

　クーリング・オフの可否の基準は、「**買受けの申込みをした場所**」である。買主Bは、宅建業者Aの**仮設テント張り**の案内所（＝土地に定着していないため「**事務所等**」にあたらない）で買受けの申込みをしているので、契約の解除ができる。

A 07

×

[H29-31-ア]

　買受けの申込みをした者または**買主**が、その**自宅または勤務する場所**において宅地建物の売買契約に関する説明を受ける旨を自ら申し出た場合で、その場所で買受けの申込みまたは売買契約を締結したときは、クーリング・オフをすることができない。

A 08

×

[R4-38-1]

　宅建業者が自ら売主となる場合に、事務所等以外の場所で買受けの申込み等を行った申込者等は、クーリング・オフができる。ただし、申込者等が、①宅地・建物の引渡しを受け、かつ、②代金の全部を支払ったときは、クーリング・オフができない。本問では、「①引渡し」を受けただけであるため、クーリング・オフができる。

　宅建業者Aが、自ら売主として、宅建業者ではないBと宅地の売買契約をし、Bが喫茶店で当該宅地の買受けの申込みをした場合において、Bが、Aからクーリング・オフについて<u>書面で告げられた日の翌日から起算して8日目</u>にクーリング・オフによる契約の解除の書面を発送し、10日目にAに到達したとき、Bは、クーリング・オフによる契約の解除を行うことができる。

　宅建業者である売主Aが、<u>宅建業者Bの媒介</u>により宅建業者ではない買主Cと新築マンションの売買契約を締結した場合において、クーリング・オフについて告げる書面には、Bの商号又は名称及び住所並びに免許証番号を記載しなければならない。

（よく出る!）　宅建業者Aが、自ら売主として、宅建業者でないBとの間でマンション（代金3,000万円）の売買契約を締結しようとする場合において、BがAに対し、宅建業法第37条の2の規定に基づき、書面により買受けの申込みの撤回を行った場合、その効力は、<u>当該書面をAが受け取った時</u>に生じることとなる。

（よく出る!）　宅地建物取引業者が自ら売主となる宅地の売買契約について、買受けの申込みを喫茶店で行った場合、クーリング・オフによる売買契約の解除がなされた場合において、宅地建物取引業者は、買受けの申込みをした者に対し、速やかに、<u>当該売買契約の締結に際し受領した手付金その他の金銭を返還</u>しなければならない。

A 09

✕

[R2(10)-40-ア]

宅建業者が自ら売主となる場合に、事務所等以外の場所で買受けの申込み等をした者は、クーリング・オフをすることができる。しかし、申込者等が、クーリング・オフできる旨及びそのクーリング・オフを行う場合の方法について**書面で**告げられた場合で、「**告げられた日から起算して**」8日を経過したときは、クーリング・オフをすることができない（初日算入）。本問では「告げられた日の翌日から起算して」8日目にクーリング・オフによる契約の解除の書面を発送しているため、Bは、クーリング・オフすることができない。

A 10

✕

[H30-37-エ]

宅建業者が、申込者等に対してクーリング・オフできる旨等を告げる書面には、売主である宅建業者Aの商号・名称、住所、免許証番号を記載する必要はあるが、**媒介を行う宅建業者Bの商号等の記載は**不要である。

A 11

✕

[H29-31-イ]

クーリング・オフによる買受けの申込みの撤回は、書面で行う必要があるが、その効力は、当該書面を発した**時に生じる**。

A 12

○

[R4-38-4]

クーリング・オフによる解除等が行われた場合、宅建業者は、申込者等に対し、速やかに、買受けの申込みまたは売買契約の締結に際し受領した**手付金その他の金銭**を返還しなければならない。

+α つまり、クーリング・オフとは、**無条件白紙撤回**のことです。

1回目	2回目	3回目
月　日：　/12	月　日：　/12	月　日：　/12

基本テキスト　P.327〜「第9章 3 損害賠償額の予定等の制限、他」

□□□ **Q 01**　〔損害賠償額の予定等の制限〕

　　販売代金2,500万円の宅地について、宅地建物取引業者Aが自ら売主として売買契約の締結を行い、損害賠償の額の予定及び違約金の定めをする場合、その合計額を500万円と設定することができる。

□□□ **Q 02**　〔損害賠償額の予定等の制限〕

よく出る！

　　宅建業者Aが、自ら売主として宅建業者ではないBを買主とする土地付建物の売買契約（代金3,200万円）を締結する場合で、当事者の債務の不履行を理由とする契約の解除に伴う損害賠償の予定額を400万円とし、かつ、違約金の額を240万円とする特約を定めたとき、当該特約は無効となる。

□□□ **Q 03**　〔損害賠償額の予定等の制限〕

よく出る！

　　宅建業者Aが、自ら売主として宅建業者ではないBを買主とする土地付建物の売買契約（代金3,200万円）を締結する場合で、当事者の債務の不履行を理由とする契約の解除に伴う損害賠償の予定額を定めていないとき、債務の不履行による損害賠償の請求額は売買代金の額の10分の2を超えてはならない。

毎年1～2問出題されます。**損害賠償額の予定等の制限**と**手付の額の制限等**の2項目ですが、いずれも**民法の原則規定を修正・補充**したものです。論点は少ないので、しっかりツボを押さえてしまえば、本試験の得点源にすることができるところです。

15

8種制限②

A 01

⭕

[R4-43-3]

　宅建業者が自ら売主となる宅地・建物の売買契約において、当事者の債務不履行を理由とする契約の解除に伴う**損害賠償の額を予定**し、または**違約金**を定めるときは、これらを**合算した額**が代金額の**10分の2を超えてはならない**。本問の代金額は2,500万円であるため、損害賠償額の予定と違約金の合計額を「500万円」（代金額の10分の2ちょうど）とすることは可能である。

- -

A 02

❌

[R3(10)-42-3]

　当事者の債務不履行を理由とする契約の解除に伴う損害賠償額の予定と違約金を**合算した額**が、代金の額の**10分の2を超える**場合、超えた部分**のみが無効**となる。

+α 本問の場合、解除に伴う損害賠償の予定額と違約金については、合算して「3,200万円×20％＝640万円」までの範囲であれば、特約を有効に定めることができます。

- -

A 03

❌

[R3(10)-42-4]

　宅建業者が自ら売主の場合に、損害賠償額の予定を定めるときは、違約金と**合算**して代金の額の**10分の2を超える**ことができないが、この**予定額を定めていないとき**は、証明した実損額**を請求**でき、その額に制限はない。

237

Q 04 〔損害賠償額の予定等の制限〕

宅建業者Aは、Bとの間で、Aが所有する建物を<u>代金2,000万円</u>で売却する売買契約を締結した場合において、<u>A及びBがともに宅建業者</u>である場合、当事者の債務の不履行を理由とする契約の解除があったときの<u>損害賠償の額を600万円</u>とする特約を定めることができる。

Q 05 〔手付の額の制限等〕

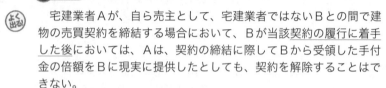

宅建業者Aが、自ら売主として、宅建業者ではないBとの間で建物の売買契約を締結する場合において、Bが当該契約の<u>履行に着手</u>した後においては、Aは、契約の締結に際してBから受領した手付金の倍額をBに現実に提供したとしても、契約を解除することはできない。

Q 06 〔手付の額の制限等〕

Aは、Bとの間で、Aが所有する建物を<u>代金2,000万円</u>で売却する売買契約を締結した場合において、Aは宅建業者であるが、Bは宅建業者ではない場合、本件契約の締結に際して、<u>500万円の手付</u>を受領することは宅建業法に違反しない。

Q 07 〔手付の額の制限等〕

宅建業者Aは、自ら売主として売買契約を締結したが、履行の着手前に買主から手付放棄による契約解除の申出を受けた際、<u>違約金</u>の支払を要求すると宅建業法に違反する。

Q 08 〔手付の額の制限等〕

宅建業者Aが<u>宅建業者B</u>から受け取る手付金の額が売買代金の2割を超える場合には、その手付金について宅建業法第41条又は第41条の2の規定による手付金等の保全措置を講じなければならない。

A 04

○

[H30-29-2]

宅建業者が自ら売主となる宅地・建物の売買契約で、当事者の債務の不履行を理由とする契約の解除に伴う損害賠償の額を予定し、または違約金を定めるときは、これらを**合算した額**が代金の額の**10分の2を超える**定めをすることができない。しかし、この規定は、**宅建業者間取引**には**適用されない**。

A 05

○

[R2(10)-32-1]

宅建業者が、自ら売主となる宅地・建物の売買契約の締結に際して手付を受領したときは、その手付がいかなる性質のものであっても、買主はその手付を放棄して、自ら売主である宅建業者はその倍額を現実に提供して、**契約の解除を**することができる。ただし、相手方が契約の履行に着手**した後**は、手付解除はできない。

A 06

×

[H30-29-3]

宅建業者は、自ら売主となる宅地・建物の売買契約の締結に際して、**代金の額の10分の2を超える額の手付を受領することができない**。本問の500万円の手付は、代金額2,000万円の10分の2（400万円）**を超える**ので、宅建業法に違反する。

A 07

○

[H18-41-1]

手付による契約の解除では、別途、**違約金や損害賠償の請求をすることができず**、違約金の支払を要求することは宅建業法に違反する。

A 08

×

[H13-42-1]

手付の額の制限や、**手付金等の保全措置**の規定は、宅建業者相互間の取引には**適用**されない。したがって、Aは、手付金等の保全措置を講じなくても、代金の2割を超える額の手付金をBから受領することができる。

1回目	2回目	3回目
月 日： / 8	月 日： / 8	月 日： / 8

(基)本テキスト P.331～「第9章 5 手付金等の保全措置」

□□□ **Q 01** 〔手付金等の保全措置〕

　宅建業者Aが、自ら売主として、宅建業者ではないBとの間で工事の完了前に当該工事に係る建物（代金5,000万円）の売買契約を締結する場合、Aは、法第41条に定める手付金等の保全措置を講じた後でなければ、Bから200万円の手付金を受領してはならない。

・・

□□□ **Q 02** 〔手付金等の保全措置〕

よく出る!

　宅建業者A社が、自ら売主として宅建業者でない買主Bとの間で建築工事完了後の建物の売買契約を締結するに際し、A社がBから代金の額の10分の2の手付金を受領する場合には、当該手付金を受領するまでに、宅建業法第41条の2の規定に基づく保全措置を講じなければならない。

・・

□□□ **Q 03** 〔手付金等の保全措置〕

よく出る!

　宅建業者である売主が、宅建業者ではない買主との間で、戸建住宅の売買契約を締結した場合において、当該住宅が建築工事の完了後で、売買代金が3,000万円であったとき、売主は、買主から手付金200万円を受領した後、当該住宅を引き渡す前に中間金300万円を受領するためには、手付金200万円と合わせて保全措置を講じた後でなければ、その中間金を受領することができない。

毎年1問程度出題されます。**手付金等の保全措置**は、8種制限の中ではクーリング・オフと同様に**出題頻度の高い項目**です。「手付金等」という語句の意味から保全措置の要否及び手続まで、1問1問きちっと理解を進めていきましょう。

A 01

✕

[R2⑽-32-4]

宅建業者は、自ら売主となる宅地・建物の売買契約の締結に際して手付金等を受領する場合には、保全措置を講じなければならない。しかし、**未完成物件**の売買の場合で、その額が代金の5%以下、かつ、1,000万円以下のときは、保全措置は**不要**である。本問の200万円の手付金は、代金の5%（5,000万円×5%＝250万円）以下、かつ1,000万円以下のため、保全措置を講じる必要はない。

A 02

○

[H23-37-2]

宅建業者は、**自ら売主**として**完成物件の売買契約**を締結するに際し、受領する手付金等が**代金の10%または1,000万円**を超える場合は、その全額に対して、あらかじめ保全措置を講じなければならない。したがって、A社がBから代金額の10分の2（20%）の手付金を受領する場合には、その手付金を受領するまでに、保全措置を講じなければならない。

A 03

○

[H30-38-1]

手付金200万円を受領する時点では、代金の10%以内なので保全措置を講じる必要はない。しかし、中間金300万円を受領する場合は、**すでに受け取った**手付金200万円との**合計額**である500万円全額（10%を超える）について保全措置を講じた上でなければ、受け取ることはできない。

Q 04 〔手付金等の保全措置〕

　宅建業者Aは、自ら売却する建物が未完成であった場合でも、宅建業者でない買主Bへの所有権移転の登記をすれば、Bから受け取った手付金等について、その金額を問わず宅建業法第41条に定める手付金等の保全措置を講じる必要はない。

 Q 05 〔手付金等の保全措置〕

　宅建業者Aは、宅建業者ではない買主Bから手付金を受領した後に、速やかに手付金の保全措置を講じなければならない。

Q 06 〔手付金等の保全措置〕

　宅建業者Aが、自ら売主として宅建業者である買主Bとの間で建築工事完了前の建物を5,000万円で売却する契約を締結した場合、保全措置を講じずに、当該建物の引渡前に500万円を手付金として受領することができる。

Q 07 〔手付金等の保全措置〕

　宅建業者Aが、自ら売主として宅建業者でない買主Bとの間で建築工事完了前の建物を4,000万円で売却する契約を締結し300万円の手付金を受領する場合、銀行等による連帯保証、保険事業者による保証保険又は指定保管機関による保管により保全措置を講じなければならない。

Q 08 〔手付金等の保全措置〕

　宅地建物取引業者Aが、自ら売主として、宅地建物取引業者ではないBとの間で建築工事完了前の建物の売買契約を締結する場合において、売買代金の10分の2の額を手付金として定めた場合、Aが手付金の保全措置を講じていないときは、Bは手付金の支払を拒否することができる。

A 04

○

[H18-39-4]

　買主が所有権の登記をした場合、宅建業者は、手付金等の保全措置を講じる必要はない。

> **+α** 引渡しと同時に受領する金銭は手付金等に該当しないため、結局、登記か引渡しのいずれかが行われれば、保全措置は不要です。

A 05

×

[R5-39-1]

　宅建業者は、受領「後」ではなく、保全すべき手付金等を受領する「前」に、保全措置を講じなければならない。

A 06

○

[H25-40-3]

　買主が宅建業者の場合には、手付金等の保全措置の規定の適用はないので、保全措置を講じることなく、代金の5%または1,000万円を超える手付金等を受領することができる。

A 07

×

[H25-40-1]

　「指定保管機関による保管」という保全措置を講じることができるのは、工事完了後の宅地・建物の売買の場合に限られ、未完成物件の場合には、「指定保管機関による保管」による保全措置を講じることはできない。

A 08

○

[R3(12)-27-4]

　保全措置が必要となる場合で、自ら売主となる宅建業者が、必要な保全措置を講じないときは、買主は、手付金等を支払わないことができる。

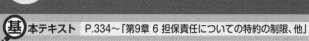

17 8種制限④

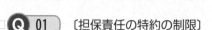

基本テキスト　P.334〜「第9章 6 担保責任についての特約の制限、他」

□□□ **Q 01** 〔担保責任の特約の制限〕

　宅建業者Ａ社は、<u>宅建業者である買主Ｂ社との間</u>で、自ら売主として宅地（代金3,000万円）の売買契約を締結したが、契約不適合責任について、「不適合による契約の解除又は損害賠償の請求は、契約対象物件である宅地の引渡しの日から１年を経過したときはできない」とする旨の特約を定めていた場合、宅建業法に違反する。

□□□ **Q 02** 〔担保責任の特約の制限〕

（よく出る！）

　宅建業者Ａ社が、自ら売主として宅建業者でない買主Ｂとの間で締結する建築工事完了後の建物の売買契約において、契約不適合責任に関し、Ｂが不適合である旨をＡに<u>通知する期間</u>として、Ｂがその<u>不適合を発見した時から２年間</u>とする旨の特約を定めることができる。

□□□ **Q 03** 〔担保責任の特約の制限〕

（よく出る！）

　宅地建物取引業者Ａが、宅地建物取引業者ではない買主Ｂとの間で自ら売主として締結する土地付建物の売買契約において、「売主は、<u>売買物件の引渡しの日から１年間</u>に限り当該物件の種類又は品質に関して契約の内容に適合しない場合におけるその不適合を担保する責任を負う」とする旨の特約を設けることができる。

□□□ **Q 04** 〔担保責任の特約の制限〕

（よく出る！）

　宅地建物取引業者Ａが、自ら売主として宅地建物取引業者でない買主Ｂとの間で宅地の売買契約を締結したとき、Ａが種類又は品質に関して契約の内容に適合しない場合におけるその<u>不適合を担保すべき責任を負う期間内</u>においては、<u>損害賠償の請求</u>をすることはできるが、<u>契約を解除</u>することはできないとする特約を定めた場合、その特約は有効である。

毎年1問程度の出題です。担保責任の特約の制限と割賦販売に適用される規定が、その範囲です。住宅瑕疵担保履行法の前提ともなる重要な知識ですから、**担保責任の特約の制限**にウェイトを置き、問題を解きながら知識を整理してください。

 01

✕

[H23-39-4改]

　担保責任についての**特約の制限**は、宅建業者相互間の取引**には適用されない**ため、民法の規定より買主に不利となる特約も、業者間では有効である。

+α 8種制限の規定は、「業者間取引」には適用されません。

 02

◯

[H23-37-4改]

　宅建業者が自ら売主となる宅地・建物の売買契約をする場合、原則として、担保責任について民法の規定よりも不利となる特約をしてはならず、買主に不利な特約は無効となる。契約不適合責任に関する**通知期間**を「その不適合を発見した**(知った)時から2年間とする旨の特約**」は、民法の規定よりも買主Bにとって**有利**なので有効である。

03

✕

[R4-43-2]

　契約不適合責任の**通知期間**については、「引渡しの日から**2年以上**」とする場合を除き、民法の規定よりも**買主に不利となる特約は無効**となる。よって、本問の「引渡しの日から1年間に限り」とする特約は無効であり、その結果、民法の「知った時から1年以内」が通知期間となる。

04

✕

[H29-27-ウ改]

　宅建業者が自ら売主となる場合、契約不適合責任については、原則として、民法の規定**より買主に不利な特約**はすることが**できない**。すると、民法は、契約不適合責任を追及する手段として、買主に対し、**損害賠償請求**にあわせて**契約解除権の行使**も認めており、本問の「損害賠償請求は認めるが契約の解除は不可」とする特約は、民法の規定より買主に不利であり、無効となる。

Q 05　〔割賦販売－契約の解除等の制限〕

　宅建業者Ａ社は、宅建業者でない買主Ｂとの間で、自ら売主として宅地（代金3,000万円）の割賦販売の契約をしたが、Ｂが賦払金の支払を遅延した。Ａ社は20日の期間を定めて書面にて支払を催告したが、Ｂがその期間内に賦払金を支払わなかったため、契約を解除した場合、宅建業法に違反する。

Q 06　〔割賦販売－譲渡担保の禁止〕

　宅地建物取引業者Ａが、宅地建物取引業者ではない買主Ｂとの間で、自ら売主として建物の割賦販売を行った場合で、当該建物を買主Ｂに引き渡し、かつ、代金の額の10分の3を超える額の支払を受けた後は、担保の目的で当該建物を譲り受けてはならない。

A 05

○

[H23-39-2]

　宅建業者は、割賦販売の契約について、**30日以上**の相当の期間を定めてその支払を書面で**催告**しなければ、契約の解除等をすることができない。そして、この規定に反する特約は無効となる。したがって、本問の「20日の期間を定めて書面にて支払を催告」は、宅建業法に違反する。

A 06

○

[R4-43-4]

　宅建業者は、宅地・建物の割賦販売を行う場合、宅地・建物を買主に引き渡し、かつ、代金の額の**10分の3**を超える額の金銭の支払を受けた後は、担保の目的で、その宅地・建物を譲り受けてはならない。

1回目	2回目	3回目
月　日：　/6	月　日：　/6	月　日：　/6

☐☐☐ **Q 01** 〔総論〕

宅建業者Ａ社は、建物の売買の媒介に際して、売買契約の締結後、買主に対して<u>不当に高額の報酬</u>を要求したが、買主がこれを拒んだため、その要求を取り下げた場合、宅建業法に違反する。

☐☐☐ **Q 02** 〔総論〕

宅建業者が、一団の宅地の分譲を行う案内所において宅地の売買の契約の締結を行う場合、その案内所には国土交通大臣が定めた<u>報酬の額を掲示</u>しなければならない。

☐☐☐ **Q 03** 〔総論〕

宅建業者は、媒介に係る報酬の限度額の他に、<u>依頼者の依頼によらない通常の広告の料金</u>に相当する額を報酬に合算して、依頼者から受け取ることができる。

☐☐☐ **Q 04** 〔売買〕

よく出る

宅建業者Ａ（消費税課税事業者）が売主Ｂ（消費税課税事業者）からＢ所有の土地付建物の媒介の依頼を受け、買主Ｃとの間で<u>代金6,400万円</u>（うち、土地代金は4,200万円）の売買契約を成立させた場合、ＡがＢから受領できる<u>報酬の上限額</u>は、<u>198万円</u>である。

☐☐☐ **Q 05** 〔売買〕

宅建業者Ａ（消費税課税事業者）は、ＢからＢ所有の宅地の売却について<u>代理</u>の依頼を受け、Ｃを買主として<u>代金3,000万円</u>で売買契約を成立させた。その際、Ｂから報酬として、<u>126万円</u>を受領しても、宅建業法に違反しない。

Ⓐ 01
⭕
[H23-41-エ]

宅建業者は、不当に高額の報酬を要求する行為をしてはならない。もし、要求する行為をすれば、その要求を取り下げたとしても、宅建業法に**違反**する。

Ⓐ 02
❌
[R3(10)-29-3]

報酬の額は、**事務所ごとに掲示**しなければならない。しかし、案内所**は事務所ではない**ため、報酬の額を掲示する必要はない。

Ⓐ 03
❌
[H28-33-イ]

宅建業者は、告示額の報酬の限度を超えて報酬を受けることはできないが、依頼者の依頼によって行う広告の料金に相当する額については、**別に受領**することができる。しかし、**依頼者の依頼によらない通常の広告の料金に相当する額を報酬に合算**して、依頼者から**受け取ることはできない**。

Ⓐ 04
❌
[H21-41-1改]

消費税の課税対象は、**建物代金のみ**であり、**土地は非課税**なので、土地代金4,200万円、建物代金2,000万円が、消費税を控除した額となる。そして、Aは消費税課税事業者なので、AがBから受領できる報酬の上限額は、「(6,200万円×**3%＋6万円**)×1.1＝211万2,000円」となる。

Ⓐ 05
⭕
[H18-43-ア改]

代理の依頼を受けた課税事業者Aは、Bからは「(3,000万円×3%＋6万円)×2＝192万円」に消費税10%を加えた額(211万2,000円)を限度として、報酬を受領することができる。したがって、Bから126万円を受領しても宅建業法に違反しない。

Q 06 〔売買〕

　宅建業者Ａ（消費税課税事業者）は売主から代理の依頼を、宅建業者Ｂ（消費税課税事業者）は買主から媒介の依頼を、それぞれ受けて、代金5,000万円の宅地の売買契約を成立させた場合、Ａは売主から343万2,000円、Ｂは買主から171万6,000円、合計で514万8,000円の報酬を受けることができる。

Q 07 〔売買〕

　宅建業者Ａ（消費税課税事業者）が土地（代金350万円、消費税等相当額を含まない）の売買について、売主Ｂから媒介を依頼され、現地調査等の費用が通常の売買の媒介に比べ２万円（消費税等相当額を含まない）多く要する場合、その旨をＢに対し説明した上で、ＡがＢから受け取ることができる報酬の上限額は198,000円である。

Q 08 〔売買〕

　宅地（代金300万円。消費税等相当額を含まない）の売買の媒介について、通常の媒介と比較して現地調査等の費用が６万円（消費税等相当額を含まない）多く要した場合、依頼者双方から合計で44万円を上限として報酬を受領することができる。

Q 09 〔貸借〕

　宅建業者Ａ（消費税課税事業者）が単独で行う事務所用建物の貸借の媒介に関し、Ａが受ける報酬の合計額が借賃の1.1か月分以内であれば、Ａは依頼者の双方からどのような割合で報酬を受けてもよく、また、依頼者の一方のみから報酬を受けることもできる。

A 06

×

[R2⑽-30-1]

Aは売買の**代理**の依頼を売主から受けたため、（5,000万円×3％＋6万円）×2×1.1＝343万2,000円までの報酬を売主から受領することができる。また、Bは売買の**媒介**の依頼を買主から受けたため、（5,000万円×3％＋6万円）×1.1＝171万6,000円までの報酬を買主から受領することができる。

しかし、本問のように**複数の宅建業者**が関与した場合には、**合計で媒介の2倍**（＝343万2,000円）までしか報酬を受領することができない。

18

報酬額の制限

A 07

○

[H30-31-3改]

低廉な空家等（代金等の額（消費税等相当額を含まない）が「**400万円以下**」の宅地または建物）の売買・交換の媒介において、通常の売買・交換の媒介と比較して**現地調査等の費用**を要するものについては、当該現地調査等の費用相当額を**加算**して報酬を受け取ることができる。

ただし、この場合、報酬と現地調査等の費用相当額の合計が「**18万円の1.1倍**（＝**19万8,000円**）」を超えることはできない。

A 08

×

[R3⑽-44-3]

本問の代金300万円の宅地は「低廉な空家等」に該当するため、媒介の依頼を受けた「売主」からは、特例として、19万8,000円まで受領できる。しかし、「買主」からは、**現地調査等の費用を受け取ることはできない**ので、「（300万円×4％＋2万円）×1.1＝15万4,000円」までしか受領できない。よって、依頼者双方（売主・買主）から受領できる限度額の合計は、35万2,000円である。

A 09

○

[R2⑽-30-4]

居住用建物**以外**の貸借の媒介を行った宅建業者は、借賃の1.1か月分を限度に報酬を受領することができる。その際、**依頼者の双方からどのような割合で**報酬を受領してもよく、また、依頼者の一方からのみ報酬を受領することもできる。

> **+α** 消費税が前提となっている問題の場合、本問のように「借賃の1.1か月分」と、税込みで限度額が表示される場合があります。

□□□□ **Q 10**　〔貸借〕

よく出る

　宅建業者Ａ（消費税課税事業者）が貸主Ｂから建物の貸借の代理の依頼を受け、宅建業者Ｃ（消費税課税事業者）が借主Ｄから媒介の依頼を受け、ＢとＤとの間で賃貸借契約を成立させた場合で、１か月分の借賃は8万円で、建物を住居として貸借するときは、Ｃは、媒介の依頼を受けるに当たってＤから承諾を得ているときを除き、44,000円を超える報酬をＤから受領することはできない。

□□□□ **Q 11**　〔貸借〕

　宅地建物取引業者Ａ（消費税課税事業者）が居住用建物の貸主Ｂ及び借主Ｃの双方から媒介の依頼を受けるに当たって、依頼者の一方から受けることのできる報酬の額は、借賃の１か月分の0.55倍に相当する金額以内である。ただし、媒介の依頼を受けるに当たって、依頼者から承諾を得ている場合はこの限りではなく、双方から受けることのできる報酬の合計額は借賃の１か月分の1.1倍に相当する金額を超えてもよい。

□□□□ **Q 12**　〔貸借〕

　宅建業者Ａ（消費税課税事業者）が単独で行う居住用建物の貸借の媒介に関して、Ａが依頼者の一方から受けることができる報酬の上限額は、当該媒介の依頼者から報酬請求時までに承諾を得ている場合には、借賃の1.1か月分である。

□□□□ **Q 13**　〔貸借〕

　宅建業者（消費税課税事業者）が居住用建物以外の建物の貸借の媒介を行う場合において、権利金の授受があるときは、当該宅建業者が受領できる報酬額は、借賃の1.1月分又は権利金の額を売買代金の額とみなして算出した金額のいずれか低い方の額を上限としなければならない。

A 10

○

[R3(12)-31-ア]

居住用建物の貸借の媒介の場合、宅建業者が**依頼者の一方から受けることのできる報酬額**は、媒介の依頼を受けるに当たって**依頼者の承諾を得ている場合を除き**、借賃の2分の1か月分に消費税を加えた額以内である。

したがって、本問の場合、Cは、媒介の依頼を受けるに当たってDの承諾を得ているときを除き、4万4,000円を超える報酬を、Dから受領することはできない。

A 11

✕

[R4-27-3]

居住用建物の貸借の媒介の場合、依頼者の一方から受け取ることのできる報酬額は、原則として、借賃の2分の1か月分に消費税を加えた額に制限される。しかし、依頼者の承諾を得ていれば、このような制限はなくなる。ただし、この場合でも、**借賃を基準**とする報酬は、**合計して借賃の1か月分**が上限となることに変わりはなく、たとえ依頼者の承諾を得ていても、これを超えることはできない。

A 12

✕

[R2(10)-30-2]

居住用建物の貸借の媒介を行った宅建業者は、依頼者の承諾を得ている場合を除き、**依頼者の一方から借賃の0.55か月分を限度**に報酬を受領することができる。そして、1.1か月の報酬を受領するにあたり必要となる**依頼者の承諾**は、「報酬請求時まで」ではなく、「依頼を受ける時」に得なければならない。したがって、本問の場合は「借賃の0.55か月分」が報酬の上限となる。

A 13

✕

[H22-42-4改]

居住用建物**以外**の貸借の媒介の依頼を受けた場合に、**権利金の授受があるとき**は、借賃の1.1か月分、または権利金を売買代金とみなして算出した金額のいずれか「高い方」の額が、宅建業者が受領できる報酬の限度額となる。

□□□ **Q 14** 〔貸借〕

　宅建業者Ａ（消費税課税事業者）は、Ｂ所有の<u>店舗用建物</u>について、Ｂ及びＣから媒介の依頼を受け、Ｂを貸主、Ｃを借主とする定期借家契約（<u>1か月分の借賃13万円</u>、退去時に<u>全額返還される保証金</u>300万円とする。）を成立させた場合、ＡがＣから受け取ることができる報酬の限度額は、15万4,000円である。

- -

□□□ **Q 15** 〔貸借〕

　宅建業者Ａ（消費税課税事業者）が貸主Ｂから建物の貸借の代理の依頼を受け、宅建業者Ｃ（消費税課税事業者）が借主Ｄから媒介の依頼を受け、ＢとＤとの間で賃貸借契約を成立させた場合で、1か月分の借賃は8万円で、建物を<u>店舗</u>として貸借するときは、200万円の権利金（権利設定の対価として支払われる金銭であって<u>返還されないものをいい、消費税等相当額を含まない。</u>）の授受があるときは、Ａ及びＣが受領できる報酬の額の合計は、110,000円を超えてはならない。

- -

□□□ **Q 16** 〔低廉な空家等の売買〕

　宅地建物取引業者Ａ（消費税課税事業者）は、土地付建物について、売主Ｂから媒介を依頼され、<u>代金300万円</u>（消費税等相当額を含み、土地代金は80万円である。）で契約を成立させた。<u>現地調査等の費用</u>については、通常の売買の媒介に比べ5万円（消費税等相当額を含まない。）多く要する旨、Ｂに対して説明し、<u>合意の上</u>、媒介契約を締結した。この場合、ＡがＢから受領できる報酬の限度額は<u>20万200円</u>である。

A 14
×
[H19-42-1改]

宅地や非居住用の建物の**貸借**では、**権利金**を基準に**報酬計算**をすることができるが、全額返還される保証金は、**権利金には該当しない**。したがって、Aが受け取ることができる報酬の限度額は「1か月分の借賃×1.1」となり、14万3,000円となる。

A 15
×
[R3(12)-31-ウ]

店舗用建物の**賃貸借で権利金の授受があるもの**の代理または媒介の場合、**権利金の額を売買代金の額とみなして**報酬額の限度を求めることができる。したがって、宅建業者A社及びC社が受領できる報酬額の上限は、「〔(200万円×5%)×2〕×1.1＝22万円」となる。

+α 速算法は、権利金が200万円超400万円以下の場合は「代金の4％＋2万円」、200万円以下の場合は「代金の5％」で、それぞれ計算します。

A 16
×
[R4-27-4]

低廉な空家等（代金の額が400万円以下の宅地・建物）の売買・交換の媒介で、通常の場合と比較して現地調査等の費用を多く要するときに、宅建業者が、空家等の売主である依頼者から受領できる報酬には、**現地調査等に要する費用に相当する額を加えることができる**。ただし、この場合でも、依頼者から受ける報酬の額は、「19万8,000円」を超えることはできない。

+α 本問は、「限度額の知識」だけで解くべきであり、わざわざ計算をして余計な時間を費してはならない問題です。そのことに注意しましょう。

　宅地建物取引業者Ａ（消費税課税事業者）が、Ｂから売買の媒介を依頼され、Ｂからの<u>特別の依頼</u>に基づき、<u>遠隔地への現地調査</u>を実施した。その際、当該調査に<u>要する特別の費用</u>について、Ｂが負担することを<u>事前に承諾</u>していたので、Ａは媒介報酬とは別に、当該調査に要した特別の費用相当額を受領することができる。

遠隔地における現地調査に要する実費の費用等、依頼者の**特別の依頼**により支出を要する**特別の費用に相当する額**の金銭で、その負担について事前に依頼者の承諾があるものについては、別途受領できる。

□□□ **Q 01**　〔宅建士の業務処理の原則〕

「宅地建物取引士は、宅地建物取引業を営む事務所において、<u>専ら宅地建物取引業に従事</u>し、これに<u>専念</u>しなければならない」との規定が宅建業法にある。

□□□ **Q 02**　〔事実不告知等の禁止〕

宅建業者Aの従業員Bは、Cが所有する戸建住宅の買取りを目的とした電話勧誘をBに対して行った際に、<u>不実のことと認識</u>しながら「今後5年以内にこの一帯は再開発されるので、急いで売却した方がよい。」と説明することは、宅建業法に違反しない。

□□□ **Q 03**　〔断定的判断の禁止〕

宅建業者Aが、分譲マンションの購入を勧誘するに際し、<u>うわさをもとに</u>「3年後には<u>間違いなく</u>徒歩5分の距離に新しく私鉄の駅ができる」と告げた場合、そのような計画はなかったとしても、故意にだましたわけではないので宅建業法には違反しない。

□□□ **Q 04**　〔勧誘目的の不告知〕

宅地建物取引業者Aはアンケート調査を装ってその目的が<u>マンションの売買の勧誘であることを告げず</u>に個人宅を訪問し、マンションの売買の勧誘をすることは、宅建業法に違反しない。

A 01
×
[H27-35-3]

本問のように「宅建士は、宅建業を営む事務所において、専ら宅建業に従事し、これに専念しなければならない」との旨の規定はない。

+α 宅建士は、「宅建業の業務に従事するときは、宅地または建物の取引の専門家として、購入者等の利益の保護及び円滑な宅地または建物の流通に資するよう、公正かつ誠実に宅建業法に定める事務を行うとともに、宅建業に関連する業務に従事する者との連携に努めなければならない」とされています。

A 02
×
[R5-28-イ]

宅建業者は、その相手方等に、**重要な一定の事項**について、**故意**に**事実を告げず**、または**不実のことを告げる**行為をしてはならない。本問のように、不実のことと認識しながら（＝故意）説明することは、この規定に違反する。

A 03
×
[H28-34-2]

宅建業者は、宅建業に係る契約の締結の勧誘をするに際し、宅建業者の相手方等に対し、たとえ故意でなくても、当該契約の目的物である宅地または建物の**将来の環境または交通その他の利便**について誤解させるべき**断定的判断を提供する行為**をしてはならない。

A 04
×
[R5-36-エ]

宅建業者は、宅建業に係る**契約の締結の勧誘**に先立って、①宅建業者の商号・名称、②勧誘を行う者の氏名、③契約の締結について勧誘をする目的である旨を告げずに、勧誘を行ってはならない。

Q 05 〔希望しない勧誘の継続の禁止〕

宅建業者が、マンション販売の勧誘をするに際し、<u>相手方から購入を希望しない旨の返事があった後</u>に、当該勧誘を継続することは法に違反しない。

Q 06 〔不当な履行遅延の禁止〕

<u>不当な履行遅延の禁止</u>（宅建業法第44条）は、宅地若しくは建物の<u>登記若しくは引渡し</u>又は取引に係る<u>対価の支払</u>を対象とする。

Q 07 〔守秘義務〕

宅建業者が、宅地建物取引業を<u>営まなくなった</u>後は、その<u>業務上取り扱ったことについて知り得た秘密</u>を他に漏らしても、法に違反しない。

Q 08 〔守秘義務〕

宅建業者は、業務上取り扱ったことについて知り得た秘密に関し、税務署の職員から<u>質問検査権の規定に基づき質問を受けたとき</u>であっても、回答してはならない。

Q 09 〔手付貸与等の禁止〕

宅建業者は、マンションの販売に際して、買主が手付として必要な額を持ち合わせていなかったため、<u>手付を分割受領</u>することにより、契約の締結を誘引することは宅建業法に違反する。

Q 10 〔手付貸与等の禁止〕

宅建業者が、自ら売主として、宅地及び建物の売買の契約を締結するに際し、<u>手付金</u>について、当初提示した<u>金額を減額する</u>ことにより、買主に対し売買契約の締結を誘引し、その契約を締結させることは、宅建業法に違反しない。

A 05

✕

[R2(12)-40-1]

　宅建業者の相手方等が、**当該契約を締結しない旨の意思**（当該勧誘を引き続き受けることを希望しない旨の意思を含む）**を表示**したにもかかわらず、当該**勧誘を継続**することは、宅建業法に違反する。

A 06

○

[H24-40-ア]

　宅建業者は、その業務に関してなすべき宅地・建物の①登記、②引渡し、③取引に係る対価（代金等）の支払について、**不当に遅延する行為**をしてはならない。

+α 「禁止の対象」となる行為は、上記①～③の3つだけです。

A 07

✕

[R2(12)-36-2]

　宅建業者は、正当な理由がある場合でなければ、その業務上取り扱ったことについて知り得た秘密を他に漏らしてはならない。この秘密保持義務は、宅建業を廃業した後であっても同様である。

A 08

✕

[R3(10)-40-4]

　宅建業者・その従業者は、本問のように、**税務署等の職員から質問を受けたとき**や**裁判の証人として証言**を求められたときなど、正当な理由がある場合でなければ、その業務上知り得た秘密を他に漏らしてはならない。

A 09

○

[R3(10)-43-ア]

　宅建業者は、手付について**貸付けその他信用の供与**をすることにより契約の締結を誘引する行為をしてはならない。これには、**手付金の貸与、手付金の分割払**などが含まれる。

A 10

○

[H29-34-1]

　宅建業者が、宅地及び建物の売買の契約を締結するに際し、手付について**貸付けその他信用の供与**をすることにより契約の締結を誘引する行為は禁止されている。しかし、手付金を**減額**することにより契約の締結を誘引する行為は禁止されていない。

1回目	2回目	3回目
月　日：　　/10	月　日：　　/10	月　日：　　/10

Q 01　〔従業者証明書〕

宅建業者は、その業務に従事させる者に、従業者証明書を携帯させなければならないが、その者が宅地建物取引士であり、宅地建物取引士証を携帯していても、従業者証明書は携帯させなければならない。

Q 02　〔従業者証明書〕

宅建業者は、その業務に従事させる者に、従業者証明書を携帯させなければならないが、その者が非常勤の役員や単に一時的に事務の補助をする者である場合には携帯をさせなくてもよい。

Q 03　〔従業者名簿〕

宅建業者は、その事務所ごとに従業者名簿を備える義務を怠った場合、監督処分を受けることはあっても罰則の適用を受けることはない。

Q 04　〔従業者名簿〕

宅建業者は、従業者名簿の閲覧の請求があったときは、取引の関係者か否かを問わず、請求した者の閲覧に供しなければならない。

Q 05　〔従業者名簿〕

宅建業者は、従業者名簿を最終の記載をした日から5年間保存しなければならない。

本章は、宅建業者に「〜しなければならない」と義務を課す
規定に関する問題です。数字等も含め正確な暗記が要求されま
す。毎年1問以上出題される**重要テーマ**のため、繰り返し解く
**➡細かい知識はテキスト等で確認する」とよいでしょう。

20

業務規制②

A 01
O
[R2(10)-39-2]

宅建業者は、従業者に、従業者証明書を携帯させなければ、その者を業務に従事させてはならず、これは、宅建士が**宅建士証**を携帯していたとしても、同様である。

A 02
×
[R2(10)-39-4]

従業者証明書を携帯させるべき者には、非常勤の役員や単に一時的に事務の補助をする者も含まれる。

A 03
×
[H22-29-2]

宅建業者は、従業者名簿の設置義務に違反した場合、業務停止**処分**の対象となるほか、**50万円以下の罰金**に処せられる。

A 04
×
[R2(10)-39-1]

宅建業者は、取引の関係者**から請求**があったときは、従業者名簿をその者の閲覧に供しなければならない。しかし、**取引の関係者以外に閲覧させる義務はない**。

A 05
×
[R5-37-4]

従業者名簿は、事務所ごとに備えなければならず、**最終の記載をした日から「10年間保存」**しなければならない。

　宅建業者は、その<u>事務所</u>ごとに、その業務に関する帳簿を備えなければならず、<u>帳簿の閉鎖後5年間</u>（当該宅建業者が自ら売主となる新築住宅に係るものにあっては10年間）当該帳簿を保存しなければならない。

　宅建業者は、その事務所ごとに、その業務に関する<u>帳簿</u>を備え、取引の関係者から<u>請求があったとき</u>は、<u>閲覧</u>に供しなければならない。

A 06

○

[H24-40-I]

　宅建業者は、その事務所ごとに、その業務に関する帳簿を備え、宅建業に関し取引のあったつど、一定事項を記載しなければならない。そして、**各事業年度の末日をもって閉鎖**し、閉鎖後5年間（当該宅建業者が自ら売主となる新築住宅に係るものにあっては、10年間）当該**帳簿を保存**しなければならない。

A 07

×

[H20-42-2]

　従業者名簿は、取引の関係者から請求があったときに、閲覧に供しなければならないが、帳簿は**閲覧させる必要はない**。

+α　従業者名簿には閲覧に供する義務があることとの違いに注意しましょう。

本テキスト P.360〜「第11章 10 標識の掲示、他」

□□□ **Q 01** 〔標識〕

（よく出る！）

　宅建業者は、一団の宅地の分譲を行う<u>案内所</u>において<u>宅地の売買の契約の締結を行わない</u>場合、その案内所には国土交通省令で定める<u>標識</u>を掲示しなくてもよい。

□□□ **Q 02** 〔標識〕

　宅建業者Ａ社（国土交通大臣免許）が行う<u>宅建業者Ｂ社</u>（甲県知事免許）を売主とする分譲マンション（100戸）に係る販売代理について、Ａ社が単独で当該マンションの所在する場所の<u>隣地</u>に案内所を設けて売買契約の締結をしようとする場合、<u>Ａ社は、マンションの所在する場所に宅建業法第50条第１項の規定に基づく標識を掲げなければならないが、Ｂ社は、その必要がない</u>。

□□□ **Q 03** 〔標識〕

　宅建業者Ａは、マンションを分譲するに際して<u>案内所</u>を設置したが、<u>売買契約の締結をせず</u>、かつ、<u>契約の申込みの受付も行わない</u>案内所であったので、当該案内所に宅建業法第50条第１項に規定する<u>標識を掲示する必要はない</u>。

□□□ **Q 04** 〔標識〕

　宅建業者は、その主たる事務所に、<u>宅建業者免許証を掲げなくともよい</u>が、国土交通省令で定める<u>標識</u>を掲げなければならない。

比較的狭い範囲でありながら、**1問単独で出題されることも多い**テーマです。事務所の規定と対比しつつ、専任の宅建士の設置も含めて、特に誰が、何を、いつまでにしなければならないのか、しっかりと整理しましょう。

A 01
✕
[R3(10)-29-2]

　宅建業者は、**事務所等および案内所等ごとに**、公衆の見やすい場所に、国土交通省令で定める**標識**を掲げなければならない。そして、**売買契約の締結等を**行わない案内所についても、標識を掲示する必要がある。

A 02
✕
[H24-42-ア]

　宅建業者は、一団の宅地・建物の分譲をする場合における当該宅地・建物の所在する場所に、標識を掲げなければならないが、**マンションの所在する場所**に標識を掲げる義務を負うのは、**売主であるB社**であって、販売代理を行うＡ社ではない。

A 03
✕
[H28-29-ア]

　宅建業者は、契約の申込みの受付・締結等を行わなくても、分譲を行う案内所を設置した場合、その場所ごとに、公衆の見やすい場所に標識を掲げなければならない。

+α 標識は、**自らが設置した所に自らが掲示する**と考えればよく、その掲示義務については、そこで売買契約を締結するかどうか、契約の申込みの受付を行うかどうかは無関係です。

A 04
◯
[H25-41-2]

　宅建業者は、事務所等及び事務所等以外の業務を行う場所ごとに、公衆の見やすい場所に、一定の標識を掲げなければならないが、免許証の掲示義務はない。

Q 05 〔案内所等の規制〕

　宅建業者Ａ（甲県知事免許）が乙県内に所在するマンション（100戸）を分譲する場合、Ａが案内所を設置して分譲を行う場合において、契約の締結又は契約の申込みの受付を行うか否かにかかわらず、その案内所に宅建業法第50条第1項の規定に基づく標識を掲げなければならない。

Q 06 〔案内所等の規制〕

（よく出る！）

　宅建業者Ａ（甲県知事免許）が乙県内に所在するマンション（100戸）を分譲する場合、Ａが宅建業者Ｂに販売の代理を依頼し、Ｂが乙県内に案内所を設置する場合、Ａは、その案内所に、宅建業法第50条第1項の規定に基づく標識を掲げなければならない。

Q 07 〔案内所等の規制〕

　宅建業者は、事務所以外の継続的に業務を行うことができる施設を有する場所であっても、契約（予約を含む。）を締結せず、かつ、その申込みを受けない場合、当該場所に専任の宅地建物取引士を置く必要はない。

Q 08 〔案内所等の届出〕

　宅建業者Ａ（甲県知事免許）が、売主である宅建業者Ｂ（甲県知事免許）から、120戸の分譲マンションの販売代理を一括して受け、当該マンションの所在する場所以外の場所にモデルルームを設けて、売買契約の申込みを受ける場合、Ａは、モデルルームの場所について、甲県知事に届け出る必要があるが、Ｂは、その必要はない。

A 05
○
[H27-44-2]

宅建業者は、事務所等及び事務所等以外の国土交通省令で定めるその業務を行う場所ごとに、公衆の見やすい場所に、**標識**を掲げなければならない。宅地・建物の分譲を案内所を設置して行う場合のその案内所もこれに該当する。これは、**契約の締結または契約の申込みの受付を行うか否かにかかわらない。**

A 06
×
[H27-44-1]

案内所の標識を掲げる義務を負う者は、**案内所を設置して宅建業に関する業務を行う宅建業者**である。

したがって、本問では代理業者Bが設置義務を負い、代理の依頼をした自ら売主業者であるAには、標識の設置義務はない。

A 07
○
[R3(10)-29-4]

事務所**以外の場所**で、**専任の宅建士を設置**する必要があるのは、契約の締結やその申込みを受けるものだけである。したがって、契約を締結せず、かつ、申込みを受けない継続的に業務を行うことができる施設を有する場所で事務所以外のものには、専任の宅建士の設置は不要である。

A 08
○
[H14-42-3]

契約の申込みを受けるモデルルームは、「一団の建物の分譲を行う案内所」に該当し、設置者は、免許権者に業務開始の**10日前までに届出**をしなくてはならない。したがって、このモデルルームの設置者である代理業者Aに届出義務があり、売主業者Bには、届出義務はない。

□□□ **Q 01** 〔処分権者〕

(よく出る!)　宅建業者Aが、<u>乙県内で行う建物の売買</u>に関し、取引の関係者に損害を与えるおそれが大であるときは、Aは、免許権者である<u>甲県知事</u>から指示処分を受けることはあるが、<u>乙県知事</u>から指示処分を受けることはない。

□□□ **Q 02** 〔処分権者〕

　宅建業者A（<u>甲県知事免許</u>）が、乙県の区域内の業務に関し乙県知事から指示を受け、その指示に従わなかった場合でも、甲県知事は、Aに対し<u>業務停止の処分</u>をすることはできない。

□□□ **Q 03** 〔処分権者〕

(よく出る!)　宅建業者A（<u>甲県知事免許</u>）が、甲県の区域内の業務に関し甲県知事から指示を受け、その指示に従わなかった場合で、情状が特に<u>重いとき</u>であっても、<u>国土交通大臣</u>は、Aの免許を取り消すことはできない。

□□□ **Q 04** 〔処分権者〕

　<u>甲県知事の登録</u>を受けている宅地建物取引士Aは、乙県内において業務を行う際に提示した宅地建物取引士証が、不正の手段により交付を受けたものであるとしても、<u>乙県知事から登録を消除される</u>ことはない。

□□□ **Q 05** 〔処分事由〕

　宅建業者A社は、引き続いて<u>1年以上事業を休止</u>したときは、<u>免許の取消しの対象</u>となる。

毎年１問以上出題されます。**どのような違反行為に対してど
んな監督処分や罰則があるか**という点、及び、まずは監督処分
は**誰がするのか**、処分をすると**どのような効果が生じるのか**、
そしてその**手続はどうか**、という点に注目しましょう。

22

監督処分

A 01
✕
[H19-36-2]

指示処分は、免許権者のほか、業務を行った**都道府県の知
事**もすることができるため、乙県知事は指示処分をすること
ができる。

A 02
✕
[H18-45-2]

免許権者は、他県の都道府県知事から指示処分を受け、そ
の指示処分に従わなかった宅建業者に対しても、業務停止処
分をすることができる。

A 03
○
[H18-45-3]

免許取消処分をすることができるのは、免許権者だけであ
るから、情状が特に重いときであっても、国土交通大臣はＡ
の免許を取り消すことができない。

A 04
○
[H25-42-2]

宅建士が不正の手段により宅建士証の交付を受けたときは、
その登録は消除されるが、**登録を消除できるのは、登録を受
けた都道府県知事（甲県知事）だけ**なので、業務地を管轄す
る都道府県知事（乙県知事）から、登録消除処分を受けるこ
とはない。

A 05
○
[H23-27-4]

免許権者は、宅建業者が免許を受けてから１年以内に事業
を開始せず、または引き続いて１年以上事業を休止したとき、
免許を取り消さなければならない。

Q 06 〔処分事由〕

宅地建物取引士が都道府県知事から指示処分を受けた場合において、宅建業者（国土交通大臣免許）の責めに帰すべき理由があるときは、国土交通大臣は、当該宅建業者に対して指示処分をすることができる。

Q 07 〔公告〕

甲県知事は、宅建業者Ａ社（国土交通大臣免許）の甲県の区域内における業務に関し、Ａ社に対して指示処分をした場合、遅滞なく、その旨を国土交通大臣に通知するとともに、甲県の公報により公告しなければならない。

Q 08 〔指導・検査等〕

国土交通大臣は、すべての宅建業者に対して、宅建業の適正な運営を確保するため必要な指導、助言及び勧告をすることができる。

Q 09 〔聴聞〕

国土交通大臣又は都道府県知事は、宅建業者に対し、業務の停止を命じ、又は必要な指示をしようとするときは聴聞を行わなければならない。

Q 10 〔両罰規定〕

宅建業者Ａ社は、その相手方等に対して契約に係る重要な事項について故意に事実を告げない行為は禁止されているが、法人たるＡ社の代表者が当該禁止行為を行った場合、当該代表者については懲役刑が科されることがあり、またＡ社に対しても罰金刑が科されることがある。

A 06
○
[H30-32-1]

宅建士が監督処分を受けた場合、それについて宅建業者の責めに帰すべき理由があるときは、免許権者は、その宅建業者に対して指示**処分**または業務停止**処分**をすることができる。

A 07
×
[H24-44-2]

国土交通大臣または都道府県知事は、業務停止処分または免許取消処分をしたときは、その旨を公告しなければならないが、指示処分については、その旨の規定はない。

+α 都道府県知事は、大臣免許の宅建業者に指示処分や業務停止処分をしたときは、遅滞なく、その旨を国土交通大臣に報告しなければならず、また、他の知事免許の宅建業者に処分した場合は、その知事に通知しなければなりません。

A 08
○
[H23-44-1]

国土交通大臣は、すべての宅建業者に対して、宅建業の適正な運営を確保し、または宅建業の健全な発達を図るため必要な指導、助言及び勧告をすることができる。

A 09
○
[H23-44-2]

国土交通大臣または都道府県知事は、宅建業者に対し監督処分をするときは、原則として、聴聞**を行わなければならない**。

+α その期日における**審理**は、公開で行う必要があります。

A 10
○
[H16-44-4]

宅建業者は、取引の相手方等の判断に重要な影響を及ぼす事項について、故意に事実を告げなかったり、または不実のことを告げることをしてはならない。この義務に代表者が違反した場合、その代表者に対して懲役刑（2年以下の懲役）が科されることがあり、また、当該法人に対しても罰金刑（1億円以下の罰金）が科されることがある。

1回目	2回目	3回目
月 日： /10	月 日： /10	月 日： /10

□□□ **Q 01**　〔資力確保措置〕

　宅建業者は、<u>自ら売主</u>として<u>新築住宅を販売する場合</u>だけでなく、<u>新築住宅の売買の媒介</u>をする場合においても、住宅販売瑕疵担保保証金の供託又は住宅販売瑕疵担保責任保険契約の締結を行う義務を負う。

□□□ **Q 02**　〔資力確保措置〕

　宅建業者は、自ら売主として<u>宅建業者である買主</u>との間で新築住宅の売買契約を締結し、その住宅を引き渡す場合、住宅販売瑕疵担保保証金の供託又は住宅販売瑕疵担保責任保険契約の締結を行う義務を負う。

□□□ **Q 03**　〔資力確保措置〕

　宅建業者Ａが、自ら売主として、宅建業者ではない買主Ｂに新築住宅を販売する場合、ＡＢ間の売買契約において、当該住宅の構造耐力上主要な部分に<u>瑕疵があってもＡが瑕疵担保責任を負わない旨の特約があったとき</u>においても、Ａは住宅販売瑕疵担保保証金の供託又は住宅販売瑕疵担保責任保険契約の締結を行う<u>義務を負う</u>。

□□□ **Q 04**　〔資力確保措置〕

　宅建業者Ａが自ら売主として、宅建業者ではない買主Ｂに新築住宅を販売し、住宅販売瑕疵担保責任保険契約の締結をした場合、当該住宅を引き渡した時から10年間、当該住宅の<u>構造耐力上主要な部分、雨水の浸入を防止する部分、給水設備又はガス設備</u>の隠れた瑕疵によって生じた損害について保険金の支払を受けることができる。

毎年**1問の出題**ですが、「一定の宅建業者に義務付けられた**履行確保等の措置**に関連する事項」に絞ってよいでしょう。
　まずは問題を解き、不明な点は「基本テキスト」等に戻って確認しましょう。

A 01

×

[H26-45-2改]

　宅建業者は、「自ら売主」として**新築住宅を販売**する場合だけ、住宅販売瑕疵担保保証金の供託または住宅販売瑕疵担保責任保険契約の締結（**資力確保措置**）を行う義務を負うのであって、新築住宅の売買の「**媒介**」をする場合においては、義務を負わない。

A 02

×

[R4-45-1]

　新築住宅を自ら売主となって売買する宅建業者は、資力確保措置を講じなければならないが、買主が宅建業者である場合は、この義務を負わない。

A 03

○

[R5-45-4]

　新築住宅の自ら売主となる宅建業者は、**資力確保措置を行う義務**を負う。そして、本問のように、これに反する**特約で買主に不利なもの**は、無効である。

A 04

×

[R2(12)-45-3]

　住宅販売瑕疵担保責任保険が支払われる「瑕疵」とは、住宅のうち構造耐力上主要な部分または雨水の浸入を防止する部分として政令で定めるものの瑕疵（**構造耐力または雨水の浸入に影響のないものを除く**）をいう。したがって、給水設備・ガス設備は含まれない。

Q 05 〔資力確保措置〕

　住宅販売瑕疵担保責任保険契約は、新築住宅の買主が保険料を支払うことを約し、住宅瑕疵担保責任保険法人と締結する保険契約であり、当該住宅の引渡しを受けた時から10年間、当該住宅の瑕疵によって生じた損害について保険金が支払われる。

Q 06 〔資力確保措置〕

　宅建業者Ａが自ら売主として、宅建業者ではない買主Ｂに新築住宅を販売し、住宅販売瑕疵担保保証金を供託する場合、当該住宅の床面積が100㎡以下であるときは、新築住宅の合計戸数の算定に当たって、2戸をもって1戸と数えることになる。

Q 07 〔資力確保措置〕

　自ら売主として新築住宅を販売する宅地建物取引業者は、基準日から3週間を経過する日までの間において、当該基準日前10年間に自ら売主となる売買契約に基づき宅地建物取引業者ではない買主に引き渡した新築住宅（住宅販売瑕疵担保責任保険契約に係る新築住宅を除く。）について、住宅販売瑕疵担保保証金の供託をしていなければならない。

Q 08 〔資力確保措置〕

　自ら売主として新築住宅を宅建業者でない買主に引き渡した宅建業者は、その住宅を引き渡した日から3週間以内に、住宅販売瑕疵担保保証金の供託又は住宅販売瑕疵担保責任保険契約の締結の状況について、宅建業の免許を受けた国土交通大臣又は都道府県知事に届け出なければならない。

A 05
×
[H23-45-4]

「住宅販売瑕疵担保責任保険契約」は、①宅建業者が保険料を支払うことを約するものであること、②保険金額が2,000万円以上であること、③新築住宅の引渡しを受けた時から10年以上の期間にわたって有効であること等の要件を満たす必要がある。したがって、保険料は、買主ではなく、売主である宅建業者が支払うこととなる。

A 06
×
[R2(12)-45-1]

住宅販売瑕疵担保保証金の額は、基準日における販売新築住宅の合計戸数によって定まる。算定に当たっては、販売新築住宅のうち、その床面積の合計が55㎡以下のものは、その2戸をもって1戸とする。

A 07
○
[R4-45-3]

宅建業者は、毎年、基準日から3週間を経過する日までの間において、基準日前の10年間に自ら売主として買主に引き渡した新築住宅について、特定住宅販売瑕疵担保責任の履行を確保するため、住宅販売瑕疵担保保証金の供託をしていなければならない（ただし、「住宅販売瑕疵担保責任保険契約」に係る新築住宅は除く）。

A 08
×
[H30-45-2]

新築住宅を引き渡した宅建業者は、基準日ごとに、当該基準日に係る住宅販売瑕疵担保保証金の供託及び住宅販売瑕疵担保責任保険契約の締結（資力確保措置）の状況について、免許を受けた国土交通大臣または都道府県知事に届け出なければならない。この届出は、「住宅を引き渡した日」からではなく、基準日から3週間以内に行う必要がある。

宅建業者Ａは、基準日に係る住宅販売瑕疵担保保証金の供託及び住宅販売瑕疵担保責任保険契約の締結の状況についての<u>届出</u>をしなければ、当該基準日の翌日から<u>起算</u>して<u>１月</u>を経過した日以後においては、<u>新たに自ら売主となる新築住宅の売買契約を締結することができない</u>。

宅建業者Ａが、自ら売主として、宅建業者ではない買主Ｂに新築住宅を販売する場合で、Ａは、住宅販売瑕疵担保保証金の供託をするときは、当該住宅の売買契約を締結するまでに、Ｂに対し<u>供託所の所在地等</u>について、必ず<u>書面</u>を交付して説明しなければならず、買主の承諾を得ても書面の交付に代えて<u>電磁的方法により提供することはできない</u>。

A 09

✕

[R3(12)-45-2]

新築住宅を引き渡した宅建業者は、供託をし、かつ、届出をしなければ、基準日の翌日から起算して50日を経過した日以後においては、新たに自ら売主となる新築住宅の売買契約を締結してはならない。

A 10

✕

[R5-45-2]

新築住宅を引き渡した宅建業者は、**供託所の所在地等に関する説明**については、**買主の承諾**を得れば、**書面**に記載すべき事項を、**電磁的方法**により**提供**することができる。

第3編

法令上の制限

□□□ **Q 01** 〔都市計画区域〕

　都市計画区域は、市又は人口、就業者数その他の要件に該当する町村の中心の市街地を含み、かつ、自然的及び社会的条件並びに人口、土地利用、交通量その他の現況及び推移を勘案して、<u>一体の都市として総合的に整備し、開発し、及び保全する必要がある区域を当該市町村の区域の区域内に限り指定</u>するものとされている。

□□□ **Q 02** 〔準都市計画区域〕

　<u>準都市計画区域</u>は、<u>都市計画区域外の区域</u>のうち、<u>新たに住居都市、工業都市その他の都市として</u><u>開発</u>し、及び<u>保全</u>する必要がある区域に指定するものとされている。

□□□ **Q 03** 〔区域区分〕

　都市計画区域については、無秩序な市街化を防止し、計画的な市街化を図るため、都市計画に<u>必ず</u>市街化区域と市街化調整区域との<u>区分</u>を<u>定めなければならない</u>。

□□□ **Q 04** 〔区域区分〕

（よく出る！）

　<u>市街化区域</u>は、既に市街地を形成している区域であり、<u>市街化調整区域</u>は、おおむね<u>10年以内に市街化を図る予定の区域及び市街化を抑制すべき区域</u>である。

次章と合わせて毎年1問出題される項目です。**都市計画区域の指定と用途地域**等に関する出題が中心ですが、**抽象的な語句が多いため、イメージがつかみにくい**ところです。問題演習を中心に学習することで、ポイントが明確になります。

 01

✕

[H23-16-1]

　都市計画区域は、必要があるときは、2以上の都府県にまたがって**指定**することができる。したがって、当該市町村の区域外にわたって指定することもできる。

A 02

✕

[H22-16-2]

　準都市計画区域は、都市計画区域外の区域のうち、一定の要件に該当し、そのまま土地利用を整序し、または環境を保全するための措置を講ずることなく**放置すれば**、将来における一体の都市としての整備、開発及び保全に**支障が生じるおそれがある区域**について指定される。

> **+α** 本問の内容は、都市計画区域の指定要件の1つです。

A 03

✕

[H23-16-4]

　都市計画区域について無秩序な市街化を防止し、計画的な市街化を図るため必要があるときは、都市計画に、**市街化区域と市街化調整区域との区分**を定めることが「**できる**」。

> **+α** 三大都市圏及び指定都市の区域の全部または一部を含む都市計画区域では、必ず区域区分を定めますが、**一定の指定都市や中核市はこれに該当しません**。

A 04

✕

[H14-17-3]

　市街化区域は、すでに**市街地を形成している区域**、及びおおむね**10年以内に優先的かつ計画的に市街化を図るべき区域**である。これに対して、**市街化調整区域**は、市街化を抑制すべき区域である。

1

都市計画法①（都市計画①）

　　市街化区域については、<u>少なくとも用途地域を定める</u>ものとし、市街化調整区域については、<u>原則として用途地域を定めない</u>ものとする。

　　近隣商業地域は、主として商業その他の業務の利便の増進を図りつつ、これと調和した<u>住居の環境を保護</u>するため定める地域とする。

　　用途地域のうち、<u>第一種低層住居専用地域</u>については、低層住宅に係る良好な住居の環境を保護するため、都市計画に少なくとも建築物の<u>容積率</u>、建蔽率及び<u>高さの限度を定めなければならない</u>。

　　第一種住居地域は、<u>低層住宅</u>に係る良好な住居の環境を保護するため定める地域であり、第二種住居地域は、<u>中高層住宅</u>に係る良好な住居の環境を保護するため定める地域である。

A 05

◯

[H30-16-3]

市街化区域については、少なくとも**用途地域**を定め、市街化調整区域については、原則として**用途地域**を定めない。

A 06

✕

[R3(12)-15-1]

近隣商業地域は、「近隣の住宅地の住民に対する日用品の供給」を行うことを主たる内容とする商業その他の業務の利便を増進するため定める地域である。

> **+α** 本問は、次のように、他の用途地域の定義が混ざった"ヒッカケ問題"です。
> ● **商業地域**：主として商業その他の業務の利便を増進するため定める地域
> ● **準住居地域**：道路の沿道としての地域の特性にふさわしい業務の利便の増進を図りつつ、これと調和した住居の環境を保護するため定める地域

A 07

◯

[H14-18-1改]

第一種低層住居専用地域・第二種低層住居専用地域・田園住居地域内については、都市計画に建築物の容積率・建蔽率・高さの限度を定めなければならない。

A 08

✕

[H15-17-2]

第一種住居地域は、住居の環境を保護するため定める地域であり、**第二種住居地域**は、主として**住居の環境を保護する**ため定める地域である。

> **+α** 本問は、**第一種低層住居専用地域**及び**第一種中高層住居専用地域**の内容です。

Q 09 〔特別用途地区〕

特別用途地区は、文教地区、観光地区などの11類型の総称であり、主として用途地域による用途規制を強化したり、緩和することにより当該地区の特性にふさわしい特別の目的の実現を図るものである。

Q 10 〔特定用途制限地域〕

特定用途制限地域は、用途地域が定められている土地の区域内において、都市計画に、制限すべき特定の建築物等の用途の概要を定める地域とされている。

Q 11 〔高度利用地区〕

高度利用地区は、用途地域内において市街地の環境を維持し、又は土地利用の増進を図るため、建築物の高さの最高限度又は最低限度を定める地区である。

Q 12 〔高度地区〕

高度地区は、用途地域内の市街地における土地の合理的かつ健全な高度利用と都市機能の更新を図るため、少なくとも建築物の容積率の最高限度及び最低限度、建蔽率の最高限度、建築面積の最低限度を定めなければならない。

A 09

×

[H14-18-3]

特別用途地区は、用途地域内の一定の地区における当該地区の特性にふさわしい土地利用の増進、環境の保護等の特別の目的の実現を図るため**当該用途地域の指定を**補完して定められる。

+α 特別用途地区は、文教地区・観光地区等の"類型の総称"ではありません。なお、現在は、具体的な地区の名称についての規定はありません。

A 10

×

[R5-15-3]

特定用途制限地域は、用途地域が「定められていない」土地の区域（市街化調整区域を除く）内で、**制限すべき特定の建築物等の用途の概要**を定める地域である。

A 11

×

[H28-16-3]

高度利用地区には、建築物の「高さ」そのものは「定めない」。本問は、高度地区の内容である。

+α 高度利用地区は、**用途地域内**において、市街地の土地の合理的かつ健全な**高度利用**と都市機能の更新とを図るため、**容積率の最高限度及び最低限度、建蔽率の最高限度、建築面積の最低限度**並びに**壁面の位置**の制限を定める地区です。

A 12

×

[H14-18-2改]

高度地区で定めるとされているのは、高さのみである。本問は、高度利用地区の内容である。

　高層住居誘導地区は、住居と住居以外の用途を適正に配分し、利便性の高い高層住宅の建設を誘導するため、第一種中高層住居専用地域、第二種中高層住居専用地域等において定められる地区をいう。

　風致地区内における建築物の建築については、一定の基準に従い、地方公共団体の条例で、都市の風致を維持するため必要な規制をすることができる。

　準都市計画区域については、都市計画に、特別用途地区を定めることができる。

A 13
×
[H17-19-4]

高層住居誘導地区は、第一種住居地域、第二種住居地域、準住居地域、近隣商業地域または準工業地域で定められる。つまり、「～専用地域」には定めない。

+α 高層住居誘導地区は、第一種・第二種中高層住居専用地域では定められません。

A 14
○
[H30-16-2]

風致地区内における建築物の建築、宅地の造成、木竹の伐採その他の行為については、政令で定める基準に従い、**地方公共団体の条例**で、都市の風致を維持するため必要な規制をすることができる。

A 15
○
[R4-15-2]

準都市計画区域については、都市計画に、①用途地域、②特別用途地区、③特定用途制限地域、④高度地区、⑤景観地区、⑥風致地区、⑦緑地保全地域、⑧伝統的建造物群保存地区の8つを定めることができる。

1

都市計画法①（都市計画①）

1回目	2回目	3回目
月 日： /15	月 日： /15	月 日： /15

Q 01 〔都市施設〕

都市計画は、都市計画区域内において定められるものであるが、道路や公園などの都市施設においては、特に必要があるときは当該都市計画区域外においても定めることができる。

Q 02 〔施行区域等の制限〕

都市計画施設の区域又は市街地開発事業の施行区域内において建築物の建築をしようとする者は、一定の場合を除き、都道府県知事(市の区域内にあっては、当該市の長)の許可を受けなければならない。

Q 03 〔事業地内の制限〕

都市計画事業の認可の告示があった後、当該許可に係る事業地内において、当該都市計画事業の施行の障害となるおそれがある土地の形質の変更を行おうとする者は、都道府県知事(市の区域内にあっては、当該市の長)の許可を受けなければならない。

Q 04 〔田園住居地域内の制限〕

田園住居地域内の農地の区域内において、土地の形質の変更を行おうとする者は、一定の場合を除き、市町村長の許可を受けなければならない。

　　地区計画等や都市施設などの**都市計画**に関する問題です。**地区計画の届出制・都市計画施設の建築制限・事業地内の建築制限**が出題の中心です。たとえ理解が伴わなくても、問題に対応できれば〇Kと割り切るのも、1つの手です。

A 01

〇

[H14-17-2]

　　都市計画は、原則として都市計画区域内で定められるが、**都市施設**は、特に必要がある場合、**都市計画区域外でも定めることができる**。

A 02

〇

[H29-16-ア]

　　都市計画施設の区域または市街地開発事業の施行区域内における建築物の建築については、原則として、都道府県知事**等の許可**が必要である。

A 03

〇

[H29-16-ウ]

　　都市計画事業の認可の告示があった後、当該認可に係る事業地内で、都市計画事業の施行の障害となるおそれがある①**土地の形質の変更**、②**建築物の建築**その他工作物の建設、③政令で定める移動の容易でない**物件の設置・堆積**を行おうとする者は、都道府県知事**等の許可**を受けなければならない。

+α　「事業地内の制限」については、知事等の許可が不要となる「例外」は、規定されていません。

A 04

〇

[H30-16-1]

　　田園住居地域内の**農地**（耕作の目的に供される土地）の区域内において、①土地の形質の変更、②建築物の建築その他工作物の建設、③土石その他の政令で定める物件の堆積を行おうとする者は、**原則として、市町村長の許可**を受けなければならない。

+α　「田園住居地域内の制限」については、「知事等」の許可ではなく、「市町村長」の許可であることに注意しましょう。

2

都市計画法②（都市計画②）

Q 05　〔地区計画〕

　地区計画は、建築物の建築形態、公共施設その他の施設の配置等からみて、一体としてそれぞれの区域の特性にふさわしい態様を備えた良好な環境の各街区を整備し、開発し、及び保全するための計画であり、用途地域が定められている土地の区域においてのみ定められる。

Q 06　〔地区計画〕

　地区計画の区域のうち地区整備計画が定められている区域内において、建築物の建築等の行為を行った者は、一定の行為を除き、当該行為の完了した日から30日以内に、行為の種類、場所等を市町村長に届け出なければならない。

Q 07　〔都市計画の決定〕

　市町村が定めた都市計画が、都道府県が定めた都市計画と抵触するときは、その限りにおいて、市町村が定めた都市計画が優先する。

Q 08　〔都市計画の決定〕

　都市計画の決定又は変更の提案は、当該提案に係る都市計画の素案の対象となる土地について所有権又は借地権を有している者以外は行うことができない。

A 05

✕

[H18-18-1]

地区計画は、用途地域が定められている土地の区域だけではなく、用途地域が定められていない一定の土地の区域でも定めることができる。つまり、地区計画を定めるのは、用途地域内に限られない。

A 06

✕

[H24-16-4]

地区計画の区域のうち地区整備計画が定められている区域内において、**土地の区画形質の変更、建築物の建築**などを行おうとする者は、原則として、当該行為に着手する日の「30日前」までに、行為の種類、場所、設計または施行方法、着手予定日などを市町村長に届け出なければならない。「完了した日から30日以内」ではない。

A 07

✕

[H27-16-4]

市町村が定めた都市計画が、都道府県が定めた都市計画と**抵触**するときは、その限りにおいて、都道府県が定めた都市計画が優先する。

A 08

✕

[H24-16-2]

都市計画の決定または**変更の提案**は、当該提案に係る都市計画の素案の対象となる土地について所有権または借地権を有する者のほか、まちづくりの推進を図る活動を行うことを目的とするNPO、一般社団法人もしくは一般財団法人その他の営利を目的としない法人、独立行政法人都市再生機構、地方住宅供給公社なども行うことができる。

1回目	2回目	3回目
月　日：　/ 8	月　日：　/ 8	月　日：　/ 8

基本テキスト　P.420〜「第2章 都市計画法②」

□□□ **Q 01**　〔開発行為の定義〕

　市街化調整区域において、野球場の建設を目的とした8,000㎡の土地の区画形質の変更を行おうとする者は、あらかじめ、都道府県知事の許可を受けなければならない。

□□□ **Q 02**　〔許可不要の規模〕

　市街化調整区域において行う開発行為で、その規模が300㎡であるものについては、常に開発許可は不要である。

□□□ **Q 03**　〔許可不要の規模〕

　区域区分が定められていない都市計画区域内において、20戸の分譲住宅の新築を目的として5,000㎡の土地の区画形質の変更を行おうとする場合は、都道府県知事の許可を受けなければならない。

次章と合わせて毎年1問出題されています。ここで取り上げている**開発許可の要否**に関する問題は、都市計画法の中では最も得点しやすい部分です。**開発許可**という用語の定義と**許可不要の例外**を、しっかり確認しておいてください。

A 01

✕

[R元-16-3]

「開発行為」とは、主として**建築物の建築または**特定工作物の建設の用に供する目的で行う**土地の区画形質の変更**をいい、「**特定工作物**」とは、①コンクリートプラントその他周辺の地域の環境の悪化をもたらすおそれがある工作物で政令で定めるもの（第一種特定工作物）、または②ゴルフコース、規模が「1ヘクタール以上」の野球場、庭球場、陸上競技場、遊園地、動物園その他の運動・レジャー施設等、墓園である工作物（第二種**特定工作物**）をいう。

本問の野球場は、規模が8,000㎡なので、第二種特定工作物に当たらず、よって、その建設を目的とした土地の区画形質の変更は、開発行為に該当せず、都道府県知事の許可は不要である。

+α その行為が「開発行為」に該当しなければ、そもそも開発許可は不要です。

A 02

✕

[H25-16-2]

市街化調整区域においては、「開発行為の**規模が小さいこと**を理由に、開発許可が不要となる」とする例外はない。

A 03

○

[H22-17-1]

区域区分の定めのない都市計画区域内では、3,000㎡未満の開発行為については許可は不要である。したがって、分譲住宅を新築するための5,000㎡の土地の区画形質の変更をするには、開発許可が必要である。

Q 04 〔許可不要の規模〕

準都市計画区域において、商業施設の建築を目的とした2,000㎡の土地の区画形質の変更を行おうとする者は、あらかじめ、都道府県知事の許可を受けなければならない。

Q 05 〔許可不要の規模〕

都市計画区域及び準都市計画区域外の区域内において、8,000㎡の開発行為をしようとする者は、都道府県知事の許可を受けなくてよい。

Q 06 〔農林漁業用建築物〕

市街化調整区域内において、農業の用に供する建築物の建築の用に供する目的で行う開発行為であれば、常に開発許可は不要である。

Q 07 〔農林漁業用建築物〕

市街化区域において、農業を営む者の居住の用に供する建築物の建築を目的とした1,500㎡の土地の区画形質の変更を行おうとする者は、都道府県知事の許可を受けなくてよい。

Q 08 〔農林漁業用建築物〕

市街化調整区域内において生産される農産物の貯蔵に必要な建築物の建築を目的とする当該市街化調整区域内における土地の区画形質の変更は、都道府県知事の許可を受けなくてよい。

A 04

✕

[R3(10)-16-3]

準都市計画区域内において行う3,000㎡未満の開発行為については、**許可は**不要である。したがって、商業施設の建築の用に供する目的で行う2,000㎡の開発行為については、開発許可が不要である。

A 05

○

[H30-17-3]

都市計画区域及び準都市計画区域外の区域内においては、1ヘクタール（10,000㎡）以上の開発行為についてのみ、**開発許可**を受ける必要がある。したがって、8,000㎡の開発行為については、開発許可は不要である。

A 06

○

[H14-19-2]

市街化区域以外では、**農業の用に供する建築物の建築の用に供する目的で行う開発行為**については、規模を問わず、開発許可は不要である。

A 07

✕

[R元-16-2]

開発行為をしようとする者は、原則として、あらかじめ都道府県知事の許可を受けなければならない。ただし、**市街化区域**において行う開発行為で、その規模が1,000㎡未満であるものは、**許可を受ける必要**はない。したがって、市街化区域において1,500㎡の開発行為を行う本問の場合、原則どおり、都道府県知事の許可が必要となる。

> **+α** 市街化区域以外の区域では、「農林漁業用建築物等の例外」がありますが、市街化区域内では、この例外はありません。

A 08

✕

[H23-17-2]

農産物の貯蔵に必要な建築物は、許可不要である「農林漁業用建築物」とは異なるため、開発許可が必要である。

3

都市計画法③（開発許可制度①）

Q 09 〔公益上必要な建築物〕

　市街化調整区域において、図書館法に規定する図書館の建築の用に供する目的で行われる3,000㎡の開発行為は、都市計画法による許可を受ける必要がある。

Q 10 〔公益上必要な建築物〕

　区域区分が定められていない都市計画区域内において、博物館法に規定する博物館の建築を目的とした8,000㎡の開発行為を行おうとする者は、都道府県知事の許可を受けなくてよい。

Q 11 〔施行区域〕

　区域区分が定められていない都市計画区域において、土地区画整理事業の施行として行う8,000㎡の土地の区画形質の変更を行おうとする者は、あらかじめ、都道府県知事の許可を受けなければならない。

Q 12 〔非常災害のため必要な応急措置〕

　非常災害のため必要な応急措置として開発行為をしようとする者は、当該開発行為が市街化調整区域内において行われるものであっても都道府県知事の許可を受けなくてよい。

09
×
[H24-17-ア]

駅舎その他の鉄道の施設、図書館、**公民館、変電所**その他これらに類する公益上必要な建築物の**建築の用**に供する目的で行う開発行為は、区域・規模を問わず、開発許可は不要である。

 10
○
[R4-16-2]

駅舎その他の鉄道の施設、図書館、博物館、公民館、変電所等の公益的建築物**を建築するために行う開発行為**は、区域・規模を問わず、開発許可が不要である。

 11
×
[R3(10)-16-4]

土地区画整理事業の施行として行う開発行為については、**区域・規模を問わず**、開発許可は不要である。

A 12
○
[H30-17-1]

非常災害のため必要な応急措置として行う開発行為については、区域・規模を問わず、常に**開発許可を受ける必要はない。**

1回目	2回目	3回目
月　日：　/12	月　日：　/12	月　日：　/12

🔍基本テキスト　P.425〜「第2章 2 開発許可の手続」

□□□ **Q 01** 〔許可申請〕

　開発許可の申請は、自己が所有している土地についてのみ行うことができる。

- -

□□□ **Q 02** 〔許可申請〕

　開発行為に関する設計に係る設計図書は、開発許可を受けようとする者が作成したものでなければならない。

- -

□□□ **Q 03** 〔許可申請〕

　開発許可を申請しようとする者は、あらかじめ、開発行為又は開発行為に関する工事により設置される公共施設を管理することとなる者と協議しなければならない。

- -

□□□ **Q 04** 〔許可申請〕

　開発許可を申請しようとする者は、あらかじめ、開発行為に関係がある公共施設の管理者と協議し、その同意を得なければならない。

- -

□□□ **Q 05** 〔許可申請〕

　都道府県知事は、用途地域の定められていない土地の区域における開発行為について開発許可をする場合において必要があると認めるときは、当該開発区域内の土地について、建築物の敷地、構造及び設備に関する制限を定めることができる。

開発許可の手続と開発区域内外の建築規制からの出題です。法令上の制限の中でも、**開発許可制度は合否に直結する項目**です。最初は難しく感じられても、**学習量が必ず得点につながる**ので、真剣に、何度も繰り返して問題演習をしましょう。

A 01
✕
[H13-19-2]

　開発許可の申請は、**自己所有の土地でなくても**することができる。

+α　自己所有の土地以外で開発行為をする場合、開発行為に関する工事の実施の妨げとなる権利を有する者（**土地の所有者等**）の相当数の同意が必要となります。

A 02
✕
[H18-20-1]

　開発区域の面積が1ha（10,000㎡）以上の開発行為を行う者が、許可を受けるため添付すべき設計に係る設計図書は、国土交通省令で定める資格を有する者が作成したものでなければならない。

A 03
○
[R2⑽-16-1]

　開発許可を申請しようとする者は、あらかじめ、開発行為または開発行為に関する工事により設置される**公共施設を管理することとなる者**その他政令で定める者と協議しなければならない。

A 04
○
[R5-16-1]

　開発行為をしようとする者は、あらかじめ、開発行為に関係がある公共施設の管理者と協議して同意を得る必要がある。

A 05
○
[H28-17-4]

　都道府県知事は、用途地域の定められていない区域内の開発行為について許可をする場合、必要に応じ、建築物の建蔽率等に関する**制限を定める**ことができる。

Q 06　〔開発許可基準〕

　都市計画法第33条に規定する開発許可の基準のうち、排水施設の構造及び能力についての基準は、主として<u>自己の居住の用</u>に供する住宅の建築の用に供する目的で行う開発行為に対しては<u>適用されない</u>。

Q 07　〔開発許可後の変更〕

　開発許可を受けた者は、開発行為に関する国土交通省令で定める<u>軽微な変更</u>をしたときは、遅滞なく、その旨を<u>都道府県知事に届け出</u>なければならない。

Q 08　〔開発許可後の変更〕

　開発許可を受けた者は、開発行為に関する<u>工事の廃止</u>をしようとするときは、<u>都道府県知事の許可</u>を受けなければならない。

Q 09　〔公共施設の帰属〕

　開発許可を受けた開発行為により<u>公共施設が設置</u>されたときは、その公共施設は、工事完了の公告の日の<u>翌日</u>において、<u>原則</u>として<u>その公共施設の存する市町村の管理</u>に属するものとされている。

Q 10　〔完了公告前の制限〕

　開発許可を受けた開発区域内の土地においては、<u>開発工事完了の公告があるまでの間</u>は、原則として、建築物を建築することができない。

A 06

×

[H23-17-3]

排水施設の構造及び能力についての基準は、主として自己の居住の用に供する住宅の建築の用に供する目的で行う開発行為か否かに関係なく、適用される。つまり、**自宅・業務用**共通の基準である。

+α 許可基準には、①すべてに適用される基準、②業務用の開発行為だけに適用される基準、③市街化調整区域の場合だけ適用される基準、の３種類があります。

A 07

○

[R3⑿-16-2]

開発許可を受けた者は、開発許可の**申請書の記載事項の変更**をしようとする場合は、原則として、都道府県知事の**許可が必要**である。ただし、一定の**軽微な変更**（開発行為の工事の完了予定日の変更など）をしようとするときは、許可は不要であるが、遅滞なく、その旨を**都道府県知事**に届け出なければならない。

A 08

×

[R3⑿-16-3]

開発許可を受けた者は、開発行為に関する工事を廃止したときは、遅滞なく、その旨を**都道府県知事に届け出**なければならない。したがって、都道府県知事の「許可」は不要である。

A 09

○

[R2⑽-16-3]

開発許可を受けた開発行為または開発行為に関する工事により公共施設が設置されたときは、その公共施設は、工事完了の公告の日の翌日において、①他の法律に基づく管理者が別にあるとき、②協議により管理者について別段の定めをしたときを除き、その公共施設の存する**市町村の管理**に属する。

A 10

○

[H13-19-3]

開発許可を受けた開発区域内の土地では、工事完了の**公告があるまでの間**は、**一定の例外を除いて**、原則として、建築物を建築することができない。

Q 11 〔完了公告前の制限〕

開発行為に同意していない<u>土地の所有者</u>は、当該開発行為に関する<u>工事完了の公告前</u>に、当該開発許可を受けた開発区域内において、その<u>権利の行使</u>として自己の土地に<u>建築物を建築</u>することができる。

Q 12 〔完了公告後の制限〕

<u>用途地域等の定めがない土地</u>のうち開発許可を受けた開発区域内においては、開発行為に関する<u>工事完了の公告があった後</u>は、<u>都道府県知事の許可</u>を受けなければ、当該開発許可に係る予定建築物以外の建築物を新築することができない。

Q 13 〔市街化調整区域内の制限〕

<u>市街化調整区域</u>のうち開発許可を受けた開発区域<u>以外</u>の区域内において、自己の居住用の<u>住宅を新築</u>しようとする全ての者は、当該建築が開発行為を伴わない場合であれば、都道府県知事の許可を受けなくてよい。

Q 14 〔市街化調整区域内の制限〕

都市計画事業の施行として行う建築物の新築であっても、<u>市街化調整区域</u>のうち開発許可を受けた開発区域<u>以外</u>の区域内においては、<u>都道府県知事の許可</u>を受けなければ、<u>建築物の新築</u>をすることができない。

A 11

○

[R3(12)-16-4]

開発区域内の建築行為は、工事完了の公告があるまでは、**原則として禁止**される。しかし、例外として、①工事用仮設建築物等、②知事が認めたとき、③開発行為に同意していない土地の所有者がその権利の行使として建築物を建築することができる。

A 12

○

[H30-17-2]

開発許可を受けた開発区域内で、工事完了の公告があった後は、原則として予定建築物等以外の建築物を建築することはできない。ただし、**都道府県知事が許可したとき**または用途地域等が定められている**とき**は、例外となる。

A 13

×

[R5-16-4]

市街化調整区域のうち開発許可を受けた開発区域以外の区域内において、**建築物を建築等**する場合、原則として都道府県知事の許可を受ける必要がある。これは、その新築等が開発行為を伴わない（＝土地の区画形質の変更を行わない）場合でも、同様である。

A 14

×

[R2(10)-16-2]

何人も、**市街化調整区域**のうち**開発許可を受けた開発区域以外の区域内においては、原則**として、都道府県知事**の許可**を受けなければ、建築物の新築・改築・用途変更、第一種特定工作物の新設をしてはならない。しかし、都市計画事業の施行として行う建築物の新築・改築・用途の変更、または第一種特定工作物の新設であれば、**例外**として、**都道府県知事の許可**を受けなくても行うことができる。

1回目	2回目	3回目
月　日：　　/14	月　日：　　/14	月　日：　　/14

□□□ **Q 01** 〔適用除外〕

　建築基準法の改正により、現に存する建築物が改正後の規定に適合しなくなった場合には、当該建築物は違反建築物となり、速やかに改正後の建築基準法の規定に適合させなければならない。

□□□ **Q 02** 〔防火壁等〕

　延べ面積が1,000㎡を超える準耐火建築物は、防火上有効な構造の防火壁又は防火床によって有効に区画し、かつ、各区画の床面積の合計をそれぞれ1,000㎡以内としなければならない。

□□□ **Q 03** 〔避雷設備〕

　3階建て、延べ面積600㎡、高さ10mの建築物には、有効に避雷設備を設けなければならない。

□□□ **Q 04** 〔昇降機〕

　高さ30mの建築物には、非常用の昇降機を設けなければならない。

□□□ **Q 05** 〔シックハウス等〕

　居室の内装の仕上げには、ホルムアルデヒドを発散させる建築材料を使用することが認められていない。

A 01

✕

[R4-17-1]

建築基準法（命令・条例を含む）の施行または適用の際、現に存する建築物やその敷地、または、現に建築・修繕・模様替の工事中の建築物やその敷地がこれらの規定に適合せず、またはこれらの規定に適合しない部分を有する場合（既存不適格建築物）は、当該建築物・敷地または建築物・敷地の部分に対して、当該規定は**適用されない**。

A 02

✕

[R2(10)-17-3]

延べ面積が1,000㎡を超える建築物は、一定の防火壁または防火床によって有効に区画し、かつ、各区画の床面積の合計をそれぞれ1,000㎡以内としなければならない。しかし、耐火建築物または準耐火建築物については、この規定は適用されない。

A 03

✕

[H22-18-3]

高さ**20mを超える**建築物には、原則として、有効に避雷設備を設けなければならないが、本問の建築物は高さ10mであるから、これに該当しない。

A 04

✕

[R2(10)-17-4]

非常用の昇降機を設けなければならないのは、高さ「31mを超える」建築物である。よって、高さ30mの建築物に設ける必要はない。

A 05

✕

[R3(10)-17-1]

居室を有する建築物では、ホルムアルデヒドについては、政令で定める技術的基準によって、建築材料等が定められている。したがって、定められた範囲内であれば、ホルムアルデヒドを発散させる建築材料を使用することは可能であり、「使用することが一切認められていない」わけではない。

Q 06 〔開口部の確保〕

　　住宅の地上階における居住のための居室には、採光のための窓その他の開口部を設け、その採光に有効な部分の面積は、原則として、その居室の床面積に対して7分の1以上としなければならない。

Q 07 〔屋上広場等〕

　　3階建ての共同住宅の各階のバルコニーには、安全上必要な高さが1.1m以上の手すり壁、さく又は金網を設けなければならない。

 Q 08 〔災害危険区域〕

　　地方公共団体は、条例で、津波、高潮、出水等による危険の著しい区域を災害危険区域として指定し、当該区域内における住居の用に供する建築物の建築を禁止することができる。

Q 09 〔建築確認〕

　　木造3階建て、延べ面積500㎡、高さ15mの一戸建て住宅について大規模の修繕をする場合は、建築確認を受ける必要はない。

Q 10 〔建築確認〕

　　準都市計画区域内に建築する木造の建築物で、2の階数を有するものは、建築確認を必要としない。

A 06

◯

[H26-17-1改]

「地上階」における居住のための居室・学校の教室・病院の病室等には、原則として、**採光のための窓その他の開口部**を設け、その採光に有効な部分の面積は、**住宅**の居住のための居室では、原則として「**7分の1以上**」としなければならない。ただし、50ルックス以上の照度を確保できる照明設備を設置すれば、「**10分の1以上**」にできる。

+α 「地階」は、この制限の**対象外**となることに注意しましょう。

A 07

✕

[H25-17-イ]

屋上広場または2階以上の階にあるバルコニーその他これに類するものの周囲には、安全上必要な高さが**1.1m以上**の手すり壁、さくまたは金網を設けなければならない。したがって、「**2階以上**」のバルコニーだけが対象となり、1階部分のバルコニーは対象外となる。

A 08

◯

[R5-17-1]

地方公共団体は、条例で、津波・高潮・出水等による危険の著しい区域を「災害危険区域」として指定できる。そして、災害危険区域内の住居用建築物の建築の禁止その他の制限は、この条例で定める。

A 09

✕

[H16-21-2]

木造建築物は、**階数**3以上、延べ面積500㎡超、高さ13m超、軒高9m超のいずれかに**該当**すれば大規模な建築物に該当し、その大規模修繕をする場合は、全国どこででも建築確認が必要となる。

A 10

✕

[H21-18-ア]

都市計画区域もしくは**準都市計画区域**で建築物を**建築**する場合には、原則として、**建築物の種類・規模等を問わず、建築確認が必要**となる。

(よく出る)　床面積の合計が500㎡の映画館の用途に供する建築物を演芸場に用途変更する場合、建築主事等又は指定確認検査機関の確認を受ける必要はない。

防火地域内にある3階建ての木造の建築物を増築する場合、その増築に係る部分の床面積の合計が10㎡以内であれば、その工事が完了した際に、建築主事等又は指定確認検査機関の完了検査を受ける必要はない。

3階建て、延べ面積600㎡、高さ10mの共同住宅の工事を行う場合において、2階の床及びこれを支持するはりに鉄筋を配置する工事を終えたときは、中間検査を受ける必要がある。

建築主は、確認を受けた工事を完了した場合においては、工事が完了した日から3日以内に到達するように、建築主事等に届け出なければならない。

建築主は、3階建ての木造の共同住宅を新築する場合において、特定行政庁が、安全上、防火上及び避難上支障がないと認めたときは、検査済証の交付を受ける前においても、仮に、当該共同住宅を使用することができる。

11

〇

[R3⑿-17-2改]

特殊建築物で、その用途に供する部分の床面積の合計が200㎡を超えるものに**用途を変更**する場合には、原則として、**建築確認が必要**である。しかし、本問のように、「映画館を演芸場にする」というような政令で定める類似の**用途間での用途変更**の場合は、**確認が不要**となる。

 12

✕

[H30-18-2改]

増築・改築・移転する部分の床面積の合計が10㎡以内であるときに建築確認が不要となるのは、防火地域及び準防火地域「以外」の場合である。

 13

〇

[H22-18-4]

階数が3以上である共同住宅の2階の床及びこれを支持するはりに鉄筋を配置する工事の工程を終えたときは、建築主事等の中間検査を受けなければならない。

 14

✕

[H14-21-2改]

工事完了届（完了検査の申請）は、原則として、工事が完了した日から**4日以内**に到達しなければならない。

 15

〇

[R3⑽-17-4]

特殊建築物・大規模建築物については、原則として、検査済証の交付**を受けた後**でなければ、使用できない。ただし、特定行政庁または建築主事・指定確認検査機関等が、安全上・防火上・避難上支障がないと認めたとき等は、検査済証の交付を受ける前でも、仮に、その建築物を使用できる。

Q 16 〔建築確認〕

都道府県知事は、<u>構造計算適合性判定</u>を求められた場合においては、原則として、当該構造計算適合性判定を求められた日から<u>1月以内に</u>その結果を記載した通知書を交付しなければならない。

Q 17 〔建築協定〕

建築協定区域内の土地の所有者等は、特定行政庁から認可を受けた<u>建築協定</u>を<u>変更又は廃止</u>しようとする場合においては、土地所有者等の<u>過半数の合意</u>をもってその旨を定め、特定行政庁の認可を受けなければならない。

Q 18 〔建築協定〕

認可の公告のあった建築協定は、<u>その公告のあった日以後</u>に協定の目的となっている土地の<u>所有権を取得</u>した者に対しても、効力がある。

A 16

×

[H21-18-ウ改]

都道府県知事は、**構造計算適合性判定**を求められた場合は、求められた日から「**14日以内**」に、結果を記載した**通知書を交付**しなければならない。

 A 17

×

[H24-19-4]

建築協定を**廃止**する場合は、土地の所有者等の過半数**の合意**で、その旨を定める必要がある。一方、**変更**する場合は、土地の所有者等の全員**の合意**で、その旨を定める必要がある。

 A 18

○

[H21-19-2]

建築協定は、その公告のあった日以後に当該建築協定区域内の**土地の所有者等となった者**に対しても、効力を有する。

+α 「一人協定」の場合は、認可の日から3年以内に2以上の土地所有者等が存在するようになった時から効力が発生し、その後に協定区域内の土地所有者等となった者にも、その効力が及びます。

6 建築基準法②(集団規定①)

基本テキスト P.448〜「第4章 建築基準法②」

□□□ **Q 01** 〔道路〕

建築基準法が施行された時点で現に建築物が立ち並んでいる幅員4m未満の道路は、特定行政庁の指定がなくとも建築基準法上の道路となる。

□□□ **Q 02** 〔道路〕

建築基準法第42条第2項の規定により道路の境界線とみなされる線と道との間の部分の敷地が私有地である場合は、敷地面積に算入される。

□□□ **Q 03** 〔道路〕

敷地が建築基準法第42条に規定する道路に2m以上接道していなくても、特定行政庁が交通上、安全上、防火上及び衛生上支障がないと認めて利害関係者の同意を得て許可した場合には、建築物を建築してもよい。

□□□ **Q 04** 〔道路〕

地盤面下に設ける建築物については、道路内に建築することができる。

次章と合わせて**毎年1問出題**される項目です。道路、容積率・建蔽率、防火地域等の規制からの出題です。細かい暗記事項が多いように思われますが、**実際に暗記が不可欠な数値等は限られ**、それを覚えてしまえば比較的簡単に解くことができます。

A 01
×
[H23-19-2]

　都市計画区域・準都市計画区域の指定・変更または条例の制定・改定により集団規定が施行された時点で現に建築物が立ち並んでいる**幅員4m未満**の道で、「**特定行政庁が指定したもの**」は、建築基準法上の道路とみなされる（**2項道路**）。

A 02
×
[H18-21-2]

　いわゆる2項道路については、**道路の中心線から水平距離で2m後退した線**がその道路の境界線とみなされ（セットバック）、セットバックした部分は、私有地であっても敷地面積には算入されない。

A 03
×
[H18-21-4]

　建築物の敷地は道路に2m以上接する必要があるが、その敷地の周囲に**広い空地**を有する建築物など、特定行政庁が建築審査会**の同意**を得て許可したものについては、この限りではない。

+α つまり、**特定行政庁が許可**するときは、利害関係者の同意ではなく、**建築審査会の同意**が必要となります。

A 04
○
[H27-18-3]

　建築物または敷地を造成するための擁壁は、道路内に、または道路に突き出して建築し、または築造してはならない。ただし、地盤面下に設ける建築物は建築することができる。

6

建築基準法②（集団規定①）

都市計画により建蔽率の限度が<u>10分の6</u>と定められている近隣商業地域において、準防火地域内にある耐火建築物で、<u>街区の角にある敷地</u>又はこれに準ずる敷地で<u>特定行政庁が指定</u>するものの内にある建築物については、建蔽率の限度が10分の8となる。

（よく出る！）

都市計画において定められた建蔽率の限度が<u>10分の8</u>とされている地域外で、かつ、<u>防火地域内にある準耐火建築物等</u>の建蔽率については、都市計画において定められた建蔽率の数値に<u>10分の1</u>を加えた数値が限度となる。

建蔽率の限度が<u>10分の8</u>とされている地域内で、かつ、<u>防火地域内にある耐火建築物等</u>については、建蔽率の制限は適用されない。

建築物の敷地が、法第53条第1項の規定に基づく建築物の建蔽率に関する制限を受ける地域又は区域の<u>二以上にわたる</u>場合においては、当該建築物の<u>敷地の過半の属する地域</u>又は区域における建蔽率に関する制限が、当該建築物に対して適用される。

A 05

〇

[R3(10)-18-1]

次の①②の両方に該当する建築物については、用途地域に関する都市計画で定めた数値に「10分の2」を加えたものが、建築物の建蔽率の限度となる。

① 「防火地域（建蔽率の限度が10分の8である地域を除く）内の**耐火建築物等**」、または「**準防火地域内の耐火建築物等・準耐火建築物等**」のどちらかに該当する建築物

② 街区の角にある敷地、またはこれに準ずる敷地で特定行政庁が指定するものの内にある建築物

よって、本問の建築物については、都市計画で定められた「10分の6」に「10分の2」を加えた「10分の8」が、建蔽率の限度となる。

A 06

✕

[R元-18-3改]

建蔽率の限度が「10分の8」とされている地域**外**で、防火**地域内**にある耐火**建築物等**については、都市計画等で定められた数値に「10分の1」を加えたものが限度となる。しかし、**防火地域内**にある**準耐火建築物等**については、**この規定の適用はない**。

> **+α** ①「防火地域内」にある「耐火建築物等」、②「準防火地域内」にある「耐火建築物等・準耐火建築物等」には、この緩和規定の適用があることに注意しましょう。

A 07

〇

[H25-18-2]

建蔽率の限度が10分の8とされている地域内で、かつ、防火**地域内**にある耐火**建築物等**には、建蔽率の制限は**適用**されない。

A 08

✕

[R3(12)-18-4]

建築物の敷地が建築物の建蔽率に関する制限を受ける地域・区域の2以上にわたる場合、その建蔽率は、それらの地域・区域内の建築物の**建蔽率の限度に各部分の面積の敷地面積に対する**割合を乗じた数値の合計以下でなければならない。したがって、敷地の「過半の属する」地域等における建蔽率の制限が適用されるのではない。

　容積率の制限は、都市計画において定められた数値によるが、建築物の前面道路（前面道路が<u>二以上</u>あるときは、その幅員の<u>最大の</u>もの。）の幅員が<u>12m未満</u>である場合には、当該前面道路の幅員のメートルの数値に建築基準法第52条第2項各号に定められた数値を乗じたもの以下でなければならない。

　建築物の前面道路の幅員により制限される容積率について、前面道路が<u>2つ以上</u>ある場合には、これらの前面道路の幅員の<u>最小の数値</u>（12m未満の場合に限る。）を用いて算定する。

　建築物の敷地が、都市計画により定められた建築物の容積率の限度が<u>異</u>なる地域にまたがる場合、建築物が一方の地域内のみに建築される場合であってもその容積率の限度は、<u>それぞれの地域に属する敷地の部分の割合に応じて按分計算</u>により算出された数値となる。

　容積率を算定する上では、<u>エレベーターの昇降路</u>、共同住宅若しくは<u>老人ホーム等</u>の共用の<u>廊下</u>又は<u>階段</u>部分は、当該共同住宅の延べ面積の<u>3分の1を限度</u>として、当該共同住宅の<u>延べ面積に算入</u>しない。

09

〇

[H23-19-3]

容積率の制限は、都市計画において定められた数値による。しかし、建築物の前面道路の幅員が**12m未満**である場合には、前面道路の「メートル」の数値に、原則として10分の6または10分の4を乗じたもの以下でなければならない。すなわち、都市計画で定められた数値と、前面道路の幅員により求められた数値とを比較し、より厳しい**数値**が、当該建築物の容積率となる。

 10

✕

[H29-19-4]

いわゆる道幅容積率の算定に際し、前面道路が2つ以上ある場合は、その**幅員の最大**のものに一定の数値を乗じて得た数値以下でなければならない。

+α 前面道路の幅員に乗ずべき数値は、原則として、**住居系の用途地域は10分の4、その他は10分の6**です。

 11

〇

[H16-20-3]

建築物の敷地が容積率の限度が**異なる地域にまたがる**場合は、敷地内の建築物の位置にかかわらず、それぞれの地域に属する敷地の部分の割合に**応じて**、按分計算によって容積率の限度を算出する。

+α 建蔽率についても、同様に考えればOKです。

 12

✕

[H20-20-3改]

建築物の容積率を算定する基礎となる延べ面積には、①エレベーターの昇降路、②共同住宅・老人ホーム等の共用の廊下・階段、③住宅・老人ホーム等に設ける機械室等の部分の床面積は、全部算入されない。

+α 「3分の1を限度」として延べ面積に算入しないのは、住宅・老人ホーム等の用に供する地階の床面積です。

□□□ **Q 13** 〔防火地域等の規制〕

防火地域内においては、3階建て、延べ面積が200㎡の住宅は<u>耐火建築物等又は準耐火建築物等</u>としなければならない。

□□□ **Q 14** 〔防火地域等の規制〕

防火地域又は準防火地域において、延べ面積が<u>1,000㎡</u>を超える建築物は、すべて<u>耐火建築物等</u>としなければならない。

□□□ **Q 15** 〔防火地域等の規制〕

<u>防火地域</u>又は<u>準防火地域</u>内にある建築物で、<u>外壁が耐火構造</u>であるものについては、その<u>外壁を隣地境界線に接して</u>設けることができる。

□□□ **Q 16** 〔防火地域等の規制〕

<u>準防火地域</u>内において建築物の<u>屋上</u>に<u>看板</u>を設ける場合は、その主要な部分を不燃材料で造り、又は覆わなければならない。

□□□ **Q 17** 〔防火地域等の規制〕

建築物が防火地域及び準防火地域にわたる場合、その<u>全部</u>について<u>準防火地域</u>内の建築物に関する規定を適用する。

A 13

×

[H23-18-2改]

防火地域内においては、階数が3以上であり、または延べ面積が100㎡を超える建築物は、耐火建築物等としなければならない。

A 14

×

[H19-21-3改]

準防火地域内では、延べ面積が1,000㎡を超える建築物であっても、1,500㎡を超えず、地階を除いて3階以下であれば、準耐火建築物等とすることができる。

A 15

○

[R3(10)-17-3改]

防火地域・準防火地域内にある外壁が耐火構造の建築物は、その外壁を隣地境界線に接して設けることができる。

A 16

×

[H26-17-4]

防火地域内にある看板、広告塔、装飾塔その他これらに類する工作物で、建築物の屋上に設けるものまたは高さ3mを超えるものは、その主要な部分を不燃材料で造り、または覆わなければならない。しかし、準防火地域内には、このような規定はない。

A 17

×

[R5-17-3]

建築物が防火地域及び準防火地域にわたる場合には、原則として、その全部について、より厳しい防火地域内の建築物に関する規定が適用される。

> **+α** 敷地の位置は関係なく、建築物自体が異なる地域にわたる場合に、この規定が適用されます。

7 建築基準法③（集団規定②）

🔍 **基本テキスト** P.462～「第4章 5 高さ制限等」

□□□ **Q 01** 〔低層住居専用地域・田園住居地域〕

よく出る！

　第二種低層住居専用地域内の土地においては、都市計画において建築物の外壁又はこれに代わる柱の面から敷地境界線までの距離の限度を2m又は1.5mとして定めることができる。

□□□ **Q 02** 〔低層住居専用地域・田園住居地域〕

よく出る！

　第一種低層住居専用地域、第二種低層住居専用地域又は田園住居地域内においては、建築物の高さは、12m又は15mのうち、当該地域に関する都市計画において定められた建築物の高さの限度を超えてはならない。

□□□ **Q 03** 〔敷地面積の最低限度〕

　用途地域に関する都市計画において建築物の敷地面積の最低限度を定める場合においては、その最低限度は200㎡を超えてはならない。

□□□ **Q 04** 〔斜線制限〕

　第二種中高層住居専用地域内における建築物については、建築基準法第56条第1項第3号の規定による北側斜線制限は適用されない。

□□□ **Q 05** 〔斜線制限〕

　第一種低層住居専用地域及び第二種低層住居専用地域内における建築物については、建築基準法第56条第1項第2号の規定による隣地斜線制限が適用される。

建築物の高さ規制と用途制限からの問題です。**高さ規制**では、**斜線制限や日影規制等の適用区域と規制対象となる建築物に関する出題が圧倒的**で、具体的な規制内容までは問われません。また、用途制限は、無理のない範囲で覚えておけばOKです。

A 01
×
[H19-22-2]

第一種・第二種**低層住居専用地域・田園住居地域**では、外壁の後退距離の限度を「1.5mまたは1m」として定めることができる。

+α 外壁の後退距離を「定めるか否か」は任意です。

A 02
×
[H24-19-2改]

第一種・第二種**低層住居専用地域・田園住居地域**内では、建築物の高さは、10mまたは12mのうち当該地域に関する都市計画において定められた建築物の**高さの限度を超えてはならない**。

+α 建築物の「高さ」は、外壁の後退距離と異なり、必ず10mまたは12mのどちらかで定められます。

A 03
○
[H24-19-3]

都市計画で建築物の敷地面積の最低限度を定める場合においては、その最低限度は、200㎡を超えることができない。

A 04
×
[H18-22-1]

第一種・第二種**中高層住居専用地域**では、日影規制が適用されるときを**除いて**、北側斜線制限が**適用**される。

A 05
×
[H18-22-2]

第一種・第二種低層住居専用地域・田園住居地域内には、10mまたは12mの**高さ制限**があるため、隣地斜線**制限の適用はない**。

□□□ **Q 06** 〔日影規制〕

建築基準法第56条の2第1項の規定による日影規制の対象区域は地方公共団体が条例で指定することとされているが、商業地域、工業地域及び工業専用地域においては、日影規制の対象区域として指定することができない。

□□□ **Q 07** 〔日影規制〕

商業地域内にある建築物については、建築基準法第56条の2第1項の規定による日影規制は、適用されない。ただし、冬至日において日影規制の対象区域内の土地に日影を生じさせる、高さ10mを超える建築物については、この限りでない。

【以下（※）：用途地域以外の地域地区等の指定・特定行政庁の許可は考慮しない】

□□□ **Q 08** 〔用途制限〕（※）

第一種低層住居専用地域内においては、神社、寺院、教会を建築することはできない。

□□□ **Q 09** 〔用途制限〕（※）

工業地域内では、住宅は建築できるが、病院は建築できない。

□□□ **Q 10** 〔用途制限〕（※）

第一種低層住居専用地域内においては、高等学校を建築することはできるが、高等専門学校を建築することはできない。

A 06

○

[H18-22-4]

日影規制は、**商業地域、工業地域、工業専用地域以外の用途地域**で、地方公共団体が条例で指定する区域に適用される。したがって、商業地域、工業地域、工業専用地域は、日影規制の対象区域として指定できない。

A 07

○

[H21-19-3]

商業地域は日影規制の対象区域外だが、このような対象区域外にある建築物でも、高さが**10mを超える**建築物で、**冬至日**において、**対象区域内の土地に日影を生じさせるもの**は、日影規制が適用される。

A 08

✕

[R4-18-1]

第一種低層住居専用地域内では、**神社・寺院・教会**その他これらに類するものを特定行政庁の許可なしで建築できる。

A 09

○

[H14-20-4]

住宅系の建物が建築できないのは、**工業専用地域内のみ**である。一方、病院が建築できないのは、第一種・第二種低層住居専用地域・田園住居地域、工業地域・工業専用地域内である。

A 10

○

[H22-19-4]

第一種・第二種低層住居専用地域・田園住居地域内では、小学校、中学校、高等学校は建築できるが、高等専門学校や大学は建築できない。

Q 11 〔用途制限〕（※）

近隣商業地域内において、客席の部分の床面積の合計が<u>200㎡以上の映画館</u>は建築することができない。

Q 12 〔用途制限〕（※）

近隣商業地域内では、<u>カラオケボックス</u>は建築できるが、<u>料理店</u>は建築できない。

Q 13 〔用途制限〕（※）

建築物の敷地が第一種低層住居専用地域及び準住居地域に<u>わたる</u>場合で、当該敷地の過半が準住居地域に存する場合には、作業場の床面積の合計が<u>100㎡の自動車修理工場</u>は建築可能である。

Q 14 〔用途制限〕

都市計画区域内のごみ焼却場の用途に供する建築物について、<u>特定行政庁</u>が建築基準法第51条に規定する都市計画審議会の議を経てその敷地の位置が都市計画上支障がないと<u>認めて</u><u>許可</u>した場合においては、<u>都市計画</u>においてその<u>敷地の位置</u>が決定しているものでなくても、新築することができる。

A 11

✕

[R2(10)-18-2]

近隣商業地域内の**劇場・映画館・演芸場・観覧場**については、客席部分の床面積の合計が200㎡以上のものについては、特定行政庁の許可がなくても建築できる。

> **+α** 準住居**地域内**では、客席の部分の床面積の合計が200㎡以上の**映画館**は建築できません。

A 12

○

[H14-20-3]

カラオケボックスは、第二種住居地域から工業専用地域まで建築できる（田園住居地域を除く）。また、料理店が建築できるのは、商業地域・準工業地域内のみである。

A 13

○

[H25-18-4]

建築物の敷地が**異なる用途地域にまたがる**場合、建築物の用途制限については、敷地の**過半が属する地域**の制限が適用される。そして、準住居地域においては、作業場の床面積の合計が**150㎡を超えない**自動車修理工場を建築できるので、敷地の過半が準住居地域に存する場合、作業場の床面積の合計が**100㎡**の自動車修理工場を建築できる。

A 14

○

[R3(10)-18-4]

都市計画区域内では、**ごみ焼却場等の忌避施設**については、都市計画においてその**敷地の位置が決定**しているものでなければ、新築等してはならない。ただし、**特定行政庁**が都市計画審議会の議を経てその敷地の位置が**都市計画上支障がない**と認めて**許可**した場合等であれば、例外として、新築等することができる。

基本テキスト　P.474〜「第5章 宅地造成・盛土等規制法」

※ 宅地造成及び特定盛土等規制法の改正に伴い、出題が想定される新しい

Q 01　〔用語の定義〕

宅地造成・盛土等規制法上の宅地は、道路、公園、河川その他政令で定める公共の用に供する施設の用に供されている土地以外の土地をいうので、農地、採草放牧地及び森林は、宅地に含まれる。

Q 02　〔用語の定義〕

宅地を宅地以外の土地にするために行う土地の形質の変更は、宅地造成に該当しない。

Q 03　〔用語の定義〕

公共施設用地において行う盛土その他の土地の形質の変更は、特定盛土等に該当する。

Q 04　〔基礎調査〕

都道府県知事又はその命じた者若しくは委任した者が、基礎調査のために他人の占有する土地に立ち入って測量又は調査を行う必要がある場合において、その必要の限度において当該土地に立ち入って測量又は調査を行うときは、当該土地の占有者は、正当な理由がない限り、立入りを拒み、又は妨げてはならない。

ほぼ**毎年1問出題**される重要項目です。出題範囲が狭いため、**ちょっと頑張れば誰でも得点できる**ようになる問題が圧倒的です。**規制区域内の許可制**と**届出制**からの出題が**8割以上**になるので、確実に得点できるよう、繰り返し解きましょう。

テーマに関する設問には、「法改正対応・予想問題」と表記しています。

A 01
×
法改正対応
・予想問題

「宅地」とは、農地等（農地・採草放牧地・森林、道路・公園・河川その他政令で定める公共の用に供する施設の用に供されている土地〔**公共施設用地**〕）以外の**土地**をいう。よって、農地・採草放牧地・森林といった「農地等」は、宅地ではない。

A 02
○
[R2(10)-19-2]

「宅地造成」とは、宅地以外の土地を「宅地」にするために行う盛土その他の土地の形質の変更で政令で定めるものをいう。よって、宅地**以外**の土地にするものは含まれない。

A 03
×
法改正対応
・予想問題

「特定盛土等」とは、「宅地・農地等」で行う盛土その他の土地の形質の変更で、当該宅地・農地等に隣接し、または近接する宅地において災害を発生させるおそれが大きいものとして政令で定めるものをいう。よって、**公共施設用地**において行うものは含まれない。

A 04
○
[R2(10)-19-1改]

都道府県知事等が、基礎調査のために他人の占有する土地に立ち入って測量・調査を行う必要がある場合、当該土地の占有者は、正当な理由がない限り、立入りを拒み、または妨げてはならない。

+α 都道府県は、基礎調査のための土地の立入り等により損失を与えた者に対して、通常生ずべき損失を補償しなければなりません。

Q 05 〔宅地造成等工事規制区域の指定〕

宅地造成等工事規制区域は、宅地造成等に伴い災害が生ずるおそれが大きい市街地若しくは市街地となろうとする土地の区域又は集落の区域（これらの区域に隣接し、又は近接する土地の区域を含む。）であって、宅地造成等に関する工事につき規制を行う必要があるものについて、国土交通大臣が指定することができる。

Q 06 〔宅地造成等工事規制区域の指定〕

宅地造成等工事規制区域及び特定盛土等規制区域外において行われる宅地造成等に関する工事について、工事主は、原則として、工事に着手する前に都道府県知事に届け出なければならない。

Q 07 〔宅地造成等工事規制区域の許可〕

宅地造成等工事規制区域内において、宅地以外の土地を宅地にするために行われる盛土であって、当該盛土をする土地の面積が300㎡で、かつ、高さ1.5mの崖を生ずることとなるものに関する工事については、原則として、都道府県知事の許可が必要である。

Q 08 〔宅地造成等工事規制区域の許可〕

宅地造成等工事規制区域内において、宅地以外の土地を宅地にするために切土をする土地の面積が500㎡であって盛土を生じない場合、切土をした部分に生じる崖の高さが1.5mであれば、都道府県知事の宅地造成及び特定盛土等規制法第12条第1項本文の工事の許可は不要である。

A 05

×

[R2(12)-19-1改]

「都道府県知事」は、宅地造成等（宅地造成・特定盛土等・土石の堆積）に伴い災害が生ずるおそれが大きい市街地・市街地となろうとする土地の区域または集落の区域（これらの区域に隣接・近接する土地の区域を含む。これを「市街地等区域」という）で、宅地造成等に関する工事について規制を行う必要があるものを、**「宅地造成等工事規制区域」**として指定できる。よって、宅地造成等工事規制区域を指定するのは、国土交通大臣ではなく、都道府県知事である。

A 06

×

[R3(12)-19-1改]

宅地造成等工事規制区域・特定盛土等規制区域**「外」**で行う宅地造成等に関する工事については、都道府県知事の**許可**を受ける必要も、都道府県知事に**届出**をする必要もない。

A 07

○

[H25-19-3改]

宅地造成等工事規制区域内で行われる宅地造成等に関する工事で、次の①～⑤にあたるものについては、工事主は、工事に着手する前に、原則として、都道府県知事の許可を受けなければならない。

①盛土：高さ１m超の崖を生じるもの、②切土：高さ２m超の崖を生じるもの、③盛土と切土を同時にする場合：高さ２m超の崖を生じるもの、④高さ２m超の盛土、⑤面積：500㎡超。

本問は、**「盛土で高さ1.5mの崖を生じる」**ので、①に該当し、知事の許可を受ける必要がある。

A 08

○

[R3(10)-19-1改]

宅地造成等工事規制区域内で行われる宅地造成等に関する工事で、**切土：高さ２m超**の崖を生じるもの、または**面積：500㎡超**のものは、原則として、知事の許可を受けなければならない。

本問では、崖の高さが２mを超えておらず、面積が**500㎡ちょうど**で500㎡を超えていないので、知事の許可は不要である。

Q 09　〔宅地造成等工事規制区域の許可〕

　宅地造成等工事規制区域内において、宅地以外の土地を宅地にするために行われる<u>盛土</u>であって、<u>高さ３ｍ</u>のものに関する工事については、それから生じる<u>崖の高さを問わず</u>、都道府県知事の許可は不要である。

Q 10　〔宅地造成等工事規制区域の許可〕

　宅地造成等工事規制区域内において行われる<u>土石の堆積</u>（一定期間の経過後に除却するもの）であって、<u>高さ1.5ｍ</u>で、その<u>面積が600㎡</u>のものに関する工事については、原則として、<u>都道府県知事の許可</u>が必要である。

Q 11　〔許可の手続〕

　宅地造成等工事規制区域内において行われる宅地造成等に関する工事について許可をする都道府県知事は、当該許可に、工事の施行に伴う<u>災害を防止</u>するために<u>必要な条件</u>を付することができる。

Q 12　〔許可の手続〕

　都道府県知事は、その地方の気候、風土又は地勢の特殊性により、宅地造成及び特定盛土等規制法の規定のみによっては宅地造成等に伴うがけ崩れ又は土砂の流出の防止の目的を達し難いと認める場合は、<u>都道府県の規則</u>で、宅地造成等工事規制区域内において行われる宅地造成等に関する工事の<u>技術的基準</u>を<u>強化</u>し、又は<u>付加</u>することができる。

宅地造成等工事規制区域内で行われる高さ2m超の盛土については、原則として、知事の許可を受けなければならない。この場合は、**崖の高さは問わず**、知事の許可が必要である。

宅地造成等工事規制区域内で行われる土石の堆積については、原則として、都道府県知事の許可を受けなければならない。そして、許可が必要な規模は、①高さ2m超、かつ、面積300㎡超、②面積：500㎡超（高さを問わない）である。

本問の土石の堆積は、高さは2mを超えていないが、**面積が500㎡を超えている**ので、②に該当し、知事の許可が必要である。

A 11
○
[H30-20-2改]

都道府県知事は、許可にあたり、必要な条件を付けることができる。

都道府県知事は、法律の規定のみでは宅地造成等に伴うがけ崩れまたは土砂の流出の防止の目的を達し難いと認める場合は、都道府県等の規則で、宅地造成等工事規制区域内において行われる宅地造成等に関する工事の**技術的基準**を強化・付加できる。

Q 13 〔許可の手続〕

　宅地造成又は特定盛土等に関する工事について宅地造成及び特定盛土等規制法第12条第１項の許可を受けた者は、当該許可に係る工事を完了したときは、<u>工事が完了した日</u>から<u>４日以内</u>に、その工事が同法第13条第１項の規定に適合しているかどうかについて、都道府県知事の<u>検査を申請</u>しなければならない。

- -

Q 14 〔監督処分〕

　都道府県知事は、<u>偽りその他不正な手段</u>によって宅地造成等工事規制区域内において行われる宅地造成等に関する工事の許可を受けた者に対して、その<u>許可を取り消す</u>ことができる。

- -

Q 15 〔工事等の届出〕

　宅地造成等工事規制区域の指定の<u>際</u>に、当該宅地造成等工事規制区域内において宅地造成等に関する<u>工事を行っている者</u>は、当該工事について<u>都道府県知事の許可</u>を受ける必要はない。

- -

Q 16 〔工事等の届出〕

　宅地造成等工事規制区域<u>内</u>の土地（公共施設用地を除く。）において、雨水その他の地表水又は地下水を排除するための排水施設の除却工事を行おうとする場合は、一定の場合を除き、都道府県知事への<u>届出</u>が必要となる。

- -

Q 17 〔工事等の届出〕

　宅地造成等工事規制区域<u>内</u>において、<u>公共施設用地を宅地又は農地等に転用</u>した者は、一定の場合を除き、その<u>転用した日から14日以内</u>に、その旨を都道府県知事に届け出なければならない。

A 13

○

[R2(12)-19-4改]

宅地造成・特定盛土等に関する工事について許可を受けた者は、**工事が完了した日**から４日**以内**に、その工事が技術的基準等に適合しているかどうかについて、都道府県知事の検査を**申請**しなければならない。

A 14

○

[R3(12)-19-4改]

都道府県知事は、偽りその他不正な手段により許可を受けた者、または、許可に付した条件に違反した者に対して、許可**を取り消すことができる。**

A 15

○

[R元-19-3改]

宅地造成等工事規制区域の指定の際、既に当該区域内で行われている宅地造成等に関する工事の**工事主**は、**指定があった日から21日以内**に、都道府県知事に「届出」をしなければならない。しかし、「許可」を受ける必要はない。

A 16

○

[R5-19-4改]

宅地造成等工事規制区域内の土地（公共施設用地を除く）で、①高さが２mを超える擁壁・崖面崩壊防止施設、②雨水その他の地表水・地下水（地表水等）を排除するための排水施設、③地滑り抑止ぐい等の全部・一部、の除却の工事を行おうとする者（許可を受け、または軽微な変更の届出をした者を除く）は、**工事に着手する日の14日前**までに、都道府県知事に届出をしなければならない。

A 17

○

[H28-20-4改]

宅地造成等工事規制区域内において、公共施設用地を宅地・農地等に転用した者は、宅地造成等に関する工事の許可を受けたなどの場合を除き、**転用した日から14日以内**に、都道府県知事に届出をしなければならない。

宅地造成等工事規制区域内の土地（公共施設用地を除く。）で過去に宅地造成等に関する工事が行われ、現在は工事主とは異なる者がその工事が行われた土地を所有している場合において、当該土地の所有者は宅地造成等に伴う災害が生じないよう、その土地を常時安全な状態に維持するように努めなければならない。

都道府県知事は、宅地造成等工事規制区域内の土地（公共施設用地を除く。）について、宅地造成等に伴う災害を防止するために必要があると認める場合には、その土地の所有者に対して、擁壁等の設置等の措置をとることを勧告することができる。

特定盛土等規制区域内の宅地において行われる盛土であって、当該盛土をする土地の面積が500㎡で、かつ、高さ１ｍの崖を生ずることとなるものに関する工事については、原則として、当該工事に着手する日の30日前までに、当該工事の計画を都道府県知事へ届け出る必要がある。

特定盛土等規制区域内の農地において行われる土石の堆積であって、当該土石の堆積をする土地の面積が600㎡で、かつ、高さ1.5ｍのものに関する工事については、原則として、当該工事に着手する日の30日前までに、当該工事の計画を都道府県知事へ届け出る必要がある。

A 18

○

[R4-19-3改]

　宅地造成等工事規制区域内の土地（公共施設用地を除く）の所有者・管理者・占有者（所有者等）は、宅地造成等（宅地造成等工事規制区域の指定前に行われたものを含む）に伴う災害が生じないよう、その土地を常時安全な状態に維持**するように努めなければならない**。過去に工事が行われ、現在は工事主とは異なる者が所有している土地でも、同様である。

A 19

○

[R5-19-3改]

　都道府県知事は、宅地造成等工事規制区域内の土地（公共施設用地を除く）について、宅地造成等に伴う災害の防止のために必要がある場合、その所有者・**管理者・占有者・工事主・工事施行者**に対し、擁壁等の設置・改造その他宅地造成等に伴う災害の防止のため必要な措置をとることを勧告できる。

A 20

×

法改正対応・予想問題

　特定盛土等規制区域内の宅地・農地等で行われる特定盛土等については、工事主は、原則として、工事に着手する日の30日前までに、工事の計画を都道府県知事に届け出なければならない。そして、**届出が必要な規模は**、①盛土：高さ1m超の崖を生じるもの、②切土：高さ2m超の崖を生じるもの、③盛土と切土を同時にする場合：高さ2m超の崖を生じるもの、④高さ2m超（崖の高さを問わない）の盛土、⑤**面積：500㎡超**、のいずれかである。
　本問の場合、盛土で高さ1mを超えておらず、かつ面積も500㎡を超えていないので、届出をする必要はない。

A 21

○

法改正対応・予想問題

　特定盛土等規制区域内の宅地・農地等で行われる土石の堆積に関する工事については、工事主は、原則として、工事に着手する日の30日前までに、工事の計画を都道府県知事に届け出なければならない。そして、届出が必要な規模は、①高さ2m超、かつ面積300㎡超、②面積500㎡超（高さは問わない）、のいずれかである。本問の場合、高さ2mを超えていないが、**面積が500㎡を超えている**ので、②に該当し、知事への届出が必要となる。

〔特定盛土等規制区域の許可〕

　特定盛土等規制区域内の宅地において行われる<u>盛土</u>であって、当該盛土をする土地の<u>面積</u>が<u>2,000㎡</u>で、かつ、高さ３ｍの崖を生じることとなるものに関する工事については、原則として、都道府県知事の<u>許可</u>が必要である。

〔特定盛土等規制区域の許可〕

　特定盛土等規制区域内の農地において行われる高さが５ｍの<u>土石の堆積</u>であって、当該土石の堆積を行う<u>土地</u>の<u>面積</u>が1,500㎡のものについては、原則として、都道府県知事の<u>許可</u>が必要である。

〔造成宅地防災区域〕

　都道府県知事は、<u>宅地造成等工事規制区域内</u>で、宅地造成に伴う災害で相当数の居住者その他の者に危害を生ずるものの発生のおそれが大きい一団の造成宅地の区域であって、一定の基準に該当するものを、<u>造成宅地防災区域</u>として指定することができる。

22

○

法改正対応・予想問題

　　特定盛土等規制区域内の宅地・農地等で行われる所定の大規模な特定盛土等に関する工事については、工事主は、原則として、都道府県知事の許可を受けなければならない。そして、許可が必要な規模は、①盛土：高さ２m超の崖を生じるもの、②切土：高さ５m超の崖を生じるもの、③盛土と切土を同時にする場合：高さ５m超の崖を生じるもの、④盛土の高さ５m超（崖の高さを問わない）、⑤面積：3,000㎡超のいずれかである。本問の場合、面積は3,000㎡を超えていないが、**盛土で高さ２mを超える崖が生じている**ので、①に該当し、知事の許可が必要となる。

 23

×

法改正対応・予想問題

　　特定盛土等規制区域内の宅地・農地等で行われる、所定の大規模な土石の堆積については、工事主は、工事に着手する前に、原則として、都道府県知事の許可を受けなければならない。許可が必要となる規模は、①高さ５m超、かつ面積1,500㎡超、②面積3,000㎡超（高さは問わない）のいずれかである。本問の場合、都道府県知事への「**届出**」は必要であるが、許可を受ける必要はない。

 24

×

[R5-19-1改]

　　造成宅地防災区域は、宅地造成等工事規制区域内には**指定できない**。

8

宅地造成・盛土等規制法

Q 01 〔手法〕

土地区画整理事業とは、公共施設の整備改善及び宅地の利用の増進を図るため、土地区画整理法で定めるところに従って行われる、都市計画区域内及び都市計画区域外の土地の区画形質の変更に関する事業をいう。

Q 02 〔施行者〕

宅地について所有権を有する者は、1人で、又は数人共同して、当該権利の目的である宅地及び一定の区域の宅地以外の土地について土地区画整理事業を施行することができる。

Q 03 〔施行者〕

宅地について所有権を有する者が設立する土地区画整理組合は、当該権利の目的である宅地を含む一定の区域の土地について土地区画整理事業を施行することができる。

Q 04 〔施行者〕

土地区画整理組合を設立しようとする者は、事業計画の決定に先立って組合を設立する必要があると認める場合においては、5人以上共同して、定款及び事業基本方針を定め、その組合の設立について都道府県知事の認可を受けることができる。

Q 05 〔施行者〕

組合の設立認可を申請しようとする者は、施行地区となるべき区域内の宅地について所有権を有するすべての者及び借地権を有するすべての者のそれぞれの3分の2以上の同意を得なければならない。

A 01
×
[H30-21-1]

土地区画整理事業とは、「**都市計画区域**内」の土地について、公共施設の整備改善および宅地の利用の増進を図るため、土地区画整理法で定めるところに従って行われる土地の区画形質の変更および公共施設の新設または変更に関する事業をいう。したがって、**都市計画区域**外の土地の区画形質の変更に関する事業は含まれない。

A 02
○
[H22-21-2]

宅地について所有権または借地権を有する者は、1人で、または数人共同して、当該権利の目的である宅地および一定の区域の宅地以外の土地について、土地区画整理事業を施行することができる（個人施行）。

A 03
○
[H22-21-3]

土地区画整理組合は、当該権利の目的である宅地を含む一定の区域の土地について、土地区画整理事業を施行することができる（組合施行）。

A 04
×
[H19-24-1]

土地区画整理組合を設立しようとする者は、事業計画に先立って設立する場合、**7人以上**共同して、定款及び**事業基本方針**を定め、その組合の設立について**都道府県知事**の認可を受けることができる。

A 05
○
[R2(10)-20-1改]

土地区画整理組合の設立の認可を申請する者は、定款・事業計画（または事業基本方針）について、施行地区となる区域内の宅地について**所有権**を有するすべての者・借地権を有するすべての者のそれぞれの3分の2以上の同意を得なければならない。

Q 06 〔施行者〕

　土地区画整理組合が施行する土地区画整理事業に係る施行地区内の宅地について<u>借地権のみを有する者</u>は、その土地区画整理組合の組合員とはならない。

Q 07 〔施行者〕

　土地区画整理組合が成立した場合において、施行地区内の宅地について所有権又は借地権を有する者はすべて組合員となるが、施行地区内の<u>借家人</u>は組合員とはならない。

Q 08 〔施行者〕

　施行地区内の宅地について組合員の有する<u>所有権の全部又は一部</u>を承継した者がある場合においては、その組合員がその所有権の全部又は一部について土地区画整理組合に対して有する権利義務は、その<u>承継した者に移転</u>する。

Q 09 〔施行者〕

　組合施行の土地区画整理事業において、換地処分前に、施行地区内の宅地について所有権を有する組合員から当該所有権を<u>譲り受けた者</u>は、当該組合の総会において賦課金徴収の議決があったときは、賦課金の納付義務を負う。

Q 10 〔建築制限〕

　土地区画整理組合の設立の認可の公告があった日以後、換地処分の公告がある日までは、施行地区内において、土地区画整理事業の施行の障害となるおそれがある<u>建築物の新築</u>を行おうとする者は、<u>土地区画整理組合の許可</u>を受けなければならない。

A 06

✕

[R3(12)-20-1]

　　土地区画整理組合が施行する土地区画整理事業の施行地区内の宅地について所有権または借地権を有する者は、**すべてその組合の組合員**となる（強制加入）。

A 07

〇

[H13-22-4]

　　施行地区内の宅地の所有権または借地権を有する者は、すべてその組合の組合員となるが、借家人は**組合員とはならない**。

A 08

〇

[H29-21-2]

　　施行地区内の宅地について、組合員の有する**所有権**または借地権の全部・一部を**承継した者**は、当該組合の**組合員**となる。

+α 土地区画整理組合は強制加入制であり、組合員から土地を購入した承継人も、組合員となる点に注意しましょう。

A 09

〇

[H18-24-2]

　　施行地区内の宅地について所有権を有する組合員からその**所有権を譲り受けた者**は、当該組合の組合員となり、組合が賦課金の徴収議決をした場合は、賦課金の納付義務を負うことになる。

A 10

✕

[R4-20-1]

　　土地区画整理組合の設立の認可の公告があった日後、換地処分の公告がある日までは、施行地区内で、土地区画整理事業の施行の障害となるおそれがある①**土地の形質の変更**、②**建築物**その他の**工作物の新築・改築・増築**、③政令で定める**移動の容易でない物件の設置・堆積**を行う者は、都道府県知事等の**許可**を受けなければならない。施行者である「組合」の許可ではない。

1回目	2回目	3回目
月　日：　　/10	月　日：　　/10	月　日：　　/10

10 土地区画整理法②

基本テキスト P.491〜「第6章 4 換地計画」

Q 01 〔換地計画〕

施行者が個人施行者、土地区画整理組合、区画整理会社、市町村、独立行政法人都市再生機構又は地方住宅供給公社であるときは、その換地計画について都道府県知事の認可を受けなければならない。

Q 02 〔換地計画〕

換地計画において換地を定める場合においては、換地及び従前の宅地の位置、地積、土質、水利、利用状況、環境等が照応するように定めなければならない。

Q 03 〔換地計画〕

土地区画整理組合が施行する土地区画整理事業の換地計画においては、土地区画整理事業の施行の費用に充てるため、一定の土地を換地として定めないで、その土地を保留地として定めることができる。

Q 04 〔仮換地〕

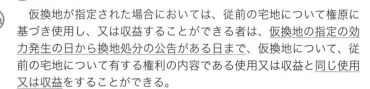

仮換地が指定された場合においては、従前の宅地について権原に基づき使用し、又は収益することができる者は、仮換地の指定の効力発生の日から換地処分の公告がある日まで、仮換地について、従前の宅地について有する権利の内容である使用又は収益と同じ使用又は収益をすることができる。

換地計画・仮換地・換地処分は、土地区画整理法の中でも重要度の高い項目です。条文の表現がわかりにくいため、問題文自体の解読にも苦労しますが、そういうときは「基本テキスト」等に戻って、問われている趣旨を再度確認することも大切です。

A 01
[R元-20-2]

施行者は、施行地区内の宅地について換地処分を行うため、**換地計画**を定めなければならない。この場合で、施行者が個人施行者・土地区画整理組合・区画整理会社・市町村・独立行政法人都市再生機構・地方住宅供給公社であるときは、換地計画について**都道府県知事の認可**を受けなければならない。

A 02
[R3⑽-20-2]

換地計画において換地を定める場合は、換地および従前の宅地の位置・地積・土質・水利・利用状況・環境等が照応するように定めなければならない（換地照応の原則）。

A 03
[H24-21-3]

土地区画整理組合などが施行する土地区画整理事業の換地計画においては、**土地区画整理事業の施行の費用**に充てるため、または**定款等で定める目的**のため、一定の土地を換地として定めないで、その土地を保留地として定めることができる。

A 04
[H28-21-2]

仮換地の指定により、**従前の宅地**について権原に基づき**使用・収益できる者**は、仮換地の指定の効力発生の日から換地処分の公告がある日までは、**仮換地を使用・収益できる**。

+α 「従前の宅地について権原に基づき使用・収益することができる者」とは、従前の宅地の本来の所有者等のことです。なお、「権原に基づき」とは、本来の権利に基づいて、といった意味を持ちます。

Q 05 〔仮換地〕

土地区画整理事業の施行者は、仮換地を指定した場合において、当該仮換地について使用又は収益を開始することができる日を当該仮換地の効力発生の日と同一の日として定めなければならない。

Q 06 〔仮換地〕

（よく出る！）

仮換地を指定したことにより、使用し、又は収益することができる者のなくなった従前の宅地については、当該宅地を使用し、又は収益することができる者のなくなった時から換地処分の公告がある日までは、施行者が当該宅地を管理する。

Q 07 〔換地処分〕

換地処分は、施行者が換地計画において定められた関係事項を公告してするものとされている。

Q 08 〔換地処分〕

土地区画整理組合は、定款に別段の定めがある場合においては、換地計画に係る区域の全部について工事が完了する以前においても換地処分をすることができる。

Q 09 〔換地処分〕

（よく出る！）

換地処分の公告があった場合においては、換地計画において定められた換地は、その公告があった日の翌日から従前の宅地とみなされ、換地計画において換地を定めなかった従前の宅地について存する権利は、その公告があった日が終了した時において消滅する。

A 05

×

[H30-21-4]

施行者は、仮換地を指定した場合において、その仮換地に使用または収益の障害となる物件が存するときその他特別の事情があるときは、その仮換地について使用または収益を開始することができる日を仮換地の指定の効力発生の日と別に**定めることができる。**

+α 本来であれば、従前の宅地の所有者は、仮換地の指定の効力発生日から仮換地を使用収益できますが、仮換地の使用収益を開始できる日を別に定められた場合、その別に定められた日までは使用収益できない、ということです。

A 06

○

[R4-20-3]

仮換地の指定により、**使用・収益をする者がなくなった従前の宅地**については、「使用・収益できる者のなくなった時」から換地処分の公告が行われる日まで、施行者**が管理**する。

A 07

×

[H25-20-2]

換地処分は、施行者が関係権利者に換地計画において定められた関係事項を通知**して行われる。公告**によってするのではない。

A 08

○

[R4-20-2]

換地処分は、原則として、換地計画に係る区域の**全部**について土地区画整理事業の工事が完了した後に、遅滞なく、しなければならない。ただし、定款等に別段の定めがある場合は、換地計画に係る区域の**全部の工事の完了前**でも、換地処分ができる。

A 09

○

[R元-20-4]

換地計画において定められた**換地**は、換地処分の**公告があった日の翌日**から従前の宅地とみなされ、換地計画において換地を定めなかった従前の宅地について存する権利は、その**公告があった日**が終了した時において消滅する。

10

土地区画整理法②

換地処分の公告があった場合においては、換地計画において定められた換地は、その公告があった日の翌日から従前の宅地とみなされるため、従前の宅地について存した<u>抵当権</u>は、<u>換地の上に存続</u>する。

施行地区内の宅地について存する<u>地役権</u>は、<u>土地区画整理事業の施行により行使する利益がなくなった場合を除き</u>、換地処分があった旨の公告があった日の翌日以後においても、なお<u>従前の宅地の上に存する</u>。

換地計画において定められた<u>清算金</u>は、換地処分の公告があった日の翌日において確定する。

土地区画整理事業の施行により公共施設が設置された場合においては、その公共施設は、換地処分があった旨の公告があった日の<u>翌日</u>において、原則としてその公共施設の所在する<u>市町村の管理に属する</u>ことになる。

施行者は、換地処分の公告があった場合において、施行地区内の<u>土地及び建物について土地区画整理事業の施行により変動があった</u>ときは、遅滞なく、その<u>変動に係る登記</u>を<u>申請</u>し、又は嘱託しなければならない。

A 10

○

[H17-23-3]

換地計画において定められた換地は、換地処分の公告があった日の**翌日**から従前の宅地とみなされ、従前の宅地について存した抵当権は、換地上に**存続**する。

A 11

○

[H27-20-2]

施行地区内の宅地について存する**地役権**は、土地区画整理事業の施行により行使する利益がなくなったものを除いて、換地処分の公告があった日の翌日以降においてもなお、**従前の宅地の上に存在する**。

+α 行使する利益のなくなった地役権は、換地処分の公告の日が終了したときに消滅します。

A 12

○

[R5-20-1]

換地計画で定められた**清算金**は、換地処分の**公告があった日**の「翌日」において確定する。

A 13

○

[H26-20-4]

土地区画整理事業の施行により公共施設が設置された場合は、その公共施設は、**換地処分の公告があった日の翌日**に、原則として、その公共施設の所在する市町村**の管理**に属する。ただし、管理すべき者について、他の法律または定款等に別段の定めがある場合は、その定められた者が管理することになる。

A 14

○

[R5-20-3]

施行者は、換地処分の公告があった場合で、施行地区内の土地・建物について土地区画整理事業の施行により変動があったときは、遅滞なく、その変動に係る登記を申請・嘱託しなければならない。

1回目	2回目	3回目
月 日： /14	月 日： /14	月 日： /14

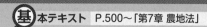

基本テキスト　P.500〜「第7章 農地法」

□□□ **Q 01** 〔農地の定義〕

　山林を開墾し現に農地として耕作している土地であっても、土地の登記簿上の地目が山林であれば、農地法の適用を受ける農地とはならない。

□□□ **Q 02** 〔3条許可〕

　自己所有の農地に住宅を建設する資金を借り入れるため、当該農地に抵当権の設定をする場合には、法第3条第1項の許可を受ける必要がある。

□□□ **Q 03** 〔3条許可〕

　市街化区域内の農地を耕作目的で取得する場合には、あらかじめ農業委員会に届け出れば、農地法第3条第1項の許可を受ける必要はない。

□□□ **Q 04** 〔3条許可〕

　相続により農地を取得する場合は、農地法第3条第1項の許可を要しないが、相続人に該当しない者が特定遺贈により農地を取得する場合は、同項の許可を受ける必要がある。

□□□ **Q 05** 〔3条許可〕

　相続により農地を取得する場合は、農地法第3条第1項の許可を要しないが、遺産の分割により農地を取得する場合は、同項の許可を受ける必要がある。

毎年1問出題される最重要テーマです。国土法と同様に、**失点が許されない農地法**では、3条・4条・5条の「許可制」を完璧にマスターする必要があります。それぞれの許可制がどのような場面で適用され、許可権者等は誰か、という基本事項を押さえましょう。

A 01

✕

[H26-21-4]

「農地」とは、耕作の目的に供される土地をいうが、これは、**登記簿上の地目とは**関係なしに、**現況で判断**する。

A 02

✕

[R3(12)-21-1]

抵当権の設定は使用収益権の設定にあたらないため、農地に抵当権を設定しても、**3条許可を受ける必要はない**。

A 03

✕

[H27-22-1]

4条や5条の場合と異なり、**3条許可には市街化区域内の届出制の特例の適用はない**。したがって、市街化区域内であっても、原則どおり許可を受けなければならない。

A 04

○

[R5-21-1]

「相続」・遺産の分割・包括遺贈・「**相続人に対する特定遺贈**」などにより権利を取得する場合は、例外として、**3条許可を受ける必要はない**。しかし、本問のように「相続人に該当しない者」が特定遺贈により農地を取得する場合は、原則どおり、**許可を受ける必要がある**。

A 05

✕

[H23-22-1]

相続・遺産分割・包括遺贈・相続人に対する特定遺贈によって農地を取得する場合は、いずれも**3条許可は不要**であり、**農業委員会への届出**で足りる。

+α 相続または遺産の分割によって農地・採草放牧地の権利を取得した場合の農業委員会への「届出」は、3条の場合だけです。

〔3条許可〕

　農地法第2条第3項の農地所有適格法人の<u>要件を満たしていない</u><u>株式会社</u>は、耕作目的で農地を<u>借り入れる</u>ことはできない。

〔4条許可〕

（よく出る！）

　農地の所有者がその農地のうち<u>2アール</u>を自らの<u>養畜の事業のための畜舎の敷地</u>に<u>転用</u>しようとする場合、農地法第<u>4条の許可</u>を得る必要はない。

〔4条許可〕

　<u>採草放牧地の所有者</u>がその土地に<u>500㎡</u>の<u>農業用施設を建設</u>する場合、農地法第<u>4条の許可</u>を受けなければならない。

〔4条許可〕

（よく出る！）

　<u>市街化区域内の自己の農地</u>を駐車場に転用する場合には、<u>農地転用した後</u>に<u>農業委員会に届け出</u>ればよい。

〔5条許可〕

　農業者が、住宅を建設するために<u>農地法第4条第1項の許可を受けた農地</u>をその後住宅建設の工事着工前に<u>宅地として売却</u>する場合、改めて<u>農地法第5条第1項の許可を受ける必要はない</u>。

A 06

✕

[R4-21-2]

農地所有適格法人以外の法人は、耕作目的で農地の「**所有権**」等を取得できないのが原則である。しかし、農地について「**賃借権**」を設定する場合は、農地所有適格法人以外の法人でも、一定の要件を満たせば、**3条許可**を受けることができる。

A 07

✕

[H15-23-3]

耕作の事業を行う者が、**2アール未満の農地**をその者の農作物の育成・養畜の事業のための**農業用施設**に供するために**転用**する場合は、**4条許可は不要**となるが、本問は2アールちょうどであるため、その例外には該当しない。

A 08

✕

[H14-23-2]

農地法4条は、採草放牧地を規制の対象としていないため、**採草放牧地を転用**する場合には、農地の転用とは異なり、その許可を要しない。

+α 3条と5条は、採草放牧地も規制の対象としますが、転用を規制する4条は、採草放牧地を規制の対象から除外しています。

A 09

✕

[R2⑽-21-2]

市街化区域内にある農地を、あらかじめ**農業委員会に届け出て**、農地以外のものにする場合は、**4条の許可を受ける必要はない**（**市街化区域内の農地の特則**）。そして、この農業委員会への**届出**は、**農地を転用する**前にあらかじめ行う必要がある。

A 10

✕

[H18-25-2]

4条許可を受けた農地について、その転用をする前に、農地以外のものにするための権利移動をする場合には、同一目的での権利移動についてでも、改めて**5条許可**を受ける必要がある。

□□□ **Q 11** 〔5条許可〕

砂利採取法第16条の認可を受けて市街化調整区域内の農地を砂利採取のために一時的に借り受ける場合には、法第５条第１項の許可は不要である。

□□□ **Q 12** 〔5条許可〕

 競売により市街化調整区域内にある農地を取得する場合は、農地法第３条第１項又は第５条第１項の許可を受ける必要はない。

□□□ **Q 13** 〔5条許可〕

 市街化区域内において2ha（ヘクタール）の農地を住宅建設のために取得する者は、農地法第５条第１項の都道府県知事等の許可を必ず受けなければならない。

□□□ **Q 14** 〔5条許可〕

建設業者が、農地に復元して返還する条件で、市街化調整区域内の農地を一時的に資材置場として借りる場合は、農地法第５条第１項の許可を受ける必要がある。

□□□ **Q 15** 〔5条許可〕

農地法第３条第１項又は第５条第１項の許可が必要な農地の売買について、これらの許可を受けずに売買契約を締結しても、その所有権の移転の効力は生じない。

A 11

✕

[R3(10)-21-3]

「砂利採取法16条の認可を受けて、市街化調整区域内の農地を砂利採取のために**一時的に借り受ける場合**」であっても、原則どおり、5条許可が必要である。

A 12

✕

[H23-22-2]

競売によって**市街化調整区域内にある農地を取得**する場合は、**3条**または**5条許可**を受ける必要がある。

> **+α** 抵当権の設定時には農地法の許可は不要ですが、その実行による**競売**の場合には、農地法の許可が必要になる、と覚えておきましょう。

A 13

✕

[H21-22-3改]

市街化区域内にある**農地**または採草放牧地につき、農地及び採草放牧地以外のものにするために権利を取得する場合には、あらかじめ農業委員会に届出をすれば、**5条許可**を受ける必要はない。

A 14

◯

[H20-24-2]

たとえ、市街化調整区域内の農地を農地に復元して返還する条件で**一時的に借りるにすぎない場合**でも、**許可を受けな**ければならない。

A 15

◯

[R5-21-3]

必要とされる農地法3条・5条の**許可を受けない**でした行為については、その効力は生じない。

Q 16 〔5条許可〕

会社の代表者が、その会社の業務に関し、農地法の規定に違反して転用行為をした場合は、その代表者が罰せられるのみならず、その会社も1億円以下の罰金刑が科せられる。

Q 17 〔5条許可〕

都道府県知事等は、農地法第5条第1項の許可を要する農地取得について、その許可を受けずに農地の転用を行った者に対して、必要な限度において原状回復を命ずることができる。

Q 18 〔農地の賃貸借〕

農地の賃貸借及び使用貸借は、その登記がなくても農地の引渡しがあったときは、これをもってその後にその農地について所有権を取得した第三者に対抗することができる。

Q 19 〔農地の賃貸借〕

農地の賃貸借の解除については、農地の所有者が、賃借人に対して一方的に解約の申入れを行う場合には、法第18条第1項の許可を受ける必要がない。

A 16

〇

[H22-22-3]

法人の代表者が、その法人の業務に関して農地法に違反する転用行為等をしたときは、3年以下の懲役または300万円以下の罰金を科されるほか、その法人に対して**1億円以下**の**罰金刑**が科せられる。

A 17

〇

[H21-22-4改]

都道府県知事等は、許可を受けずに**転用**した者に対して、工事の停止を命じたり、相当の期限を定めて原状回復等の措置をとるべきことを命ずることができる。

A 18

×

[R4-21-1]

農地・採草放牧地の**賃貸借**の場合は、引渡しが行われれば、登記がなくても、その後それらの所有権を取得した第三者に対抗できる。しかし、使用貸借の場合は、対抗できない。

A 19

×

[R3(12)-21-2]

農地または採草放牧地の賃貸借の当事者は、原則として、都道府県知事の許可を受けなければ、賃貸借の**解除・解約の申入れ・合意による解約**・賃貸借の**更新をしない旨の通知**をしてはならない。

12 国土利用計画法

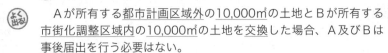

基本テキスト　P.508～「第8章 国土利用計画法」

Q 01 〔土地売買等の契約〕

（よく出る）

　　Aが所有する都市計画区域外の10,000㎡の土地とBが所有する市街化調整区域内の10,000㎡の土地を交換した場合、A及びBは事後届出を行う必要はない。

Q 02 〔土地売買等の契約〕

（よく出る）

　　市街化区域を除く都市計画区域内において、Aが所有する7,000㎡の土地をBが相続により取得した場合、Bは事後届出を行う必要がある。

Q 03 〔土地売買等の契約〕

　　市街化調整区域に所在する農地法第3条第1項の許可を受けた面積6,000㎡の農地を購入したAは、事後届出を行わなければならない。

Q 04 〔土地売買等の契約〕

　　Aが、市街化区域において、2,500㎡の工場建設用地を確保するため、そのうち、1,500㎡をB社から購入し、残りの1,000㎡はC社から贈与で取得した。この場合、Aは、事後届出を行う必要はない。

出題の9割以上は**事後届出の要否**、及び**その手続**となっているので、まずはここに絞って**完璧にマスター**しましょう。比較的容易に得点できる法律なので、確実に得点できるようになるまでは、**問題演習あるのみです！**

12

国土利用計画法

A 01
×
[R2(10)-22-4]

　交換による土地の取得は、事後届出の対象となる「土地売買等の契約」にあたる。そして、**都市計画区域外**の土地は**10,000㎡以上**の場合に、また、**市街化調整区域内**の土地は**5,000㎡以上**の場合に、それぞれ**事後届出が必要**となる。よって、A及びBは、どちらも事後届出をしなければならない。

A 02
×
[R5-22-2]

　「相続」によって土地を取得した場合は、土地売買等の「契約」により土地を取得したわけではないので、事後届出をする必要はない。

+α 法人の合併による土地の取得も、相続と同様に、届出不要です。

A 03
×
[H27-21-3]

　農地法3条（権利移動）の許可を受けることを要する土地売買等の契約は、**事後届出をする必要**はない。なお、農地法**5条（転用目的の権利移動）の許可**を受けることを要する土地売買等の契約については、事後届出も**必要**である。

A 04
○
[H23-15-3]

　隣り合った土地についてはじめからそれらの土地全部の取引をする場合、それらは「一団」とされ、合計面積が届出対象以上なら届出が必要となる。しかし、本問では、C社から取得した1,000㎡の土地は贈与により取得しており、**贈与は届出が必要な土地取引に該当せ**ず、また、B社から購入した1,500㎡の土地は、**そもそも届出対象面積に満たないため**、いずれも、事後届出は不要である。

Q 05 〔届出対象面積〕

　宅建業者Aが所有する市街化調整区域内の6,000㎡の土地について、宅建業者Bが購入する旨の予約をした場合、Bは当該予約をした日から起算して2週間以内に事後届出を行わなければならない。

Q 06 〔届出対象面積〕

　Aが所有する都市計画法第5条の2に規定する準都市計画区域内に所在する面積7,000㎡の土地について、Bに売却する契約を締結した場合、Bは事後届出をする必要がある。

Q 07 〔届出対象面積〕

　Aが所有する都市計画区域外の面積5,000㎡の土地をBが賃借し、その対価として権利金を支払う契約がAB間で締結された場合、Bは契約締結日から起算して2週間以内に事後届出を行う必要がある。

Q 08 〔届出対象面積〕

　宅建業者Aが所有する都市計画区域外の13,000㎡の土地について、4,000㎡を宅建業者Bに、9,000㎡を宅建業者Cに売却する契約を締結した場合、B及びCはそれぞれ、その契約を締結した日から起算して2週間以内に事後届出を行わなければならない。

A 05

○

[H21-15-3]

市街化調整区域で5,000㎡以上の土地売買等の契約をした場合、権利取得者は、事後届出を行う必要がある。また、売買予約も、事後届出が必要な土地売買等の契約にあたり、届出は、予約をした日から2週間以内に行わなければならない。

+α 売買予約は届出が必要な行為に該当しますが、その後、予約完結権を行使するときは、改めて届出をする必要はありません。

A 06

×

[H16-16-3]

準都市計画区域内における届出対象面積は10,000㎡以上であり、7,000㎡であれば事後届出は不要である。

A 07

×

[H14-16-3]

権利金の授受がある土地の賃貸借は、事後届出が必要な土地売買等の契約に該当するが、都市計画区域外で事後届出を必要とする土地の面積は10,000㎡以上であり、5,000㎡であれば届出は不要である。

+α 権利金とは、権利の設定の対価として支払われるもので、後日返還されないものをいい、土地の賃貸借でも権利金の授受がなければ、届出は不要です。

A 08

×

[H21-15-4]

事後届出が必要となる面積かどうかは、買主が取得したそれぞれの土地の面積ごとに判断する。都市計画区域外では10,000㎡以上の土地で事後届出が必要となるため、本問では、BもCも事後届出をする必要はない。

+α 事前届出制（注視区域・監視区域）の場合であれば、契約の両当事者ともに基準となるため、本問のようなケースでは、B・Cとも届出が必要となります。

Q 09 〔届出対象面積〕

市街化調整区域において、宅建業者Aが所有する面積5,000㎡の土地について、宅建業者Bが一定の計画に従って、2,000㎡と3,000㎡に分割して順次購入した場合、Bは事後届出を行う必要はない。

Q 10 〔国等との契約〕

都市計画区域外において、A市が所有する面積15,000㎡の土地を宅地建物取引業者Bが購入した場合、Bは事後届出を行わなければならない。

Q 11 〔届出手続〕

宅建業者Aが、自ら所有する市街化区域内の5,000㎡の土地について、宅建業者Bに売却する契約を締結した場合、Bが契約締結日から起算して2週間以内に事後届出を行わなかったときは、A及びBは6月以下の懲役又は100万円以下の罰金に処せられる場合がある。

Q 12 〔届出事項〕

事後届出において、土地売買等の契約に係る土地の土地に関する権利の移転又は設定の対価の額については届出事項ではない。

Q 13 〔勧告違反〕

事後届出に係る土地の利用目的について、甲県知事から勧告を受けた宅建業者Aがその勧告に従わないときは、甲県知事は、その旨及びその勧告の内容を公表することができる。

A 09

✕

[R3⑫-22-3]

市街化調整区域内の5,000㎡以上の土地について、土地売買等の契約を締結した場合は、事後届出を行う必要がある。そして、合計すれば**届出の対象面積以上となる「一団の土地」**を、一定の計画に従って、**分割して購入**した場合、個々の取引では届出の対象面積未満となるときであっても、それぞれの土地売買等の契約ごとに、**事後届出が必要**となる。

A 10

✕

[R4-22-1]

当事者の一方または双方が**国・地方公共団体等**である場合には、区域・対象面積の規模にかかわらず、**事後届出をする必要**はない。

A 11

✕

[H22-15-1]

事後届出の義務に違反した場合、6か月以下の懲役または100万円以下の罰金に処せられるが、事後届出の義務は**買主Bのみ**に課せられているため、売主Aが罰せられることはない。

A 12

✕

[R4-22-2]

事後届出が必要な場合、土地の**利用目的**等だけでなく、土地に関する権利の移転・設定の**対価の額**も、届け出る必要がある。

+α ただし、「事後届出」の**勧告の対象**となるのは、利用目的だけであることに注意しましょう。なお、「**事前届出制**」の場合は、土地の利用目的とともに、対価の額も勧告の対象となります。

A 13

○

[H30-15-1]

届出にかかる土地の**利用目的**について変更すべき勧告に従わなかった場合、罰則の適用はないが、その旨及びその内容を公表される**ことがある**。

□□□ **Q 14** 〔事前届出制（注視区域）〕

　注視区域内においては、都道府県の規則で定める面積以上の土地売買等の契約を締結する場合に届出が必要である。

□□□ **Q 15** 〔事前届出制（監視区域）〕

　Aが所有する監視区域内の土地（面積10,000㎡）をBが購入する契約を締結した場合、A及びBは事後届出を行わなければならない。

□□□ **Q 16** 〔事前届出制（監視区域）〕

　監視区域内の市街化調整区域に所在する面積6,000㎡の一団の土地について、所有者Aが当該土地を分割し、4,000㎡をBに、2,000㎡をCに売却する契約をB、Cと締結した場合、当該土地の売買契約についてA、B及びCは事前届出をする必要はない。

14

×

[H13-16-4]

注視区域における届出対象面積は、**市街化区域内**であれば2,000㎡以上である等、事後届出**の場合と同じ**である。

+α 都道府県の規則で届出面積が引き下げられるのは、注視区域ではなく、監視区域です。

15

×

[H28-15-2]

注視**区域**・監視**区域**内の土地について**土地売買等の契約を締結**する場合には、**事前届出**が必要である。よって、本問で必要なのは「事前届出」であり、「事後届出」ではない。

16

×

[H16-16-1]

監視区域内の届出対象面積は、「**事後届出**」の場合の**届出対象面積**よりも厳しくなるから、少なくとも市街化調整区域で6,000㎡であれば、届出が必要になる。

このような一団の土地について、売主Aが複数の買主となるB・Cに分譲する場合、個々の取引面積が届出対象に満たなくても、全体として一団の土地を売却することであるため、AB間の契約もAC間の契約も共に、**事前に届出**をしなければならない。

+α 「事後届出制」であれば、BもCも届出対象面積に満たない土地を取得しているので、どちらも届出は不要です。

12

国土利用計画法

基本テキスト　P.518～「第9章　その他の諸法令」

□□□□ **Q 01** 〔許可権者の例外〕

道路法によれば、道路の区域が決定された後道路の供用が開始されるまでの間であっても、道路管理者が当該区域についての土地に関する権原を取得する前であれば、道路管理者の許可を受けずに、当該区域内において工作物を新築することができる。

□□□□ **Q 02** 〔許可権者の例外〕

河川法によれば、河川区域内の土地において工作物を新築し、改築し、又は除却しようとする者は、河川管理者と協議をしなければならない。

□□□□ **Q 03** 〔許可権者の例外〕

海岸法によれば、海岸保全区域内において土地の掘削、盛土又は切土を行おうとする者は、一定の場合を除き、海岸管理者の許可を受けなければならない。

□□□□ **Q 04** 〔許可権者の例外〕

生産緑地法によれば、生産緑地地区内において建築物の新築、改築又は増築を行おうとする者は、原則として市町村長の許可を受けなければならない。

10年間で**2〜3回の出題**です。近年出題が定着しつつあるので、基本的な対策は講じておいたほうがベターでしょう。ポイントとしては、**知事等以外が許可権者になる例外だけを覚えればよい**ので、時間はあまりかかりません。

A 01

✕

[H29-22-4]

　道路法によれば、道路の区域が決定された後、道路の供用が開始されるまでの間は、道路管理者が当該区域の権原を取得する前であっても、当該区域内で**工作物**の新築等を行う場合には、道路管理者**の許可**を受けなければならない。

> **+α**　その他の諸法令の問題は、「ある行為をする場合、その許可権者は誰か」が問われます。そこで、「**許可権者は原則として都道府県知事**」と考えておき、その例外を覚えておくことが何よりの対策です。

A 02

✕

[H25-22-4]

　河川法によれば、**河川区域**内の土地において工作物を新築し、改築し、または除却しようとする者は、「**河川管理者の許可**」を受けなければならない。

A 03

◯

[H26-22-3]

　海岸法によれば、**海岸保全区域**内での土地の掘削・盛土・切土などは、原則として、海岸管理者**の許可**が必要となる。

A 04

◯

[H13-24-2]

　生産緑地法によれば、**生産緑地地区内**における建築行為等に関する許可権者は、市町村長である。

Q 05 〔許可権者の例外〕

　文化財保護法によれば、史跡名勝天然記念物の保存に重大な影響を及ぼす行為をしようとする者は、原則として市町村長の許可を受けなければならない。

Q 06 〔許可権者の例外〕

　土壌汚染対策法によれば、形質変更時要届出区域が指定された際、当該形質変更時要届出区域内で既に土地の形質の変更に着手している者は、その指定の日から起算して14日以内に、都道府県知事にその旨を届け出なければならない。

Q 07 〔協定〕

　自然公園法によれば、環境大臣が締結した風景地保護協定は、当該協定の公告がなされた後に当該協定の区域内の土地の所有者となった者に対しては、その効力は及ばない。

A 05

✕

[H15-25-3]

文化財保護法によれば、**史跡名勝天然記念物**の現状変更行為等に関する許可権者は、文化庁長官である。

 A 06

○

[H20-25-2]

土壌汚染対策法によれば、**形質変更時要届出区域**の指定の際、その指定が行われた区域内で、**すでに**土地の形質の変更に着手している者は、指定された日から起算して**14日以内**に、**都道府県知事**にその旨の届出を行わなければならない。

A 07

✕

[H15-25-4]

自然公園法によれば、風景地保護協定制度においては、当該協定の**公告がされた**後に協定区域内の**土地の所有者等**となった者に対しても、その効力が及ぶ。

第4編

税・価格の評定

1 不動産取得税(地方税①)

基本テキスト　P.528〜　「第1章 1 不動産取得税」

□□□ **Q 01**　〔課税主体と徴収方法〕

　　不動産取得税は、不動産の取得に対して、<u>当該不動産の所在する</u>
<u>市町村</u>において課する税であり、その徴収は普通徴収の方法によら
なければならない。

□□□ **Q 02**　〔課税客体（不動産の取得）〕

（よく出る）

　　不動産取得税は、不動産の取得に対して課される税であるので、
家屋を<u>改築</u>したことにより、当該家屋の<u>価格が増加</u>したとしても、
不動産取得税は課されない。

□□□ **Q 03**　〔課税客体（不動産の取得）〕

（よく出る）

　　<u>相続</u>による不動産の取得については、不動産取得税が課される。

□□□ **Q 04**　〔税率〕

（よく出る）

　　令和6年4月に個人が取得した住宅及び<u>住宅用地</u>に係る不動産取
得税の税率は3％であるが、<u>住宅用以外の土地</u>に係る不動産取得税
の税率は4％である。

10年間でみると、**4～5回出題**されます。**不動産取得税**は、不動産を取得したときに**1回だけ納付**する都道府県税ですが、様々な特例があるため、マイホームの購入で現実に重荷になるケースはそうありません。このような**特例の内容**に注意しましょう。

A 01

✕

[H26-24-1]

不動産取得税は、不動産の取得に対し、**不動産が所在する**「（都）道府県」が不動産の取得者に課す税金である。なお、普通徴収（納税通知書を納税義務者に交付することによる徴収）の方法による点は正しい。

> **+α** 不動産とは、「土地・家屋」をいうため、家屋以外の土地に定着した工作物や立木は、**土地と同時に取引されたと**しても、不動産取得税の課税対象とはなりません。

A 02

✕

[R2(10)-24-3]

家屋を改築した場合は、その改築をもって家屋の取得とみなし、「**改築により増加した価格**」を課税標準として、不動産取得税が課税される。

> **+α** 交換・贈与によって不動産を取得した場合も、売買による取得と同様に、不動産取得税が課税されます。

A 03

✕

[H26-24-4]

相続（包括遺贈、相続人に対する遺贈も含む）や法人の合併**による不動産の取得等**は、形式的な所有権の移転なので、不動産取得税は課されない。

A 04

✕

[R2(10)-24-1]

不動産取得税の標準税率は、**100分の4（4％）**だが、**住宅または土地の取得**が行われた場合における不動産取得税の標準税率は、**100分の3（3％）**となる。したがって、土地については、住宅用地も住宅用以外の土地も、どちらも不動産取得税の標準税率は3％となる。

1 不動産取得税（地方税①）

Q 05　〔免税点〕

　不動産取得税の課税標準となるべき額が、<u>土地</u>の取得にあっては<u>10万円</u>、家屋の取得のうち<u>建築</u>に係るものにあっては1戸につき<u>23万円</u>、<u>その他</u>のものにあっては1戸につき<u>12万円</u>に満たない場合においては、不動産取得税が課されない。

Q 06　〔住宅の特例〕

　令和6年4月に取得した<u>床面積240㎡</u>である新築住宅に係る不動産取得税の<u>課税標準</u>の算定については、当該新築住宅の価格から<u>1,200万円が控除</u>される。

Q 07　〔住宅の特例〕

　平成24年4月に建築された<u>床面積200㎡の中古住宅を法人</u>が取得した場合の当該取得に係る不動産取得税の課税標準の算定については、当該住宅の価格から1,200万円が控除される。

Q 08　〔宅地の特例〕

　宅地の取得に係る不動産取得税の<u>課税標準</u>は、当該宅地の価格の<u>4分の1</u>の額とされる。

A 05

○

[H24-24-1]

不動産取得税の課税標準が、**土地**は10万円、家屋の取得のうち**建築**に係るものは一戸につき23万円、**その他**のものは一戸につき12万円に満たない場合、不動産取得税を課することができない。

A 06

○

[H28-24-3]

新築住宅の課税標準の特例の適用を受けるためには、床面積が50㎡以上240㎡以下（戸建以外の貸家住宅は40㎡以上240㎡以下）でなければならない。そして、控除される額は1,200万円である。

A 07

×

[H19-28-2]

🔺難

新築住宅を取得した場合の課税標準の特例は、法人の取得に対しても適用されるが、**既存住宅**を取得した場合の課税標準の特例は、個人に**対してのみ適用**され、法人には適用されない。

A 08

×

[H24-24-3改]

宅地の取得に係る不動産取得税の課税標準は、当該宅地の価格の「2分の1」の額となる。

	1回目	2回目	3回目
	月　日：　／8	月　日：　／8	月　日：　／8

基本テキスト P.531〜 「第1章 2 固定資産税」

□□□ **Q 01** 〔納税義務者〕

年度の途中において家屋の売買が行われた場合、売主と買主は、当該年度の固定資産税を、固定資産課税台帳に所有者として登録されている日数で<u>按分</u>して納付しなければならない。

□□□ **Q 02** 〔納税義務者〕

固定資産の所有者の所在が震災、風水害、火災等によって<u>不明</u>である場合には、その使用者を所有者とみなして固定資産課税台帳に登録し、その者に固定資産税を課することができる。

□□□ **Q 03** 〔納税義務者〕

固定資産税は、固定資産の所有者に対して課されるが、質権又は<u>100年より永い存続期間の定めのある地上権</u>が設定されている土地については、所有者ではなくその質権者又は<u>地上権者</u>が固定資産税の納税義務者となる。

□□□ **Q 04** 〔課税標準〕

固定資産税における土地の価格は、地目の変換がない限り、<u>必ず</u>基準年度の価格を<u>3年間据え置く</u>こととされている。

□□□ **Q 05** 〔課税標準〕

固定資産税の課税標準は、原則として固定資産の価格であるが、この価格とは「適正な時価」をいうものとされており、固定資産の価格の具体的な求め方については、<u>都道府県知事が告示した固定資産評価基準</u>に定められている。

10年間で**4～5回出題**されています。固定資産税は、**不動産を保有**している限り、**毎年課税**される市町村税です。**固定資産税の概要**と**マイホームに関する特例**とが、同程度の割合で出題されています。

A 01

×

[R3(12)-24-3]

固定資産税は、**賦課期日である1月1日現在**に**登記・登録された者**に対して形式的に課税される。よって、年度中に所有者が変更しても、1月1日時点の所有者が、その年分の固定資産税全額について、法律上の納税義務者となる。

+α 固定資産税の徴収は、申告納付ではなく、普通徴収です。

A 02

○

[H20-28-1]

固定資産税の納税義務者は、原則として固定資産の所有者だが、震災・風水害・火災等によって固定資産の**所有者が所在不明の場合**には、**その使用者を所有者とみなして**、課税することができる。

A 03

○

[R元-24-4]

固定資産税は、原則として**固定資産の所有者**に課されるが、**質権**または**100年より永い存続期間の定めのある地上権**の目的である土地については、その質権者または地上権者に課される。

A 04

×

[H15-28-2]

固定資産税における土地の価格は、原則的に基準年度の価格が**3年間据え置かれる**が、地目の変換などの特別の事情のほかにも、市町村の廃置分合または境界変更があった等、その基準年度の価格が見直しされる場合がある。

A 05

×

[H20-28-3]

固定資産の評価の基準及び評価の実施の方法やその手続（固定資産評価基準）を定め、告示しなければならないのは「**総務大臣**」であって、都道府県知事ではない。

Q 06 〔証明書の交付〕

　納税義務者又はその同意を受けた者以外の者は、固定資産課税台帳の記載事項の証明書の交付を受けることはできない。

Q 07 〔納期〕

　固定資産税の納期は、他の税目の納期と重複しないようにとの配慮から、４月、７月、12月、２月と定められており、市町村はこれと異なる納期を定めることはできない。

Q 08 〔免税点〕

　市町村は、財政上その他特別の必要がある場合を除き、当該市町村の区域内において同一の者が所有する土地に係る固定資産税の課税標準額が30万円未満の場合には課税できない。

Q 09 〔課税標準の特例〕

よく出る

　住宅用地のうち小規模住宅用地に対して課する固定資産税の課税標準は、当該小規模住宅用地に係る固定資産税の課税標準となるべき価格の３分の１の額である。

Q 10 〔税額控除〕

よく出る

　新築された住宅に対して課される固定資産税については、新たに課されることとなった年度から４年度分に限り、２分の１相当額を固定資産税額から減額される。

A 06
✕
[H17-28-2]

固定資産課税台帳の記載事項の証明書の交付を受けることができる者には、納税義務者等だけでなく、土地・家屋について**賃借権等を**有する者**等**も含まれる。

 A 07
✕
[R元-24-3]

固定資産税の納期は、**4月、7月、12月及び2月中**において、当該**市町村の条例**で定める。ただし、特別の事情がある場合は、これと**異なる納期**を定めることができる。

A 08
○
[H27-24-4]

市町村は、**同一の者**について当該市町村の区域内におけるその者の所有に係る土地、家屋または償却資産に対して課する固定資産税の課税標準となるべき額が**土地**は30万円、**家屋**は20万円、償却資産は150万円に満たない場合は、固定資産税を課すことができない（**免税点**）。ただし、財政上その他特別の必要がある場合を除く。

 A 09
✕
[R3(12)-24-4]

住宅用地のうち**小規模住宅用地**（面積が200㎡以下）に対して課する固定資産税の**課税標準**は、当該小規模住宅用地に係る固定資産税の課税標準となるべき価格の「**6分の1**」の額となる。

A 10
✕
[H17-28-4]

新築住宅に関しては、**3年度分**（中高層耐火建築物は**5年度分**）、床面積120㎡までの部分について、固定資産**税額**から**2分の1**相当額が減額される。

1回目	2回目	3回目
月 日: /10	月 日: /10	月 日: /10

Q 01 〔課税文書〕

給与所得者が自宅の土地建物を譲渡し、代金8,000万円を受け取った際に作成した領収書には、金銭の受取書として印紙税が課される。

Q 02 〔課税文書〕

建物の賃貸借契約に際して敷金を受け取り、「敷金として20万円を領収し、当該敷金は賃借人が退去する際に全額返還する」旨を記載した敷金の領収証を作成した場合、印紙税は課税されない。

Q 03 〔課税文書〕

国を売主、株式会社Aを買主とする土地の売買契約において、共同で売買契約書を2通作成し、国とA社がそれぞれ1通ずつ保存することとした場合、A社が保存する契約書には印紙税は課されない。

Q 04 〔課税文書〕

売主Aと買主Bが土地の譲渡契約書を3通作成し、A、B及び仲介人Cがそれぞれ1通ずつ保存する場合、当該契約書3通には印紙税が課される。

Q 05 〔記載金額〕

一の契約書に甲土地の譲渡契約（譲渡金額6,000万円）と、乙建物の譲渡契約（譲渡金額3,000万円）をそれぞれ区分して記載した場合、印紙税の課税標準となる当該契約書の記載金額は、6,000万円である。

10年間で、**4〜5回の出題**です。印紙税とは、不動産の売買契約書や建物の建築請負契約書等に貼る**印紙で納付する税**のことです。**実務上欠かせない知識**であるため出題頻度が高い**課税文書**の内容と**記載金額**に注意して、学習してください。

 01

✕

[H18-27-4]

営業に関しない受取書には、印紙税は**課税されない**。

+α 5万円未満の受取書も非課税となります。
　なお、仮契約書・仮文書等は、一時的に契約書に代わるものとして作成されるため、印紙税の課税文書となることに、要注意です。

02

✕

[H20-27-1]

　建物賃貸借契約書自体は非課税文書であるが、敷金を受領した際の**領収証**は、印紙税の課税文書である**受取書に該当する**ため、原則として印紙税が**課税される**。

03

◯

[R2(10)-23-3]

　国・地方公共団体等と、それ以外の者（私人）とが共同して作成した文書で、**私人が保存**するものは、「国等が作成した」とみなされ、非課税となり、**国等が保存**するものは私人が**作成**したものとみなされ、**課税**される。

04

◯

[R5-23-1]

　契約の各当事者が保存する不動産の譲渡契約書だけでなく、契約の仲介人が保存する契約書にも、印紙税が**課税される**。

05

✕

[R4-23-2]

　1つの印紙税の課税文書に、**同じ種類の契約**（課税物件表の同一の号の課税事項）の記載金額が**2以上**ある場合は、それらの「合計額」が、課税標準となる記載金額となる。したがって、甲土地の譲渡契約の譲渡金額6,000万円と、乙建物の譲渡契約の譲渡金額3,000万円の合計額である「9,000万円」が、記載金額となる。

Q 06 〔記載金額〕

一の契約書に土地の譲渡契約（譲渡金額5,000万円）と建物の建築請負契約（請負金額6,000万円）をそれぞれ区分して記載した場合、印紙税の課税標準となる当該契約書の記載金額は、1億1,000万円である。

Q 07 〔記載金額〕

「Aの所有する土地（価額5,000万円）とBの所有する土地（価額4,000万円）を交換する」旨の土地交換契約書を作成した場合、印紙税の課税標準となる当該契約書の記載金額は4,000万円である。

Q 08 〔記載金額〕

「Dの所有する甲土地（価額2,000万円）をEに贈与する」旨を記載した贈与契約書を作成した場合、印紙税の課税標準となる当該契約書の記載金額は、2,000万円である。

Q 09 〔記載金額〕

「令和6年10月1日付建設工事請負契約書の契約金額3,000万円を5,000万円に増額する」旨を記載した変更契約書は、記載金額2,000万円の建設工事の請負に関する契約書として印紙税が課される。

Q 10 〔記載金額〕

当初作成の「土地を1億円で譲渡する」旨を記載した土地譲渡契約書の契約金額を変更するために作成する契約書で、「当初の契約書の契約金額を1,000万円減額し、9,000万円とする」旨を記載した変更契約書について、印紙税の課税標準となる当該変更契約書の記載金額は、1,000万円である。

A 06

✕

[R5-23-2]

不動産の譲渡に関する文書と請負に関する文書との**両方**に該当する文書は、原則として「不動産の譲渡**に関する文書**」となる。しかし、請負に関する文書に記載されている契約金額が不動産の譲渡に関する文書に記載されている契約金額より高いときは、「**請負に関する文書**」として課税される。

本問の場合、**請負契約の金額の方が**高いため、当該契約書の記載金額は6,000万円となる。

A 07

✕

[R2(10)-23-2]

交換の場合は、契約書に双方の価額が記載してあるときはどちらか高い方（等価交換のときは、どちらか一方）の金額が、**記載金額**となる。したがって、Aの所有する土地の価額5,000万円が「高い方」となり、記載金額は5,000万円となる。

+α **交換差金のみ**が記載してある場合には、交換差金が記載金額となります。

A 08

✕

[R5-23-3]

贈与契約においては、譲渡の対価となる金額はないので、**契約金額はないもの**として取り扱う。したがって、たとえ価額が記載されていたとしても、「**記載金額は**ない」として200円の印紙税が課税される。

A 09

◯

[H21-24-1]

契約金額等の変更契約書において、**増額変更**であるときは、増加した金額を当該文書の記載金額とし、**減額変更**の場合は記載金額のないものと扱われる。したがって、本問では、**増加額**である2,000万円が記載金額となる。

A 10

✕

[R5-23-4]

すでに作成した不動産の譲渡契約書の金額を**減額**する場合の**変更契約書**には、記載金額がないものとして**200円**の印紙税が課税される。

Q 11 〔記載金額〕

「契約期間は10年間、賃料は月額10万円、権利金の額は100万円とする」旨が記載された土地の賃貸借契約書は、記載金額1,300万円の土地の賃借権の設定に関する契約書として印紙税が課される。

Q 12 〔手続〕

土地の売却の代理を行ったA社が「A社は、売主Bの代理人として、土地代金5,000万円を受領した」旨を記載した領収書を作成した場合、当該領収書は、売主Bを納税義務者として印紙税が課される。

Q 13 〔手続〕

土地譲渡契約書に課税される印紙税を納付するため当該契約書に印紙をはり付けた場合には、課税文書と印紙の彩紋とにかけて判明に消印しなければならないが、契約当事者の代理人又は従業者の印章又は署名で消印しても、消印したことにはならない。

Q 14 〔手続〕

印紙税の課税文書である不動産譲渡契約書を作成したが、印紙税を納付せず、その事実が税務調査により判明した場合は、納付しなかった印紙税額と納付しなかった印紙税額の10%に相当する金額の合計額が過怠税として徴収される。

11

✕

[R2(10)-23-4]

土地の賃貸借契約書の場合、記載金額は「**権利金等**」の金額となり、賃料の額**は除かれる**。したがって、本問は、「100万円」を記載金額とした課税文書となる。

> **+α** 建物の賃貸借契約書・抵当権設定契約書は、いずれも印紙税の非課税文書です。

 12

✕

[H21-24-3]

委任に基づく代理人が、代理人名義で作成する課税文書については、当該代理人が**文書作成者として課税**され、売主本人には印紙税が課税されない。

A 13

✕

[H25-23-1]

課税文書の作成者は、課税文書に印紙をはり付ける場合には、当該課税文書と印紙の彩紋とにかけ、判明に印紙を消さなければならず、印紙を消す場合には、印章または署名で消さなければならない。しかし、この消印は、必ずしも**文書の作成者自らする必要はなく**、代理人・使用人その他の従業者が行うこともできる。

A 14

✕

[H28-23-1]

印紙税を納付しなかった場合、納税地の所轄税務署長は、その課税文書の作成者からは、納付しなかった印紙税の額とその2倍に相当する金額との**合計額**に相当する**過怠税を徴収**する。つまり、実質**3倍**の額が徴収される。

1回目		2回目		3回目	
月 日：	/14	月 日：	/14	月 日：	/14

基本テキスト　P.540〜　「第2章 国税①2 登録免許税」

□□□ **Q 01**　〔課税標準〕

　軽減措置に係る登録免許税の課税標準となる不動産の価額は、売買契約書に記載された住宅用家屋の実際の取引価格である。

□□□ **Q 02**　〔納税義務者〕

　土地の売買に係る登録免許税の納税義務は、土地を取得した者にはなく、土地を譲渡した者にある。

□□□ **Q 03**　〔税率〕

　土地の所有権の移転の登記に係る登録免許税の税率は、移転の原因にかかわらず一律である。

□□□ **Q 04**　〔軽減税率〕

　住宅用家屋の所有権の移転登記に係る登録免許税の税率の軽減措置は、個人が自己の経営する会社の従業員の社宅として取得した住宅用家屋に係る所有権の移転の登記にも適用される。

□□□ **Q 05**　〔軽減税率〕

　所有権移転登記に係る登録免許税の住宅に係る税率の軽減措置の適用を受けるためには、その住宅用家屋の取得後6か月以内に所有権の移転登記をしなければならない。

10年間でみると**4回程度の出題**です。不動産登記の際に課される税金であり、宅建士にとって重要な知識です。住宅の場合の税率の軽減措置など、**顧客に説明できる程度の知識**が試験でも求められますので、ここでの問題はきちんと解いておきましょう。

A 01

✕

[H21-23-3]

登録免許税の課税標準となる不動産の価額は、固定資産課税台帳に**登録**された**価額**を基に算定される。

A 02

✕

[H14-27-4]

土地の売買に係る登録免許税については、土地を譲渡した**登記義務者（売主）**と土地を取得した**登記権利者（買主）**とが連帯して、登録免許税を納付する義務を負う。

A 03

✕

[H14-27-1]

土地の所有権の移転の登記に係る登録免許税の本則の税率は、例えば、**売買の場合は1,000分の**15だが、**相続の場合は1,000分の**4となる等、登記原因により**異なる**（さらに軽減税率の特例もある）。

A 04

✕

[H26-23-2]

この税率の軽減措置の適用を受けることができるのは、専ら登記を受ける個人**の住宅用家屋**に限られる。したがって、社宅は適用対象ではない。

A 05

✕

[H21-23-4]

軽減措置の適用を受けるためには、原則として、その住宅用家屋の**取得後「1年以内」**に、所有権の移転登記をしなければならない。

Q 06 〔軽減税率〕

　住宅用家屋の所有権の移転登記に係る登録免許税の税率の軽減措置の適用対象となる住宅用家屋は、床面積が100㎡以上で、その住宅用家屋を取得した個人の居住の用に供されるものに限られる。

Q 07 〔軽減税率〕

　所有権移転登記に係る登録免許税の住宅に係る税率の軽減措置は、登記の対象となる住宅用の家屋の取得原因を限定しており、交換を原因として取得した住宅用家屋について受ける所有権の移転登記には適用されない。

Q 08 〔軽減税率〕

　住宅用家屋の所有権の移転登記に係る登録免許税の税率の軽減措置は、以前にこの措置の適用を受けたことがある者が新たに取得した住宅用家屋に係る所有権の移転の登記には適用されない。

A 06

✕

[R3(12)-23-1]

　本問の税率の軽減措置の適用対象となる住宅用家屋は、床面積が「50㎡以上」で、専らその住宅用家屋を取得した**個人の居住の用**に供されるものに限られる。

A 07

〇

[H30-23-2]

　この軽減措置は、売買**または**競落により取得した場合の所有権の移転登記に**のみ限定して適用**される。

A 08

✕

[H26-23-3]

　所有権の移転登記に関する軽減税率について、以前適用を受けた者が、再度適用を受けることを制限する規定はない。つまり、要件を満たせば、何度でも適用可である。

1回目		2回目		3回目	
月　日：	／8	月　日：	／8	月　日：	／8

5 贈与税(国税③)

重要ランク B

基本テキスト P.542〜 「第2章 国税① 3 贈与税」

□□□ **Q 01** 〔非課税の特例〕

直系尊属から住宅取得等資金の贈与を受けた場合の贈与税の非課税の特例に関し、直系尊属から住宅用の家屋の贈与を受けた場合でも、この特例の適用を受けることができる。

□□□ **Q 02** 〔非課税の特例〕

直系尊属から住宅取得等資金の贈与を受けた場合の贈与税の非課税の特例に関し、受贈者について、住宅取得等資金の贈与を受けた年の所得税法に定める合計所得金額が2,000万円を超える場合でも、この特例の適用を受けることができる。

□□□ **Q 03** 〔相続時精算課税〕

住宅取得等資金の贈与を受けた場合の相続時精算課税の特例に関し、父母双方から住宅取得のための資金の贈与を受けた場合において、父母のいずれかが65歳以上であるときには、双方の贈与ともこの特例の適用を受けることはできない。

□□□ **Q 04** 〔相続時精算課税〕

住宅取得等資金の贈与を受けた場合の相続時精算課税の特例に関し、床面積の３分の１を店舗として使用し、残りの部分は資金の贈与を受けた者の住宅として使用する家屋を新築した場合には、この特例の適用を受けることはできない。

10年間で、**1～2回出題**されるテーマです。「親などから住宅取得等資金の贈与を受けた場合の特例」の問題が頻出しています。この制度を活用してマイホームを取得する方も多いため、**概要と特例の内容**をしっかり理解してください。

A 01
×
[H27-23-1]

この特例は、**住宅取得等資金の贈与**を受けた場合に適用を受けることができる。住宅取得等資金とは、住宅の新築、取得または増改築等の対価に充てるための「金銭」をいい、**家屋は含まれない**。

A 02
×
[H27-23-4]

この特例が適用されるには、「贈与を受けた年」1年分の**合計所得金額が2,000万円以下**でなければならない。

+α なお、床面積が40㎡以上50㎡未満の場合は、合計所得金額は1,000万円以下でなければなりません。
また、「相続時精算課税制度」との混同に注意しましょう。

A 03
×
[H22-23-2]

住宅取得等資金の相続時精算課税の特例には、贈与者である親の年齢**に関係なく**、双方の贈与について、その特例を適用することができる。

A 04
×
[H19-27-3]

家屋の床面積が40㎡以上で、かつ、床面積の2分の1以上に相当する部分が専ら当該**居住の用**に供されるものであれば（本問における「居住の用に供される部分の床面積」は「3分の2」＝「2分の1以上」）、この特例の適用を受けることができる。

　住宅取得等資金の贈与を受けた場合の相続時精算課税の特例に関し、増改築のために金銭の贈与を受けた場合には、増築による床面積の増加が40㎡以上であるか、その工事に要した費用の額が1,000万円以上でなければこの特例の対象とはならない。

増改築のため金銭の贈与を受けた場合に、この特例の適用を受けるためには、増築による床面積の増加が40㎡以上であり、かつ、その工事に要した費用の額が「100万円以上」でなければならない。

6 不動産の譲渡所得(国税④)

本テキスト　P.544〜「第3章 国税②所得税(譲渡所得)」

□□□ **Q 01** 〔総論〕

　建物の全部の所有を目的とする土地の賃借権の設定の対価として支払を受ける権利金の金額が、その土地の価額の10分の5に相当する金額を超えるときは、不動産所得として課税される。

- -

□□□ **Q 02** 〔総論〕

　譲渡所得の金額の計算上、資産の譲渡に係る総収入金額から控除する資産の取得費には、その資産の取得時に支出した購入代金や購入手数料等の金額は含まれるが、その資産の取得後に支出した設備費及び改良費の額は含まれない。

- -

□□□ **Q 03** 〔総論〕

　個人に対して、譲渡所得の基因となる資産をその譲渡の時における価額の2分の1に満たない金額で譲渡した場合において、その譲渡により生じた損失の金額については、譲渡所得の金額の計算上、なかったものとみなされる。

- -

□□□ **Q 04** 〔特別控除〕

　1月1日において所有期間が10年以下の居住用財産については、居住用財産の譲渡所得の3,000万円特別控除（租税特別措置法第35条第1項）を適用することができない。

所得税は数年に1回程度の出題です。試験では、不動産とは直接関わらない所得税一般から出題されることもありますが、合否を分けるのは、譲渡所得の特例です。**特別控除**や**軽減税率**、買換特例のような**各種特例**がポイントとなります。**基本事項**は、**習得必須**です。

 A 01

✕

[R3(10)-23-3]

借地権設定の対価である権利金の額が、その土地の価額の**10分の5を超える場合**には、「譲渡所得」として**課税**される。

 A 02

✕

[R3(10)-23-2]

譲渡所得の金額の計算上、控除する資産の**取得費**には、購入代金や購入手数料などの資産の取得に要した金額だけでなく、**設備費や改良費も含む**。

A 03

〇

[H20-26-4]

個人が個人に対して、譲渡時の価額の**2分の1未満**となる、いわゆる「低額譲渡」をした場合、その譲渡により生じた損失はなかったものとみなされる。

A 04

✕

[H24-23-1改]

居住用財産を譲渡した場合の3,000万円特別控除は、**所有期間の長・短にかかわらず**適用することができる。

Q 05　〔特別控除〕

　1月1日において所有期間が10年を超える居住用財産について、その者と生計を一にしていない孫に譲渡した場合には、居住用財産の譲渡所得の<u>3,000万円特別控除</u>を適用することができる。

Q 06　〔軽減税率〕

　1月1日において<u>所有期間が10年を超える</u>居住用財産について、その<u>譲渡した時</u>にその居住用財産を<u>自己の居住の用に供していなければ</u>、<u>居住用財産を譲渡した場合の軽減税率の特例</u>を適用することができない。

Q 07　〔買換え特例〕

　特定の居住用財産の<u>買換えの特例</u>に関し、譲渡資産とされる家屋については、居住の用に供しているもの、又は<u>居住の用に供されなくなった日から同日以後5年を経過する日の属する年の12月31日</u>までに譲渡されるものであることが、適用要件とされている。

Q 08　〔買換え特例〕

　特定の居住用財産の<u>買換えの特例</u>に関し、<u>譲渡資産</u>とされる家屋については、その<u>譲渡に係る対価の額</u>が5,000万円以下であることが、適用要件とされている。

Q 09　〔買換え特例〕

　特定の居住用財産の<u>買換えの特例</u>に関し、<u>譲渡資産</u>とされる家屋については、その譲渡をした日の属する年の1月1日における<u>所有期間が10年を超える</u>もののうち<u>国内</u>にあるものであることが、適用要件とされている。

05

✕

[H24-23-4改]

配偶者及び直系血族、生計を一にするその他の親族等へ譲渡した場合には、居住用財産の譲渡所得の**3,000万円特別控除の適用**を受けることが**できない**。孫は**直系血族**であるから、生計を一にするか否かを問わず、この特例を受けることはできない。

 06

✕

[H24-23-3改]

居住用財産を譲渡した場合の軽減税率は、現に居住の用に供していなくても、**居住の用に供しなくなった日から同日以後3年を経過する日の属する年の12月31日までに譲渡**されるものであれば、適用することができる。

 07

✕

[H14-26-1]

買換え特例の適用を受ける譲渡資産とされる家屋は、居住の用に供しているもの、または居住の用に供しなくなった日から同日以後**3年を経過**する日の属する年の12月31日までに譲渡されるもの、のいずれかであることが必要である。

 08

✕

[H19-26-1]

譲渡資産の対価の額は、1億円以下であることが特定の居住用財産の買換え特例の適用要件となっている。

 09

○

[H14-26-2]

譲渡資産とされる家屋は、その譲渡をした日の属する年の1月1日における**所有期間が10年**を超えていて、国内にあるものに限られる。

> **+α** 譲渡資産の要件として、「所有期間」は10年を超えていなければなりませんが、「居住期間」は、**10年以上**でなければなりません。

6

不動産の譲渡所得（国税④）

397

〔買換え特例〕

特定の居住用財産の買換えの特例に関し、買換資産とされる家屋については、譲渡資産の譲渡をした日からその譲渡をした日の属する年の翌年12月31日までの間に取得することが、適用要件とされている。

〔買換え特例〕

特定の居住用財産の買換えの特例に関し、買換資産とされる家屋については、その床面積のうち自己が居住の用に供する部分の床面積が50㎡以上500㎡以下のものであることが、適用要件とされている。

〔損益通算〕

居住用財産の買換え等の場合の譲渡損失の損益通算及び繰越控除に関し、買換資産とされる家屋については、租税特別措置法第41条の住宅借入金等を有する場合の所得税額の特別控除の適用を受けないことが適用要件とされている。

〔特例の併用関係〕

（よく出る！）

譲渡した年の1月1日において所有期間が10年を超える居住用財産を譲渡した場合において、居住用財産を譲渡した場合の軽減税率の特例を適用するときには、居住用財産の譲渡所得の特別控除を適用することはできない。

〔特例の併用関係〕

その譲渡について収用交換等の場合の譲渡所得等の5,000万円特別控除の適用を受ける場合であっても、その特別控除後の譲渡益について、居住用財産を譲渡した場合の軽減税率の特例の適用を受けることができる。

A 10

✕

[H14-26-3]

買換資産とされる家屋は、譲渡資産の譲渡の日の属する年の「前年」1月1日以降、「翌年」12月31日までに取得したものであれば、適用を受けることができる。

A 11

✕

[H14-26-4]

買換資産とされる家屋は、**居住の用に供する部分の床面積が50㎡以上であればよく、上限**はない。

A 12

✕

[H13-26-2]

買換資産とされる居住用家屋について、**住宅ローン控除**の適用を受ける場合でも、居住用財産の買換え等の場合の**譲渡損失の損益通算及び繰越控除の適用を重ねて受けること**（併用）**ができる。**

A 13

✕

[H15-26-2]

居住用財産を譲渡した場合の3,000万円特別控除と居住用財産を譲渡した場合の軽減税率の特例は、**重複して適用することができる。**

A 14

○

[R元-23-1]

収用交換等の場合の譲渡所得の5,000万円特別控除と、居住用財産を譲渡した場合の軽減税率の特例は、併用することができる。

7 地価公示法

🔍**基**本テキスト P.550〜 「第4章 1 地価公示法」

□□□ **Q 01** 〔手続〕

土地鑑定委員会は、公示区域内の標準地について、毎年2回、2人以上の不動産鑑定士の鑑定評価を求め、その結果を審査し、必要な調整を行って、一定の基準日における当該標準地の単位面積当たりの正常な価格を判定し、これを公示するものとされている。

□□□ **Q 02** 〔手続〕

標準地は、都市計画区域外や国土利用計画法の規定により指定された規制区域内からは選定されない。

□□□ **Q 03** 〔手続〕

不動産鑑定士は、土地鑑定委員会の求めに応じて標準地の鑑定評価を行うに当たっては、近傍類地の取引価格から算定される推定の価格、近傍類地の地代等から算定される推定の価格及び同等の効用を有する土地の造成に要する推定の費用の額を勘案しなければならない。

□□□ **Q 04** 〔手続〕

正常な価格とは、土地について、自由な取引が行われるとした場合におけるその取引（一定の場合を除く。）において通常成立すると認められる価格をいい、当該土地に建物がある場合には、当該建物が存するものとして通常成立すると認められる価格をいう。

10年間では、**4〜5回出題**されています。毎年春に新聞を賑わす、**公示価格の根拠となる法律**で、特に近年は不動産の実勢価格と公示価格がほぼ一致する場合も多く、まさに不動産価格の目安です。出題内容は簡単ですから、**失点は許されません。**

A 01

✕

[H29-25-2]

土地鑑定委員会は、毎年「1回」、2人以上の不動産鑑定士の鑑定評価を求め、その結果を審査し、必要な調整を行って、基準日における標準地の単位面積当たりの**正常な価格**を判定し、これを公示する。

A 02

✕

[R元-25-2]

標準地は、公示区域内の土地から**選定**される。そして、公示区域は、都市計画区域その他の土地取引が相当程度見込まれるものとして国土交通省令で定める区域であるが、国土利用計画法の規制区域は除かれる。したがって、標準地は、国土利用計画法の規制区域内からは**選定されない**が、都市計画区域外からは**選定されることがある**。

A 03

○

[R3(12)-25-3]

標準地の鑑定評価を行うにあたっては、①近傍類地の**取引価格から算定される推定の価格**、②近傍類地の**地代等から算定される推定の価格**、③同等の効用を有する**土地の造成に要する推定の費用**の額を、それぞれ勘案して行わなければならない。

A 04

✕

[R4-25-2]

「正常な価格」とは、土地について、自由な取引が行われるとした場合におけるその取引（一定の場合を除く）において**通常成立すると**認められる価格をいい、その土地に**建物**その他の定着物がある場合、または地上権その他その**土地の使用もしくは収益を制限する権利**が存する場合には、これらの定着物または権利が「存しない」として通常成立すると認められる価格をいう。

7

地価公示法

401

Q 05 〔手続〕

　土地鑑定委員会は、標準地の<u>正常な価格</u>を判定したときは、標準地の単位面積当たりの価格のほか、当該標準地の地積及び形状についても官報で公示しなければならない。

Q 06 〔手続〕

　関係市町村の長は、土地鑑定委員会が公示した事項のうち、当該市町村が属する都道府県に存する標準地に係る部分を記載した書面等を、<u>当該市町村の事務所</u>において一般の閲覧に供しなければならない。

Q 07 〔効力〕

　<u>土地の取引</u>を行う者は、取引の対象土地に類似する利用価値を有すると認められる標準地について<u>公示された価格を指標</u>として<u>取引を行わなければならない</u>。

Q 08 〔効力〕

　土地収用法その他の法律によって土地を収用することができる事業を行う者は、公示区域内の土地を当該事業の用に供するため取得する場合において、当該土地の取得価格を定めるときは、<u>公示価格を規準</u>としなければならない。

A 05

〇

[R4-25-1]

　土地鑑定委員会は、標準地の単位面積当たりの正常な価格を判定したときは、すみやかに、**標準地の**①所在する**市・区・町村・番地**、②**単位面積当たりの価格**・価格判定の基準日、③**地積・形状**、④**標準地及びその周辺の土地の利用の現況**等を、**官報で公示**しなければならない。

A 06

〇

[R3(12)-25-4]

　関係市町村の長は、公示された事項のうち、その**市町村が**属する都道府県に存する標準地に係る部分を記載した書面等を、当該**市町村**の事務所において一般の閲覧に供しなければならない。

A 07

✕

[H23-25-3]

🚩難

　都市及びその周辺の地域等で**土地の取引を行う者**は、取引の対象土地に類似する利用価値を有すると認められる標準地について公示された価格を指標として取引を行うよう、「**努めなければ**」ならない。

A 08

〇

[H23-25-2]

　土地収用法その他の法律による土地収用事業の用に供するため取得する場合において、土地の取得価格を定めるときは、**公示価格を規準**としなければならない。

☐☐☐ **Q 01** 〔価格形成要因〕

　不動産の効用及び相対的稀少性並びに不動産に対する有効需要の三者に影響を与える要因を<u>価格形成要因</u>といい、<u>一般的要因、地域要因及び個別的要因</u>に分けられる。

- -

☐☐☐ **Q 02** 〔最有効使用〕

　<u>不動産の価格</u>は、その不動産の効用が最高度に発揮される可能性に最も富む使用を前提として把握される価格を標準として形成されるが、不動産についての現実の使用方法は当該不動産が十分な効用を発揮していない場合があることに留意すべきである。

- -

☐☐☐ **Q 03** 〔価格〕

　<u>正常価格</u>とは、市場性を有する不動産について、現実の社会経済情勢の下で合理的と考えられる条件を満たす市場で形成されるであろう市場価値を表示する適正な価格をいう。

- -

☐☐☐ **Q 04** 〔価格〕

　特殊価格とは、市場性を<u>有する</u>不動産について、法令等による社会的要請を背景とする鑑定評価目的の下で、正常価格の前提となる諸条件を満たさないことにより正常価格と同一の市場概念の下において形成されるであろう市場価値と乖離することとなる場合における不動産の経済価値を適正に表示する価格をいう。

10年間では、**4〜5回出題**される項目です。不動産の価格を判定するための手続と手法が出題されます。根拠となる不動産鑑定評価基準がやや難解なため、難易度の高い出題も少なくありませんが、「**3つの鑑定手法**」だけはしっかりマスターしておきましょう。

8 不動産の鑑定評価

A 01
⭕
[H22-25-2]

　不動産の価格形成要因とは、不動産の効用および相対的稀少性ならびに不動産に対する有効需要の三者に影響を与える要因をいい、一般的**要因**・地域**要因**・個別的**要因**の3つに分けられる。

A 02
⭕
[R2(10)-25-1]

　不動産の価格は、その不動産の効用が最高度に発揮される可能性に最も富む使用（最有効使用）を前提として把握される価格を標準として形成される。この場合の最有効使用は、現実の社会経済情勢の下で客観的にみて、良識と通常の使用能力を持つ人による合理的かつ合法的な最高最善の使用方法に基づくものである。

　そして、ある不動産についての現実の使用方法は、必ずしも最有効使用に基づいているものではなく、不合理なまたは個人的な事情による使用方法のために、当該不動産が**十分な効用を発揮していない場合があることに留意**すべきである。

A 03
⭕
[H22-25-3]

　正常価格とは、市場性を有する不動産について、現実の社会経済情勢の下で合理的と考えられる条件を満たす市場で形成されるであろう市場価値を表示する適正な**価格**をいう。

A 04
✕
[H20-29-3改]

　特殊価格とは、文化財等の一般的に**市場性を**有しない**不動産**について、その利用現況等を前提とした不動産の経済価値を適正に表示する価格をいう。本問は、「**特定価格**」についての記述である。

Q 05 〔鑑定評価の3手法〕

不動産の価格を求める鑑定評価の手法は、原価法、取引事例比較法及び収益還元法に大別され、鑑定評価に当たって、複数の鑑定評価の手法の適用が困難な場合は、その考え方を参酌するように努める必要はない。

Q 06 〔鑑定評価の3手法〕

不動産の価格を求める鑑定評価の基本的な手法は、原価法、取引事例比較法及び収益還元法に大別され、原価法による試算価格を積算価格、取引事例比較法による試算価格を比準価格、収益還元法による試算価格を収益価格という。

Q 07 〔原価法〕

土地についての原価法の適用において、宅地造成直後と価格時点とを比べ、公共施設等の整備等による環境の変化が価格水準に影響を与えていると客観的に認められる場合には、地域要因の変化の程度に応じた増加額を熟成度として加算できる。

Q 08 〔原価法〕

原価法は、対象不動産が建物又は建物及びその敷地である場合には適用することができるが、対象不動産が土地のみである場合においては、いかなる場合も適用することができない。

Q 09 〔取引事例比較法〕

取引事例比較法とは、まず多数の取引事例を収集して適切な事例の選択を行い、これらに係る取引価格に必要に応じて事情補正及び時点修正を行い、かつ、地域要因の比較及び個別的要因の比較を行って求められた価格を比較考量し、これによって対象不動産の試算価格を求める手法である。

A 05

×

[H20-29-1改]

対象不動産に係る市場の特性等を適切に反映した**複数の鑑定評価の手法を適用すべき**で、対象不動産の種類等により複数の鑑定評価の手法の適用が困難な場合においても、その考え方をできるだけ参酌するように努めるべきである。

A 06

○

[H19-29-1]

原価法による試算価格を積算価格、**取引事例比較法**による試算価格を比準価格、**収益還元法**による試算価格を収益価格という。

A 07

○

[H20-29-2改]

土地についての原価法では、宅地造成直後と価格時点とを比較し、公共施設等の整備等による環境の変化が価格水準に影響を与えていると客観的に認められる場合には、地域要因の変化の程度に応じた増加額を**熟成度として加算**することができる。

A 08

×

[R5-25-2]

原価法は、対象不動産が**建物**（およびその敷地）である場合で、再調達原価の把握や減価修正を適切に行うことができるときに**有効**であるが、対象不動産が**土地のみ**であっても、**再調達原価を適切に求めることができるとき**は、**適用**することが**できる**。

A 09

○

[H13-29-2]

取引事例比較法とは、まず多数の**取引事例**を収集して適切な事例の選択を行い、これらに係る取引価格に必要に応じて**事情補正**および**時点修正**を行い、かつ、**地域要因の比較**および**個別的要因の比較**を行って求められた価格を比較考量し、これによって対象不動産の試算価格を求める手法である。

□□□ **Q 10** 〔取引事例比較法〕

　取引事例比較法の適用に当たって必要な取引事例は、取引事例比較法に即応し、適切にして合理的な計画に基づき、豊富に秩序正しく収集し、選択すべきであり、投機的取引であると認められる事例等適正さを欠くものであってはならない。

□□□ **Q 11** 〔収益還元法〕

　収益還元法は、対象不動産が将来生み出すであろうと期待される純収益の現在価値の総和を求めることにより対象不動産の試算価格を求める手法であるが、市場における土地の取引価格の上昇が著しいときは、その価格と収益価格との乖離が増大するものであるため、この手法の適用は避けるべきである。

□□□ **Q 12** 〔収益還元法〕

　収益還元法は、賃貸用不動産又は賃貸以外の事業の用に供する不動産の価格を求める場合に特に有効な手法であるが、事業の用に供さない自用の不動産の鑑定評価には適用すべきではない。

A 10

○

[H19-29-2]

　取引**事例**は、取引事例比較法に即応し、適切にして合理的な計画に基づき、豊富に秩序正しく収集し、選択すべきであり、**投機的取引**であると認められる事例等適正さを欠くものであってはならないとされている。

A 11

×

[H28-25-4]

　収益還元法は、対象不動産が将来生み出すであろうと期待される純収益の現在価値の総和を求めることにより対象不動産の試算価格を求める手法である。

　そして、市場における**不動産の取引価格の上昇が著しいとき**は、取引価格と収益価格との乖離が増大するので、先走りがちな取引価格に対する有力な検証手段として、収益還元法が活用されるべきである。

A 12

×

[H30-25-2]

　収益還元法は、文化財の指定を受けた建造物等の一般的に市場性を有しない不動産以外のものには、基本的にすべて適用すべきものであり、**自用の不動産**といえども**賃貸**を想定することにより**適用**される。

第5編

5 問免除科目

基本テキスト P.566〜 「第1章 住宅金融支援機構」

□□□ **Q 01** 〔証券化支援事業等〕

独立行政法人住宅金融支援機構（以下「機構」という。）は、証券化支援事業（買取型）において、銀行、保険会社、農業協同組合、信用金庫、信用組合などが貸し付けた住宅ローンの債権を買い取ることができる。

□□□ **Q 02** 〔証券化支援事業等〕

機構は、証券化支援事業（買取型）において、金融機関から買い取った住宅ローン債権を担保としてMBS（資産担保証券）を発行している。

□□□ **Q 03** 〔証券化支援事業等〕

(よく出る!) 機構は、証券化支援事業（買取型）において、住宅の建設や新築住宅の購入に係る貸付債権のほか、中古住宅を購入するための貸付債権も買取りの対象としている。

□□□ **Q 04** 〔証券化支援事業等〕

証券化支援事業（買取型）における民間金融機関の住宅ローン金利は、金融機関によって異なる場合がある。

□□□ **Q 05** 〔証券化支援事業者〕

機構は、証券化支援事業（買取型）において、ＺＥＨ（ネット・ゼロ・エネルギーハウス）及び省エネルギー性、耐震性、バリアフリー性、耐久性・可変性に優れた住宅を取得する場合に、貸付金の利率を一定期間引き下げる制度を実施している。

毎年1問出題されるテーマです。住宅金融支援機構は、**原則として自ら融資をせず**、銀行等の金融機関の住宅ローンを**側面的に支援**し、例外的に、民間で扱いにくい融資を直接行っています。試験でもその点が出題されますので、特に、**原則と例外の関係**を意識しましょう。

A 01
○
[H22-46-2]

機構は、証券化支援事業において、銀行、保険会社、信用金庫等の**金融機関が貸し付けた住宅ローン債権を買い取る**ことができる。

A 02
○
[R2(10)-46-1]

機構の証券化支援事業（買取型）は、金融機関から**住宅ローンの貸付債権を買い取り**、これをもとに**資産担保証券（MBS）を発行**して、債券市場から資金を調達する仕組みである。

A 03
○
[H24-46-4]

機構が証券化支援事業によって買取りをする貸付債権の対象には、新築住宅の取得資金だけではなく、**中古住宅の取得資金も含まれる**。

+α 対象には、**住宅の建設・購入に付随する土地・借地権の取得に必要な資金**も含みます。

A 04
○
[H24-46-2]

証券化支援事業の対象となる住宅ローン金利は、住宅金融支援機構ではなく、各金融機関が決定するため、それぞれの**金融機関によって異なる**場合がある。

A 05
○
[R5-46-3]

機構は、証券化支援事業（買取型）において、ＺＥＨ（ネット・ゼロ・エネルギー・ハウス）、**省エネルギー性**、**耐震性**、**バリアフリー性**、**耐久性・可変性**に優れた住宅を取得する場合に、貸付金の**利率を一定期間引き下げる制度**（例えば「フラット35S」）を実施している。

〔住宅融資保険業務〕

機構は、民間金融機関が貸し付けた住宅ローンについて、<u>住宅融資保険を引き受ける</u>ことにより、民間金融機関による住宅資金の供給を支援している。

〔直接融資等〕

機構は、災害復興融資、財形住宅融資、子育て世帯向け・高齢者世帯向け賃貸住宅融資など、政策上重要で<u>一般の金融機関による貸付けを補完するための融資業務</u>を行っている。

〔直接融資等〕

機構は、<u>子どもを育成する家庭又は高齢者の家庭</u>（単身の世帯を含む。）に適した良好な居住性能及び居住環境を有する<u>賃貸住宅の建設に必要な資金の貸付け</u>を業務として行っている。

〔直接融資等〕

機構は、マンション管理組合や区分所有者に対する<u>マンション共用部分の改良に必要な資金の貸付け</u>を業務として行っている。

〔返済等〕

機構は、高齢者が自ら居住する住宅に対して行うバリアフリー工事または耐震改修工事に係る貸付けについて、貸付金の<u>償還を高齢者の死亡時に一括</u>して行うという制度を設けている。

〔返済等（貸付条件の変更）〕

機構は、経済事情の変動に伴い、貸付けを受けた者の住宅ローンの元利金の<u>支払が著しく困難</u>になった場合に、償還期間の延長等の<u>貸付条件の変更</u>を行っている。

A 06
○
[H21-46-1]

機構は、民間金融機関が貸し付けた住宅ローンについて、住宅融資保険を引き受けることにより、民間金融機関による住宅資金の供給を支援している。

A 07
○
[H20-46-2]

機構は、災害復興融資、財形住宅融資など、一般の金融機関による貸付けを補完するための融資業務を行う。

A 08
○
[R5-46-1]

機構は、子どもを育成する家庭・高齢者の家庭（単身の世帯を含む）に適した良好な居住性能・居住環境を有する賃貸住宅の建設に必要な資金（建設に付随する一定の行為に必要な資金を含む）や当該賃貸住宅の改良に必要な資金の貸付けを、業務として行う。

A 09
○
[R5-46-4]

機構は、マンションの管理組合や区分所有者に対するマンションの共用部分の改良に必要な資金の貸付けを、業務として行う。

A 10
○
[H27-46-1]

機構は、高齢者の家庭に適した良好な居住性能及び居住環境を有する住宅とすることを主たる目的とする住宅の改良（高齢者が自ら居住する住宅について行うものに限る）に必要な資金の貸付けを行うことを業務とする。

そして、この貸付金の償還は、高齢者の死亡時に一括償還する方法によることができる。

A 11
○
[R3(10)-46-4]

機構は、貸付けを受けた者が、一定の災害その他特殊な事由として機構が定める事由により、元利金の支払が著しく困難となった場合は、貸付条件の変更または延滞元利金の支払方法の変更をすることができる。

機構は、貸付けを受けた者とあらかじめ契約を締結して、その者が<u>死亡</u>した場合に支払われる生命保険の保険金を当該貸付けに係る債務の弁済に充当する<u>団体信用生命保険</u>を業務として行っている。

機構は、住宅の建設、購入、改良もしくは移転（建設等）をしようとする者または住宅の建設等に関する事業を行う者に対し、必要な資金の調達または良質な住宅の設計もしくは建設等に関する<u>情報の提供、相談その他の援助</u>を業務として行う。

A 12

○

[R2(10)-46-4]

　機構は、貸付けを受けた者とあらかじめ契約を締結して、その者が**死亡**した場合に支払われる生命保険の保険金等を、その貸付けに係る債務の弁済に充当する団体信用生命保険を業務として行っている。

A 13

○

[H19-46-1]

　機構は、住宅の建設等をしようとする者等に対し、必要な資金の調達または良質な住宅の設計等に関する情報の提供・相談その他の援助を行う。

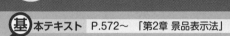

2 景品表示法

基本テキスト　P.572〜　「第2章 景品表示法」

□□□ **Q 01**　〔広告とは〕

　新築分譲マンションの販売において、<u>モデル・ルーム</u>は、不当景品類及び不当表示防止法の規制対象となる「<u>表示</u>」には当たらないため、実際の居室には付属しない豪華な設備や家具等を設置した場合であっても、当該家具等は実際の居室には付属しない旨を明示する必要はない。

□□□ **Q 02**　〔新設の駅〕

　分譲住宅の販売広告において、当該物件周辺の地元住民が鉄道会社に駅の新設を要請している事実が<u>報道</u>されていれば、広告中に地元住民が要請している新設予定時期を明示して、新駅として表示することができる。

□□□ **Q 03**　〔交通の所要時間〕

　最寄りの駅から特定の勤務地までの電車による通勤時間を表示する場合は、通勤時に電車に乗車している時間の合計を表示し、<u>乗換えを要することや、朝の通勤ラッシュ時の所要時間には乗換えに要する時間を表示</u>する必要はない。

□□□ **Q 04**　〔商業施設との距離〕

　新築分譲マンションの販売広告において、近隣のデパート、スーパーマーケット、コンビニエンスストア、商店等の<u>商業施設</u>は、<u>将来確実に利用できる施設</u>であっても、<u>現に利用できるもの</u>でなければ表示することができない。

2

景品表示法

A 01
×
[H23-47-2]

モデルルームは、不当景品類及び不当表示防止法の規制対象となる「表示」に該当する。したがって、物件の規模、形状、構造等について、実際のものよりも優良であると誤認されるおそれのある表示をしてはならない。

A 02
×
[H23-47-4]

新設予定の駅等は、その路線の運行主体が公表したものに限り、その新設予定時期**を明示**して表示することができる。

A 03
×
[H20-47-1改]

電車・バス等の交通機関の所要時間は、乗換えを要する場合は**その旨を**明示し、また、朝の通勤ラッシュ等の所要時間には、**乗換えにおおむね要する時間**を含めなければならない。

A 04
×
[R3⑿-47-1改]

デパート、スーパーマーケット、コンビニエンスストア、**商店等の**商業施設は、原則として現に利用できるものを、物件からの**道路距離**または**徒歩所要時間を明示**して、表示しなければならない。ただし、工事中である等その施設が**将来確**実に利用できると認められる場合は、その**整備予定時期を明示して**表示することができる。

物件からスーパーマーケット等の商業施設までの<u>徒歩所要時間</u>は、<u>道路距離80mにつき1分間</u>を要するものとして算出し、<u>1分未満の端数が生じたときは、端数を切り捨てて表示</u>しなければならない。

　団地（一団の宅地又は建物をいう。）と駅との間の道路距離は、取引する区画のうち駅から<u>最も近い</u>当該団地内の区画とともに、駅から<u>最も遠い</u>当該団地内の区画を<u>起点として算出した数値</u>を表示しなければならない。

　新築の建売住宅について、<u>建築中で外装が完成していなかった</u>ため、同じ施工業者が他の地域で手掛けた当該建売住宅と構造、階数、仕様が同一であるが、<u>規模、形状、色等が類似していても同一ではないもの</u>の外観写真を、<u>施工例である旨を明記して掲載</u>した。この広告表示は、常に不当表示に問われる。

　<u>完成後8か月</u>しか経過していない分譲住宅については、<u>入居の有</u><u>無にかかわらず</u>新築分譲住宅と表示してもよい。

　新築分譲住宅の販売に当たって行う<u>二重価格表示</u>は、実際に過去において販売価格として公表していた価格を比較対照価格として用いて行うのであれば、<u>値下げの時期から1年以内</u>の期間は表示することができる。

A 05

✕

[R4-47-1]

徒歩による所要時間は、「道路距離80mにつき1分間を要する」として算出した数値を表示しなければならない。この場合、1分未満の端数が生じたときは、1分として算出しなければならず、端数を切り捨てることはできない。

 A 06

○

[R3(10)-47-2改]

団地と駅その他の施設との間の道路距離・所要時間は、取引する区画のうちそれぞれの施設ごとに、その施設から最も近い区画とともに、最も遠い区画を起点として算出した数値を表示しなければならない。

A 07

✕

[H29-47-2改]

取引する建物が建築工事の完了前である等、写真・動画を用いることができない事情がある場合は、取引する建物を施工する者が過去に施工した建物であり、かつ、建物の外観が取引する建物と構造・階数・仕様が同一で、規模・形状・色等が類似するものに限り、他の建物の写真・動画を用いることができる。この場合、その写真・動画が他の建物である旨と取引する建物と異なる部位を、写真の場合は写真に接する位置に、動画の場合は画像中に明示しなければならない。

 A 08

✕

[H25-47-4]

「新築」という文言は、建築後1年未満であって、居住の用に供されたことがないものという意味で用いなければならない。

A 09

✕

[R3(10)-47-4]

過去の販売価格を比較対照価格とする二重価格表示は、①値下げの日から「6か月以内」に表示するものなど一定の要件に適合し、かつ、②実際に、当該期間・価格で販売していたことを資料により客観的に明らかにすることができる場合を除き、不当な二重価格表示に該当し、禁止される。

□□□ **Q 10** 〔価格の表示〕

　分譲宅地 (50区画) の販売広告を表示する場合、1区画当たりの<u>最低価格、最高価格及び最多価格帯並びにその価格帯に属する販売区画数</u>を表示すれば足りる。

□□□ **Q 11** 〔住宅ローン〕

　新築分譲マンションの広告に住宅ローンについても記載する場合、返済例を表示すれば、<u>当該ローンを扱っている金融機関</u>の名称や借入金の利率等について表示する必要はない。

□□□ **Q 12** 〔市街化調整区域〕

　<u>市街化調整区域内</u>に所在する土地を販売する際の新聞折込チラシにおいては、市街化調整区域に所在する旨を16ポイント以上の大きさの文字で表示すれば、<u>宅地の造成や建物の建築ができない旨</u>を表示する必要はない。

□□□ **Q 13** 〔傾斜地〕

　土地の有効な利用が著しく阻害される傾斜地を含む宅地の販売広告を行う場合は、土地面積に占める<u>傾斜地の割合にかかわらず</u>、<u>その旨及び傾斜地の割合</u>または<u>面積</u>を明瞭に表示しなければならない。

A 10

○

[H23-47-1改]

土地の価格（1区画当たりの価格）については、取引する全ての区画の価格を表示しなければならない。ただし、分譲宅地の価格については、パンフレット等の媒体を除き、1区画当たりの最低価格、最高価格及び最多価格帯並びにその価格帯に属する販売区画数のみで表示することができる。

> **+α** 販売区画数が10未満のときは、最多価格帯の表示を省略することができます。

A 11

×

[H27-47-2改]

住宅ローンについては、①金融機関の**名称・商号・種類**、②借入金の利率・**利息を徴する方式**、③返済例を**表示**しなければならない。

A 12

×

[H18-47-2]

市街化調整区域に所在する土地については、「市街化調整区域。宅地の造成及び建物の建築はできません。」と**明示**しなければならない。そして、**新聞折込チラシ・パンフレット等**の場合は、16ポイント以上の**文字**を用いなければならない。

A 13

○

[H16-47-3]

傾斜地を含む土地であって、**傾斜地の割合**が当該土地面積のおおむね**30%以上を占める場合**（マンション・別荘地等を除く）は、傾斜地を含む旨及び傾斜地の割合または面積を**明示**しなければならない。ただし、傾斜地の割合が**30%以上**を占めるか否かにかかわらず、傾斜地を含むことにより**土地の有効な利用が著しく阻害**される場合（マンションを除く）については、**その旨及び傾斜地の割合**または**面積を表示**しなければならない。

Q 14 〔路地状部分〕

　路地状部分（敷地延長部分）のみで道路に接する土地であって、その路地状部分の面積が当該土地面積のおおむね30%以上を占める場合には、路地状部分を含む旨及び路地状部分の割合または面積を明示しなければならない。

Q 15 〔おとり広告〕

　実際には取引する意思がない物件であっても実在するものであれば、当該物件を広告に掲載しても不当表示に問われることはない。

Q 16 〔景品の上限〕

　新築分譲マンションを販売するに当たり、契約者全員が4つの選択肢の中から景品を選ぶことができる総付景品のキャンペーンを企画している場合、選択肢の1つを現金200万円とし、他の選択肢を海外旅行として実施することができる。

A 14

○

[R2(10)-47-1]

　広告の対象となる物件が、路地状部分のみで道路に接する土地であって、その路地状部分の面積が当該土地面積のおおむね**30%以上**を占めるときは、路地状部分を**含む旨**及び路地状部分の割合**または**面積を**明示**しなければならない。

A 15

×

[R5-47-1]

　①存在しないため、実際には取引することができない物件、②存在するが、実際には取引の対象となり得ない物件、③**存在するが、実際には取引する意思がない物件**に関する表示は、いずれも、おとり広告として不当表示となる。

A 16

×

[H17-47-2]

　懸賞によらずに提供する景品類にあっては、**取引価額の10分の1**または**100万円**のいずれか**低い価額**の**範囲**としなければならないため、現金200万円は違反となる。

□□□ **Q 01** 〔造成宅地〕

　丘陵地を切土と盛土により造成した地盤の場合は、その境目では地盤の強度が異なるため、不同沈下が起こりやすい。

・・・

□□□ **Q 02** 〔等高線〕

　地表面の傾斜は、等高線の密度で読み取ることができ、等高線の密度が高い所は傾斜が急である。

□□□ **Q 03** 〔低地〕

　臨海部の低地は、洪水、高潮、地震による津波などの災害が多く、住宅地として利用するには、十分な防災対策と注意が必要である。

・・・

□□□ **Q 04** 〔扇状地〕

　谷出口に広がる扇状地は、地盤は堅固でないが、土石流災害に対して安全であることが多い。

・・・

□□□ **Q 05** 〔三角州〕

　三角州は、河川の河口付近に見られる軟弱な地盤である。

・・・

□□□ **Q 06** 〔旧河道〕

　旧河道は、沖積平野の蛇行帯に分布する軟弱な地盤であり、建物の不同沈下が発生しやすい。

毎年1問出題されています。土地の性質や住宅地としての適性について、常識問題として出題されます。明確に根拠となる条文はないにもかかわらず、合格レベルの受験生は、重要過去問だけは確実にマスターしています。ここで掲載している問題への集中が大切です！

A 01
○
[H13-49-4]

切土と盛土の境目は、地盤の強度が異なるため（切土部分より盛土部分の方が強度が低い）、不同沈下が起こりやすい。

A 02
○
[H20-49-1]

等高線の密度が高い（線の間隔が狭い）ほど傾斜は急で、密度が低い（線の間隔が広い）ほど傾斜は緩やかとなる。

+α 等高線が山頂に向かって高い方に弧を描いている部分（山頂からみて凹型にへこんでいる部分）は谷で、山頂からみて等高線が張り出している部分（山頂からみて凸型に外へ出ている部分）は尾根となります。

A 03
○
[H27-49-2]

臨海部の低地は、津波等の危険があるため、住宅地として利用するためには十分な防災対策が必要である。

A 04
×
[H22-49-2]

扇状地は、地盤がよく、水はけもよいため、古くから集落が発達していることが多いが、谷の出口では、集中豪雨時の土石流災害の危険性が高い。

A 05
○
[H29-49-2]

三角州は、河川の河口付近に見られる軟弱な砂地盤であり、地下水位も浅く、地震時の液状化現象の発生には注意が必要である。

A 06
○
[H19-49-4]

旧河道は、沖積平野の河川の洪水等により、土砂が堆積して形成された平野の蛇行帯に分布する軟弱な地盤であり、建物の不同沈下が発生しやすくなっている。

□□□ **Q 07** 〔自然堤防〕

<u>自然堤防</u>とは、河川からの<u>砂や小礫の供給が少ない</u>場所に形成され、細かい粘性土や泥炭などが堆積した地盤である。

□□□ **Q 08** 〔後背湿地〕

自然堤防の<u>後背湿地側</u>の縁は、砂が緩く堆積していて、地下水位も浅いため、地震時に液状化被害が生じやすい地盤である。

□□□ **Q 09** 〔液状化現象〕

丘陵地帯で<u>地下水位が深く</u>、砂質土で形成された地盤では、地震の際に<u>液状化</u>する可能性が高い。

□□□ **Q 10** 〔台地・丘陵・段丘〕

<u>台地の上の浅い谷</u>は、豪雨時には一時的に浸水することがあり、現地に入っても気付かないことが多いが、住宅地としては注意を要する。

□□□ **Q 11** 〔埋立地〕

<u>埋立地</u>は一般に海面に対して<u>数mの比高</u>を持ち、干拓地に比べ、水害に対して危険である。

□□□ **Q 12** 〔地すべり地〕

山麓の地形の中で、<u>地すべりによってできた地形</u>は一見なだらかで、水はけもよく、住宅地として好適のように見えるが、末端の急斜面部等は斜面崩壊の危険度が高い。

A 07

✕

[H18-50-4]

　自然堤防とは、河川の上流から運搬されてきた砂などが河道の岸に沿って堆積して形成された微高地であり、主に砂や小礫で構成され、透水性が高い。

A 08

○

[R5-49-1]

　自然堤防の後背湿地側の縁は、砂が緩く堆積し、地下水位が浅いため、地震時に液状化被害が生じやすい。

A 09

✕

[H24-49-3]

　液状化現象は、比較的粒径のそろった、水を多く含む砂地盤で、地下水位が浅く、地表に近い部分で発生しやすいため、丘陵地帯の地下水位が深い地盤では発生しにくい。

A 10

○

[H30-49-2]

　台地や丘陵は、一般的には宅地に適した土地だが、その上の浅い谷は、集中豪雨などにより一時的に浸水することがあるので、住宅地としては注意が必要な地域である。

A 11

✕

[H29-49-4]

　埋立地は、海面等を土砂で埋め立てた土地で、一般に海面に対して数mの比高を持つため、海面より低い場合の多い干拓地より、災害に対して安全である。

A 12

○

[H30-49-1]

　山麓の地形の中で、地すべりによってできた地形は、一見なだらかで、水はけもよく、住宅地として好適のように見える。しかし、末端の急斜面部等は斜面崩壊の危険度が高い。

□□□ **Q 13**　〔断層地形〕

　断層は、ある面を境にして地層が<u>上下または水平方向にくい違っ</u><u>ている</u>ものであるが、その周辺では地盤の強度が安定しているため、断層に沿った崩壊、地すべりが発生する危険性は低い。

A 13

✕

[H15-49-2]

　断層は、ある面を境にして地層が上下または水平方向に食い違っているものであり、そのためその周辺では地盤の強度が安定せず、断層に沿った崩壊、**地すべりが発生する危険性**が高い。

> **+α**　「断層」とは、もともとはひと続きの地層が断たれて、ずれを生じている地形で、**直線状の谷、滝**その他の**地形の急変する地点が連続して存在**するという特徴があります。

基本テキスト　P.588〜　「第4章 建物」

Q 01　〔木材〕

　木材に一定の力をかけたときの<u>圧縮に対する強度</u>は、繊維方向に比べて繊維に直角方向のほうが大きい。

Q 02　〔木材〕

　木材の<u>強度</u>は、<u>含水率が小さい</u>状態の方が低くなる。

Q 03　〔木造〕

　筋かいには、<u>欠込み</u>をしてはならない。ただし、筋かいをたすき掛けにするために<u>やむを得ない場合</u>において、<u>必要な補強</u>を行ったときは、この限りでない。

Q 04　〔木造〕

　構造耐力上主要な部分である柱、筋かい及び土台のうち、地面から1m以内の部分には、<u>しろありその他の虫による害</u>を防ぐための<u>措置を講ずるとともに</u>、<u>必要に応じて</u>有効な<u>防腐措置</u>を講じなければならない。

Q 05　〔集成材〕

　<u>集成木材構造</u>は、<u>集成木材で骨組を構成</u>したもので、大規模な建物にも使用されている。

毎年1問出題されていますが、**土地と同様**に、**学習が難しいテーマ**です。手を広げるとキリがないので、**過去に出題された問題を中心に学習**することが、最も合理的です。「5問免除受験者」に差をつけられないように、しっかり問題を解いておきましょう。

A 01

×

[H13-50-3]

木材の**強度**は、繊維方向に加力したときが**最も大きく**なる。逆に繊維と直角方向に加力したときは、めり込みを生じ、繊維方向の圧縮に対する強度の3分の1～5分の1程度と小さくなる。

A 02

×

[H29-50-1]

建築物に用いる木材は、**含水率が小さい状態**（気乾状態）の方が**強度が大きい**。

A 03

○

[H17-49-4]

筋かいには、欠込みをしてはならないが、筋かいをたすき掛けにするためにやむを得ない**場合**において、必要な補強を行ったときは、**この限りではない**。

A 04

×

[H17-49-3]

構造耐力上主要な部分である柱、筋かい及び土台のうち、地面から1m以内の部分には、有効な防腐措置を講ずるとともに、必要に応じて、しろありその他の虫による害を防ぐための措置を講じなければならない。記述が逆である。

A 05

○

[H30-50-2]

集成材は、**単板等を同一繊維方向に積層**したもので、伸縮・変形・割れなどが生じにくくなるため、大規模な木造建築物の柱やはりなどの骨組みにも使用される。

□□□□ **Q 06**　〔コンクリート〕

コンクリートの<u>引張強度</u>は、圧縮強度より大きい。

□□□□ **Q 07**　〔鉄筋コンクリート〕

常温、常圧において、<u>鉄筋</u>と<u>普通コンクリート</u>を比較すると、<u>熱膨張率</u>はほぼ等しい。

□□□□ **Q 08**　〔鉄筋コンクリート〕

<u>鉄筋コンクリート構造</u>は、地震や風の力を受けても、躯体の変形は比較的小さく、耐火性にも富んでいる。

□□□□ **Q 09**　〔鉄骨鉄筋コンクリート〕

<u>鉄骨鉄筋コンクリート構造</u>は、鉄筋コンクリート構造よりさらに優れた<u>強度</u>、<u>じん性</u>があり<u>高層建築物</u>に用いられる。

□□□□ **Q 10**　〔鉄骨造〕

鉄骨構造の特徴は、<u>自重が重く</u>、<u>耐火被覆</u>しなくても耐火構造にすることができる。

□□□□ **Q 11**　〔構造一般〕

建築物の<u>高さが60mを超える</u>場合、必ずその<u>構造方法</u>について国土交通大臣の認定を受けなければならない。

A 06 ✕
[H22-50-2]

コンクリートは、圧縮には強いが引っ張りに弱く、引張強度は、一般に圧縮強度の10分の1である。

> **+α** 鉄筋コンクリート造に使用される骨材、水及び混和材料は、鉄筋をさびさせ、またはコンクリートの凝結や硬化を妨げるような酸・塩・有機物・泥土を含んではなりません。

A 07 ◯
[H29-50-3]

常温・常圧では、**鉄筋**と**コンクリート**の熱膨張率はほぼ等しくなっている。だから、通常の温度変化ではひび等が入りにくくなっており、鉄筋コンクリート構造が成り立つ。

A 08 ◯
[R5-50-1]

鉄筋コンクリート構造は、地震や風の力を受けても、躯体の変形は比較的小さく、耐火性にも富んでいる。

> **+α** 鉄筋とコンクリートは互いの短所を補い、全体として強固な構造となっています。

A 09 ◯
[H21-50-3]

鉄骨鉄筋コンクリート構造は、鉄筋コンクリート構造よりも優れた強度、じん性があり、高層**建築物**に用いられる。

A 10 ✕
[H21-50-1]

鉄骨構造は、**自重が軽く、じん性（粘り強さ）が大きい**が、**火熱に弱いため、耐火被覆が必要**となる。

> **+α** 鉄骨造の骨組みの形式としては、それぞれリベット・ボルト・溶接接合で組み立てるトラス・ラーメン・アーチの3種類があります。

A 11 ◯
[H20-50-1]

高さが60m超の建築物は、安全上必要な構造方法に関して、**技術的基準に適合**しなければならず、その構造方法は、**国土交通大臣の認定**を受けたものでなければならない。

Q 12 〔基礎〕

基礎の種類には、<u>直接基礎</u>、<u>杭基礎</u>等がある。

Q 13 〔免震構造〕

<u>免震構造</u>は、建物の下部構造と上部構造との間に<u>積層ゴム</u>などを設置し、揺れを減らす構造である。

A 12

[H27-50-2]

基礎の種類には、基礎の支持形式による分類により、**直接基礎・杭基礎**等がある。

A 13

○

[H25-50-2]

免震構造は、建物の下部構造（基礎または地下構造）と上部構造との間に鉄板とゴム板を交互に張り合わせた積層ゴムやローラーなどでできた免震装置を設置し、地震の揺れが建物に伝わらないよう足元で吸収する構造である。大地震では建物が長くゆっくりと揺れるため、家具の転倒も少なくなり、室内での被害を減少できるという特徴がある。

+α
- ●耐震構造：建物の柱、はりなどの**剛性を高め**、耐震壁を多く設置し、構造体の力で地震に耐えるようにした構造
- ●制震構造：建物の壁や柱などにダンパーなどの**制震装置**を組み込み、地震の揺れを**吸収**する構造

4

建物

1回目	2回目	3回目
月　日：　／13	月　日：　／13	月　日：　／13

合格のカギは過去問＋α！

合格者の
声
01

異業種から宅建士合格！
過去問は最大の武器になりうる。

宅建士合格
眞﨑 一輝さん

モータースポーツMOTO3の選手として経験を積み、ずっとスポーツ一筋で、勉強は元々あまり好きではありませんでした。引退後、何をすればいいか迷い、不動産業に興味を持ったことで必要な資格である宅建士を目指しました。

4月から学習を始め、1日3時間以上を割いて学習。週に18時間以上、年間では400時間以上を費やしました。最初は知識ゼロからのスタートで、過去問題を解くことから始め、解説を読み込み、テキストを研究し、講義を受けるサイクルで学習を進めました。

過去問題のくり返しと、詳細な解説の理解 ココが +α が、合格への近道だと感じています。特に、日建学院

が提供する質の高い教材は大いに助けになりました。また、先回りして予習を進めていたので、成績は初めから良い方でした。ただ、上には上がいるので、常に1番を目指して自分にプレッシャーを与えながら学習を進めました。

日建学院を選んだのは知人にとても薦められ紹介されたからで、その選択は正しかったと思います。実際全てのクオリティが高かったので、学習のレベルアップは早かったと思います。

最終的に、1回目の受験で合格！過去問題への徹底的な取り組みが結果につながったと思うと、過去問攻略は最大の武器だと思います。

日建学院なら、あなたに合った宅建士講座が必ず見つかります！
詳しくは次のページをご覧ください。

それぞれの＋αとは？

過去問をあまりやらなかった1年目。
2年目は問題集中心の学習方法で合格!

宅建士合格
田谷野 史織さん

宅建士を目指した理由は単純で、その職業名がかっこよく、同級生の中にも宅建士を持っている人がいなかったからです。学習を本格的に始めたのは中3の春からで、それまでは中2の夏から何となく勉強を始めていました。

2回目の試験で合格しましたが、1年目はどれだけ努力しても結果が出ませんでした。失敗の要因は、問題集をあまり使わなかったことだと思います。特に「特別法」と「税法」の分野は理解できていませんでした。そこで、過去問を解くことに専念し、わからない部分は問題の傾向や用語、キーワードの使い方、注意点を把握し、問題を覚えるほど努力しました。そ

うすることで、2年目は高得点が取れるようになりました。問題集の活用と、過去問のくり返しと日々の学習の積み重ねが成績アップにつながったのだと思います。

日建学院を選んだのは以前父も通っていて薦められたからです。問題集が良かったのはもちろんのこと、小テストごとに貼り出される得点表や、模擬試験ごとに順位が出る分析表があります。成績上位者との比較ができる環境を求めて、クラスの人数が多そうな校舎を選んだことは、私にはとても良い刺激になりました。

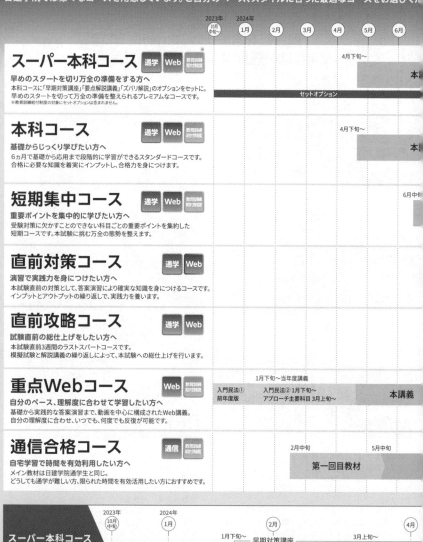

宅地建物取引士講座 コース

日建学院では様々なコースを用意しています。ご自分のペース、スタイルに合った最適なコースをお選びくだ

| | | 2023年 10月中旬〜 | 2024年 1月 | 2月 | 3月 | 4月 | 5月 | 6月 |

スーパー本科コース 〔通学〕〔Web〕〔教育訓練給付制度※〕

早めのスタートを切り万全の準備をする方へ

本科コースに「早期対策講座」「要点解説講義」「ズバリ解説」のオプションをセットに。早めのスタートを切って万全の準備を整えられるプレミアムなコースです。
※教育訓練給付制度の対象にセットオプションは含まれません。

4月下旬〜 本講義

セットオプション

本科コース 〔通学〕〔Web〕〔教育訓練給付制度〕

基礎からじっくり学びたい方へ

6ヵ月で基礎から応用まで段階的に学習ができるスタンダードコースです。合格に必要な知識を着実にインプットし、合格力を身につけます。

4月下旬〜 本講義

短期集中コース 〔通学〕〔Web〕〔教育訓練給付制度〕

重要ポイントを集中的に学びたい方へ

受験対策に欠かすことのできない科目ごとの重要ポイントを集約した短期コースです。本試験に挑む万全の態勢を整えます。

6月中旬

直前対策コース 〔通学〕〔Web〕

演習で実践力を身につけたい方へ

本試験直前の対策として、答案演習により確実な知識を身につけるコースです。インプットとアウトプットの繰り返しで、実践力を養います。

直前攻略コース 〔通学〕〔Web〕

試験直前の総仕上げをしたい方へ

本試験直前3週間のラストスパートコースです。模擬試験と解説講義の繰り返しによって、本試験への総仕上げを行います。

重点Webコース 〔Web〕〔教育訓練給付制度〕

自分のペース、理解度に合わせて学習したい方へ

基礎から実践的な答案演習まで、動画を中心に構成されたWeb講義。自分の理解度に合わせて、いつでも、何度でも反復が可能です。

1月下旬〜当年度講義
入門民法① 前年度版　　入門民法② 1月下旬〜　アプローチ主要科目 3月上旬〜　本講義

通信合格コース 〔通信〕〔教育訓練給付制度〕

自宅学習で時間を有効利用したい方へ

メイン教材は日建学院通学生と同じ。どうしても通学が難しい方、限られた時間を有効活用したい方におすすめです。

2月中旬　　5月中旬
第一回目教材

スーパー本科コース セットオプション内容

| 2023年 10月中旬 | 2024年 1月 | | 2月 | | 4月 |

 入門民法①(前年度版)

1月下旬〜 早期対策講座

 入門民法②(新年度版)

3月上旬〜 アプローチ主要科目配信開始

日建学院コールセンター ☎0120-243-229

株式会社建築資料研究社　東京都豊島区池袋2-50-1　受付／AM10:00～PM5:00(土・日・祝日は除きます)

9月	10月	本試験

10月上旬

直前攻略

- **早期対策** 2023年10月中旬～
- **開講日** 2024年4月下旬～
- **学習期間** 約6ヵ月（週1回または2回通学）
- **受講料** 一般／**280,000**円 学生／**170,000**円
  （税込・教材費込 一般／308,000円 学生／187,000円）

10月上旬

直前攻略

- **開講日** 2024年4月下旬～
- **学習期間** 約6ヵ月（週1回または2回通学）
- **受講料** 一般／**230,000**円 学生／**120,000**円
  （税込・教材費込 一般／253,000円 学生／132,000円）
- オプション
  - ■「入門民法・アプローチ主要科目」**20,000**円（税込 22,000円）
  - ■要点解説**50,000**円（税込 55,000円）
  - ■「ズバリ解説」**30,000**円（税込 33,000円）

義　**10月上旬**

直前攻略

- **開講日** 2024年6月中旬～
- **学習期間** 約4ヵ月（週1回または2回通学）
- **受講料** 一般／**180,000**円 学生／**100,000**円
  （税込・教材費込 一般／198,000円 学生／110,000円）
- オプション
  - ■「ズバリ解説」**30,000**円（税込 33,000円）

上旬～　**10月上旬**

本講義　直前攻略

- **開講日** 2024年8月上旬～
- **学習期間** 約2ヵ月（週1回または2回通学）
- **受講料** **120,000**円（税込・教材費込 132,000円）
- オプション
  - ■「ズバリ解説」**30,000**円（税込 33,000円）

10月上旬

直前攻略

- **開講日** 2024年10月上旬
- **学習期間** 約3週間
- **受講料** **50,000**円（税込・教材費込 55,000円）
- オプション
  - ■「ズバリ解説」**30,000**円（税込 33,000円）

当初試験機関が公表した
本試験当日まで配信

- **講座配信日** 2023年10月中旬～
  2024年度本試験日当日まで
- **受講料** 一般／**100,000**円 学生／**80,000**円
  （税込・教材費込 一般／110,000円 学生／88,000円）

教材

- **教材発送日** 2024年2月中旬～
- **学習期間** 約8ヵ月
- **受講料** **38,000**円 学生／**30,000**円
  （税込・教材費込 41,800円 学生／33,000円）
- オプション
  - ■「ズバリ解説」**30,000**円（税込 33,000円）

※詳細は最寄りの日建学院にお問い合わせください。

Web配信は当初試験機関が公表した本試験日当日まで

5月	6月	10月

要点解説講義

ズバリ解説（4月中旬より随時）

試験直前の総仕上げ！

日建学院の公開模擬なら
全国規模の実力診断!!

全国統一
公開模擬試験

―― 試 験 日 ――

2024年 10月6日 ⽇【予定】

※各校により実施日が異なる場合がありますので、受講校にご確認ください。

詳細な個人分析表で
現状の弱点と立ち位置を把握

左より順に、「得点」・「平均点」・「偏差値」そして「受験者数とその中の順位」を表示します。

合格の可能性をA～Dの4つのランクで表示します。

試験結果に対するコメント。試験の評定をこちらに表示します。

過去に受験した、模擬テストの得点履歴もこの欄に表示します。

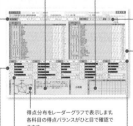

得点分布をレーダーグラフで表示します。各科目の得点バランスがひと目で確認できます。

基礎力・応用力が各科目別にパーセントで表示され、学習理解度が把握できます。

各分野別に、受験者数とその中での順位をここに表示します。

得点から偏差値までの4つの項目を棒グラフで見やすく表示します。

多くの受験者が正解した、正答率の高い問題を誤答すると、不得意分野として正答率の隣に★印が表示されます。この★印の分野・分類を優先して復習することが、学習する上でとても重要です。

■正誤等に関するお問合せについて

　本書の記載内容に万一、誤り等が疑われる箇所がございましたら、**郵送・FAX・メール**等の書面にて以下の連絡先までお問合せください。その際には、お問合せされる方のお名前・連絡先等を必ず明記してください。また、お問合せの受付け後、回答には時間を要しますので、あらかじめご了承いただきますよう、お願い申し上げます。

　なお、**正誤等に関するお問合せ以外のご質問、受験指導**および**相談等は**お受けできません。そのようなお問合せにはご回答いたしかねますので、あらかじめご了承ください。

お電話によるお問合せは、お受けできません。

[郵送先]
〒171-0014
東京都豊島区池袋2-38-1　日建学院ビル　3F
建築資料研究社 出版部
「2024年度版 どこでも！学ぶ宅建士 チャレンジ！重要一問一答」正誤問合せ係
[FAX]
03-3987-3256
[メールアドレス]
seigo@mx1.ksknet.co.jp

メールの「件名」には、書籍名の明記をお願いいたします。

■本書の法改正・正誤等について

　本書の発行後に発生しました令和6年度試験に関係する法改正・正誤等についての情報は、下記ホームページ内でご覧いただけます。なお、ホームページへの掲載は、対象試験終了時ないし、本書の改訂版が発行されるまでとなりますので、あらかじめご了承ください。

https://www.kskpub.com ➡ お知らせ（訂正・追録）

＊装　　丁／広田 正康
＊イラスト／株式会社アット
　　　　　（イラスト工房 http://www.illust-factory.com）

日建学院 「宅建士 一発合格！」シリーズ

2024年度版　どこでも！学ぶ宅建士　チャレンジ！重要一問一答

2024年3月10日　初版第1刷発行

編　著　日建学院

発行人　馬場 栄一

発行所　株式会社建築資料研究社

　　　　〒171-0014　東京都豊島区池袋2-38-1
　　　　　　　　　　日建学院ビル　3F
　　　　　　　　　　TEL：03-3986-3239
　　　　　　　　　　FAX：03-3987-3256

印刷所　株式会社ワコー